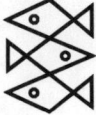

Lachen ist gesund, weiß der Volksmund. Auch die Wissenschaft hat sich in den letzten zwanzig Jahren verstärkt mit der These beschäftigt, daß Humor und Lachen bei der Behandlung von psychischen und organischen Krankheiten für den Prozeß der Heilung förderlich sein können. Wie das Phänomen Humor wissenschaftlich erklärt werden kann und warum Lachen eine heilende Wirkung hat, darüber geben Michael Titze und Christof T. Eschenröder umfassend Auskunft. Im praxisbezogenen Teil des Buches bieten die Autoren einen Überblick über die Bedeutung und Anwendung von Humor in verschiedenen Psychotherapieformen und informieren über die vorliegenden Forschungsergebnisse. Anhand von vielen Fallbeispielen wird humoristisches Vorgehen erläutert.

Die Anwendungsgebiete für humorbezogene Techniken sind vielfältig. Psychotherapeuten, Psychologen und Ärzte erhalten Anregungen, wie sie Klienten und Patienten mit humoristischen Methoden helfen können, einseitige negative Einstellungen in Frage zu stellen und neue Verhaltensweisen auszuprobieren.

Michael Titze, Jg. 1947, Dr. rer. soc., ist Dipl.-Psychologe und Psychotherapeut mit Praxis in Tuttlingen. Er hat mehrere Bücher über die therapeutische Wirkung von Humor verfaßt. Bekannt wurde er insbesondere durch sein Buch »Die heilende Kraft des Lachens«.

Christof T. Eschenröder, Jg. 1949, Dipl.-Psychologe, arbeitet in Bremen als Psychotherapeut, Supervisor und Kursleiter.

Michael Titze
Christof T. Eschenröder

Therapeutischer Humor
Grundlagen und Anwendungen

Mit einem Beitrag
von Gerhard Kittel

Fischer Taschenbuch Verlag

Geist und Psyche
Herausgegeben von Willi Köhler
Begründet von Nina Kindler 1964

3. Auflage: Juli 2000

Originalausgabe
Veröffentlicht im Fischer Taschenbuch Verlag GmbH
Frankfurt am Main, Mai 1998

Inhalt

Vorwort

Vor zehn Jahren gaben William F. Fry und Waleed A. Salameh das *Handbook of Humor and Psychotherapy* heraus. Dieser Sammelband war die erste Publikation überhaupt, die sich mit einer Thematik befaßte, die von vielen Fachkollegen als exotisch, redundant oder gar als skurril angesehen wurde. Tatsächlich hatten der Psychiater Fry und der Psychotherapeut Salameh lange nach Autoren suchen müssen, die auf diesem innovativen Gebiet kompetente Beiträge bringen konnten.

Dies hat sich innerhalb weniger Jahre radikal verändert. In den Vereinigten Staaten sind inzwischen Hunderte von Fachbeiträgen in Zeitschriften und Büchern erschienen, die sich explizit mit Therapeutischem Humor befassen. Fry und Salameh haben ihrem zum Teil enthusiastisch aufgenommenen Handbuch in der Reihe *Advances in Humor and Psychotherapy* weitere Sammelbände folgen lassen. Joseph Dunn begründete in den USA vor wenigen Jahren das *Humor and Health Journal*, das in Kurzbeiträgen über die neuesten Ergebnisse auf den Gebieten der Lachforschung (Gelotologie) und des Therapeutischen Humors informiert. Fachgesellschaften, so die *American Association of Therapeutic Humor*, wurden ins Leben gerufen, die eigene Nachrichtenblätter herausgeben und regelmäßige Tagungen und Kongresse veranstalten.

Bis vor vier Jahren blieb diese Entwicklung fast ausschließlich auf die USA beschränkt. In Europa gab es, mit Ausnahme des *Deutschen Instituts für Provokative Therapie* in München, nur vereinzelt Therapeuten, die in ihrer Arbeit auf therapeutische Humormethoden zurückgriffen. Es war wiederum Professor William F. Fry, der 1993 anläßlich einer Vortragsreise in Mitteleuropa die Veröffentlichung eines deutschsprachigen Buches anregte, das die Methoden Therapeutischen Humors systematisch zusammenfaßt. Dieses Projekt wurde von Willi Köhler, dem zuständigen Lektor des Fischer Taschenbuch Verlages, vorbehaltlos befürwortet und unterstützt. Die Fertigstellung des Manuskripts verzögerte sich allerdings beträchtlich. Einerseits mußten andere Buchprojekte über Therapeutischen Humor bearbeitet werden (vgl. Titze: *Die heilende Kraft des Lachens*, München 1996), andererseits hatten wir den Umfang der inzwischen vorhandenen Quellen unterschätzt. Als wir das Manuskript schließlich im Mai

1996 fertiggestellt hatten, erreichte uns kurze Zeit später die traurige Nachricht, daß Willi Köhler völlig unerwartet verstorben war. Hierdurch ergaben sich leider Verzögerungen bei der weiteren Arbeit am Manuskript.

Es ist gewiß nicht einfach, ein Buch zu schreiben, das darauf abzielt, sich ernsthaft mit der Thematik des Therapeutischen Humors zu befassen. Wir haben dabei versucht, einen Kompromiß zu finden. Sofern ein Teil unserer Leser meint, dieses Buch sei nicht seriös genug, und der andere Teil klagt, es sei zu trocken und zu humorlos, genügte uns dies als Beweis, daß ein solcher Kompromiß gelungen ist.

Die Tatsache, daß innerhalb der beiden vergangenen Jahre in Basel und Arosa vier Fachkongresse zum Thema *Humor in der Therapie* stattgefunden und reges Medieninteresse gefunden haben, dürfte ein Beleg dafür sein, daß diese Thematik auch im deutschsprachigen Raum für die Psychotherapie entdeckt worden ist. Wir hoffen, daß wir mit diesem Buch einen einführenden Überblick geben und vielleicht auch einige Impulse für die professionelle Arbeit vermitteln können. Das von Professor Dr. med. Gerhard Kittel verfaßte Kapitel enthält Überlegungen zum Einsatz von Humor in der Medizin und insbesondere zur Behandlung von Stotterern. Nicht zuletzt würden wir uns freuen, wenn wir bei unseren Leserinnen und Lesern ein Interesse daran wecken können, Arbeit und Privatleben gelegentlich mit einer Prise Humor zu würzen.

Beim Verfassen dieses Buches haben wir von so vielen Humorfreunden wichtige Hinweise und Anregungen (sowohl im theoretischen wie im praktischen Hinblick) erhalten, daß es an dieser Stelle gar nicht möglich ist, ihnen allen namentlich zu danken.

Michael Titze
Christof T. Eschenröder

I Einleitung

> *Der große Therapeut zum Patienten:* »*Als erstes muß ich Ihnen sagen, daß eine Konsultation bei mir hundert Mark kostet.*« – »*Ich weiß*«, *sagt der Patient resigniert.* »*Zweitens: Für dieses Honorar kann ich Ihnen nur zwei Fragen beantworten.*« – »*Hundert Mark für zwei Antworten – finden Sie das nicht ein bißchen teuer?*« – »*Mag sein*«, *antwortet der Therapeut,* »*und wie lautet Ihre zweite Frage?*«
> E. C. Hirsch

Die Behandlung körperlicher und psychischer Leiden gilt im allgemeinen als eine sehr ernsthafte Angelegenheit; trotzdem (oder vielleicht gerade deswegen) gibt es viele Witze über diese Themen. Die Idee, daß man nicht nur *über* die Behandlung psychischer und organischer Krankheiten lachen kann, sondern daß Humor und Lachen auch *in* der Therapie für den Prozeß der Heilung förderlich sind, ist in den letzten zwanzig Jahren häufiger vertreten worden (vgl. Bernhardt 1985; Cousins 1981; Farrelly & Brandsma 1985; Höfner & Schachtner 1995; Moody 1979; Rubinstein 1985; Titze 1985, 1996; Fry & Salameh 1987, 1993).

Bevor wir uns in diesem Buch mit den Möglichkeiten des *Therapeutischen Humors* befassen, wollen wir zunächst einen Überblick über die Phänomene Humor, Komik und Witz sowie die dadurch ausgelösten sichtbaren Reaktionen (Lächeln, Lachen) und Gefühle (Heiterkeit, Belustigung) vorlegen. Leider gibt es keinen allgemein gültigen Oberbegriff für diesen Bereich des menschlichen Erlebens und Verhaltens. Wir benutzen daher das Wort *Humor* als Oberbegriff, um das Gesamtgebiet des Komischen oder Lustigen zu bezeichnen. Dies entspricht auch dem Gebrauch des Wortes *humor* im englischsprachigen Raum[1]. Andererseits wird der Begriff *Humor* oft in

---

[1] Das Wort *Humor* ist lateinischen Ursprungs und bedeutet ursprünglich »Feuchtigkeit« oder »Flüssigkeit« (vgl. Wolf 1986, S. 24). Weiterhin bezieht es sich auf die Körpersäfte (humores) Schleim, Blut, schwarze Galle und gelbe Galle. Ihre jeweilige Dominanz galt für die antike Temperamentenlehre, wie sie vom römischen Arzt Galen überliefert

einem engeren Sinne gebraucht. Der Schriftsteller Otto Julius Bierbaum definierte kurz und präzise: »Humor ist, wenn man trotzdem lacht.« In diesem Sinne unterscheidet auch Freud (1928/1982b, S. 278) den Humor von der Komik und vom Witz:

> »Der Humor hat nicht nur etwas Befreiendes wie der Witz und die Komik, sondern auch etwas Großartiges und Erhebendes, welche Züge an den beiden anderen Arten des Lustgewinns aus intellektueller Tätigkeit nicht gefunden werden. Das Großartige liegt offenbar im Triumph des Narzißmus, in der siegreich behaupteten Unverletzlichkeit des Ichs. Das Ich verweigert es, sich durch die Veranlassungen aus der Realität zu kränken, zum Leiden nötigen zu lassen, es beharrt dabei, daß ihm die Traumen der Außenwelt nicht nahe gehen können, ja es zeigt, daß sie ihm nur Anlässe zu Lustgewinn sind. Dieser letzte Zug ist für den Humor durchaus wesentlich.«

Sicherlich ist es problematisch, das Wort *Humor* als Oberbegriff für komische Phänomene und als Bezeichnung für ein besonderes Phänomen aus diesem Bereich, die heiter-gelassene Einstellung angesichts widriger Umstände zu verwenden. Wir hoffen aber, daß durch den Kontext jeweils deutlich wird, was wir meinen.

Auch für die emotionalen und körperlichen Reaktionen (Belustigung, Lächeln, Lachen), die durch Witze, Komik oder Humor ausgelöst werden (vgl. 2), gibt es keinen allgemein anerkannten Oberbegriff. McGhee (1971) spricht in diesem Zusammenhang von der *Humorreaktion* (*humor response*). Ruch (1993, S. 283) bevorzugt den Ausdruck *Erheiterung* für die aktuelle emotionale Reaktion, die mit heiterem Erleben, Lächeln oder Lachen verbunden ist; als *heitere Stimmung* oder *Heiterkeit* bezeichnet er eine längerdauernde Veränderung der emotionalen Befindlichkeit.

Wenn dies kein Buch wäre, sondern ein Video, würden wir Ihnen zur Einstimmung auf das Thema einige Szenen zeigen, um das Spektrum des Humors im weiteren Sinne zu veranschaulichen:

– Ein Säugling lächelt seine Mutter an, und sie lächelt zurück. Die Mutter versteckt kurz ihr Gesicht und blickt das Kind dann wieder an, das daraufhin fröhlich lacht.

---

wurde, als Ursache für die typologischen Besonderheiten von Phlegmatikern, Sanguinikern, Melancholikern und Cholerikern (vgl. Titze & Gröner 1989, S. 30–33; Wolf 1989, S. 30). Ein *guter Humor* hängt nach dieser Ansicht von einem ausgeglichenen Verhältnis dieser Körpersäfte ab.

- Ein Lehrer macht eine ironische Bemerkung über einen Schüler, der eine falsche Antwort gegeben hat, und die Klasse lacht über ihn. Der Schüler setzt sich beschämt wieder hin.
- Eine Frau sitzt auf einer Parkbank und liest in einem Buch; sie schmunzelt und findet die Lektüre offenbar vergnüglich.
- Ein Bundestagsabgeordneter kritisiert die Vorstellungen der Opposition und stellt sie mit pointierten Bemerkungen als lächerlich dar. Während dies bei seinen Parteifreunden Lachen auslöst, scheinen die Abgeordneten der Opposition darüber nicht sehr amüsiert zu sein.
- In einem Theater lacht das Publikum über die komischen Situationen und die Pointen einer Boulevardkomödie.
- Christof Eschenröder und Michael Titze erzählen sich nach einem Kneipenbesuch auf dem Rückweg zu ihrem Hotel gegenseitig Witze. (Nicht jugendfreie Pointen können nachträglich durch das hereinmontierte Geräusch eines vorüberfahrenden Wagens überdeckt werden.)
- Nach einem Vortrag über hilfreiche therapeutische Effekte von Tieren für alte Menschen klatschen die Zuhörer. Ein kleiner Hund mit großen Ohren, der auf dem Schoß einer Zuhörerin sitzt, fängt daraufhin an, heftig zu bellen, als wolle er auch in den Beifall einstimmen, worüber sich die Zuhörer sehr amüsieren.

Diese Szenen sollen verschiedene Varianten des Humors zeigen:
- Humorreaktionen findet man bei Menschen in den verschiedensten Altersstufen (eine Szene in einem Altenheim oder bei einem Seniorennachmittag fehlt noch).
- Die Intensität von Humorreaktionen hängt deutlich von der aktuellen sozialen Situation ab. Lautes Lachen wirkt ansteckend und löst wiederum Lachen aus. Wenn sich Menschen alleine über etwas amüsieren, lächeln sie meist oder lachen weniger stark.
- Es gibt sozial verbindende Formen des Humors, die von allen Beteiligten als positiv erlebt werden, und Formen des Humors, durch die ein Einzelner oder eine Gruppe beschämt und abgewertet werden.
- In bestimmten Situationen wird bewußt und absichtlich versucht, andere Menschen zum Lachen zu bringen. Manche Menschen verdienen damit sogar ihren Lebensunterhalt (zum Beispiel Kabarettisten, Clowns, Komiker, Entertainer, Schriftsteller, Cartooni-

sten). Manchmal ergeben sich komische Situationen aber auch spontan und unbeabsichtigt.

Mit dem Thema Humor im weiteren Sinne beschäftigten sich seit der Antike Philosophen wie Platon, Aristoteles, Thomas Hobbes, Immanuel Kant, Arthur Schopenhauer, Friedrich Nietzsche, Henri Bergson und Helmuth Plessner (vgl. Keith-Spiegel 1972; Titze 1988). Humor ist ein wichtiges Thema für Sprach- und Literaturwissenschaftler (vgl. Kamper & Wolf 1986; Preisendanz 1974). Auch in literarischen Werken wie den Romanen *Der Steppenwolf* von Hermann Hesse (1927 / 1961) und *Der Name der Rose* von Umberto Eco (1982) wird die Bedeutung von Humor und Lachen diskutiert. Biologen, Mediziner und Psychologen beschäftigen sich seit dem Ende des vorigen Jahrhunderts mit diesem Themenbereich.

Wichtige Überblicksarbeiten über den Stand der psychologischen und physiologischen Humorforschung stammen von Goldstein und McGhee (1971), Chapman und Foot (1976) und McGhee und Goldstein (1983).

Bernhardt (1985, S. 23–41) vertritt in seinem Buch *Humor in der Psychotherapie* die These, nur die geisteswissenschaftliche Vorgehensweise sei für die Erforschung des Humors sinnvoll. Im Gegensatz dazu meinen wir, daß sowohl die Geisteswissenschaft als auch die empirische Psychologie und die Medizin wichtige Beiträge zur Erforschung des Humors leisten können. Das Gebiet des Humors hat einerseits mit den höchsten geistigen Fähigkeiten und den subtilsten ästhetischen Empfindungen des Menschen zu tun, andererseits aber auch mit »niederen« sexuellen und aggressiven Bedürfnissen und genetisch vorgegebenen körperlichen Reaktionsmustern. Geisteswissenschaftliche Untersuchungen können die Rolle des Humors in der Kulturgeschichte der Menschheit, zum Beispiel in der Literatur oder in volkstümlichen Bräuchen herausarbeiten; die physiologischen Grundlagen und Auswirkungen von Lächeln, Lachen und Heiterkeit können dagegen nur mit naturwissenschaftlichen Methoden erforscht werden.

Daß der Humor auch eine therapeutische Bedeutung besitzt, ist seit langem bekannt. Doch dies wurde eher anekdotisch vermerkt. Erst in der jüngsten Vergangenheit hat man die vielbeschworene »Heilkraft des Humors« in professionellen Kreisen systematisch zu nutzen gelernt. Spezifische Techniken wurden entwickelt, ebenso wie standardisierte Anweisungen für eine entsprechende Gesprächsführung. Doch wird man damit dem »echten« Humor, der ohne Zweifel ein kreatives Spontanphänomen ist, auch wirklich gerecht? Harold Greenwald (1987, S. 44) hat in diesem Zusammenhang festgestellt, daß eine therapeutische Humoranwendung nur dann gelingen kann, wenn eine positive Beziehung zum Klienten hergestellt werden konnte: »Es ist schwierig, Humor effektiv zu nutzen, wenn wir den Menschen, mit dem wir arbeiten, nicht wirklich mögen.« In einer Atmosphäre, die von gegenseitiger Wertschätzung und Sympathie geprägt ist, kann sich echter Humor zwanglos entfalten. Dazu bedarf es weder einer Kraftanstrengung noch des Ehrgeizes, ohne Unterlaß scherzen zu müssen! Greenwald (ebd., S. 45) rät deshalb, Humor immer nur gezielt bzw. »wohldosiert« einzusetzen. Denn entscheidend ist nicht das spritzige Gedankenspiel, sondern die schon erwähnte empathische Grundhaltung.

Nun möchten wir einen kurzen Überblick über den Inhalt dieses Buches geben. Im zweiten Kapitel berichten wir über die körperlichen Vorgänge, die mit Humorreaktionen verbunden sind. Das dritte Kapitel beschäftigt sich mit der Entwicklung von Lächeln, Lachen und Sinn für Humor bei Kindern. Im vierten Kapitel werden verschiedene Theorien des Humors vorgestellt und diskutiert. Dabei gehen wir auch auf einige philosophische Überlegungen zum Wesen des Komischen ein. Im fünften Kapitel haben wir die Literatur über die Rolle des Humors in elf verschiedenen Therapieformen zusammengetragen. Weiterhin diskutieren wir die wenigen bisher vorliegenden empirischen Untersuchungen zum Humor in der Therapie. Das sechste Kapitel beschäftigt sich mit Humor in der Medizin. Das siebte Kapitel beschreibt die Anwendung von Humor in der Krankenpflege. Im achten Kapitel befassen wir uns mit den Möglichkeiten eines humorbezogenen Vorgehens im Bereich der Gerontologie. Im neunten Kapitel gehen wir auf die Bedeutung des Humors in der Heilpädagogik ein, und im zehnten Kapitel wird die Verwendung von Humor in der pädiatrischen Zahnbehandlung beschrieben. Sollte ein Leser oder eine Leserin nach dieser Lektüre immer noch Lust haben, den eigenen Sinn für Humor im Beruf und im Privatleben zu fördern, so enthält das elfte Kapitel einige Anregungen dazu.

2 Die Physiologie von Lachen und Lächeln

> *Worüber lacht der Mensch? Er lacht, wenn man*
> *ihn kitzelt. Oder er lacht, wenn er andere lachen*
> *hört. Aber worüber lacht der Mensch, wenn sein*
> *Herz und sein Verstand bei der Sache sind? Das*
> *ist rasch gesagt: Er lacht über Kontraste!*
> Erich Kästner

In diesem Kapitel wollen wir die wichtigsten Ergebnisse über die physiologischen Grundlagen und Auswirkungen von Lachen und Lächeln referieren. Ruch (1993, S. 605) bezeichnet den emotionalen Prozeß, der zum Lachen oder Lächeln führt, als *Erheiterung*[1]. Dieses Reaktionsmuster kann, wie Krech und Crutchfield (1968, S. 262) bemerken, durch eine »Unzahl verschiedener und unverbundener Reizbedingungen hervorgerufen werden.« *Erheiternd*[2] wirken sämtliche Reize, die einen Menschen in einen belustigten Gemütszustand versetzen, aus dem heraus Fröhlichkeit, Freude und Vergnügen entspringen, die ihrerseits zum Lächeln bzw. Lachen anregen. Der Zustand der Erheiterung ist gewöhnlich nur von kurzer Dauer. Er setzt typischerweise unvermittelt ein, führt zu einem erkennbaren Höhepunkt, um dann allmählich auszuklingen (Ruch 1993, S. 606). Eine generelle heitere Grundstimmung fördert jedoch das umfassende Reaktionsmuster der Erheiterung.

Erheiterung läßt sich somit als ein emotionales Konstrukt definieren, das sich aus einem zeitweiligen Anwachsen einer heiteren Grundstimmung ergibt und das zu nachweisbaren Auswirkungen in sämtlichen Bereichen des menschlichen Organismus führt.

---

[1] McGhee (vgl. 1971) verwendet in diesem Zusammenhang den Begriff *Humorreaktion*. Er versteht darunter allerdings ein rein kognitives Erlebnis, nämlich die Wahrnehmung eines lustig wirkenden Reizes. Verhalten und Physiologie bleiben in diesem Zusammenhang ausgeschlossen.

[2] Ruch unterscheidet *Erheiterung* von *Heiterkeit*. Heiterkeit entspricht einer emotionalen Gestimmtheit, die länger andauert, im Hinblick auf ihre Intensität weniger Schwankungen unterworfen ist und weniger abhängig von bestimmten Auslösereizen ist.

2.1 Die Physiologie des Lachens

Nur der Mensch leidet so qualvoll in dieser Welt,
daß er gezwungen war, das Lachen zu erfinden.
Friedrich Nietzsche

Ein Humorerlebnis (Erheiterung) äußert sich sichtbar im Lachen. Rubinstein (1985, S. 54) definiert das Lachen als »eine unwillkürliche Körperreaktion auf eine als angenehm empfundene Emotion«. Er erläutert dies im einzelnen:

»Diese Körperreaktion besteht aus einer Reihe von kleinen, aber heftigen Atembewegungen, die von unwillkürlichen Kontraktionen der Gesichtsmuskeln abhängen. Sie werden immer von einer Vokalisierung begleitet, die durch heftiges Ein- und Ausatmen mit Hilfe des Zwerchfells gebildet wird. Gleichzeitig lockern sich die übrigen Muskeln mehr oder weniger stark.«

So läßt sich feststellen, daß das Lachen einer unwillkürlich körperlichen Reaktion entspricht, die reflexartig ist und lustvolle emotionale Zustände miteinbezieht. Das Lachen führt zu Veränderungen im Bereich der Atmung und der Muskulatur[3], außerdem geht es mit komplizierten neurologischen Abläufen einher. Im folgenden soll dies näher erläutert werden.

2.1.1 Muskuläre Veränderungen

Vor 120 Jahren beschrieb Charles Darwin (1872/1989, S. 154 ff.) die physiologischen Auswirkungen des Lachens:

»Lachen entsteht aufgrund einer tiefen Einatmung, die von krampfartigen Kontraktionen in der Brust, vor allem aber im Zwerchfell gefolgt wird [...] Beim Lachen ist der Mund mehr oder weniger weit geöffnet, die Mundwinkel sind stark nach unten ge-

---

[3] Zunächst führt Lachen zu einer Kontraktion des *zygomaticus major* und des *orbicularis oculi* (Teil des *orbitalis*). Dann wird eine Vielzahl weiterer Bereiche der Muskulatur einbezogen, zum Beispiel *levator labii superioris*, *risorius*, *mentalilis*, *depressor labii inferioris* und *orbicularis oris*. Manche Lachforscher behaupten, daß während des Lachens sämtliche Bereiche der Gesichtsmuskulatur aktiviert werden (zit. n. Ruch 1993, S. 606).

zogen, gleichzeitig besteht aber die schwache Tendenz, sie auch nach oben zu ziehen; die Oberlippe ist leicht gewölbt [...] Der ganze Mundbereich wird dabei ausschließlich durch die großen zygomatischen Muskeln beherrscht, deren Funktion es ist, die Mundwinkel nach oben bzw. nach unten zu ziehen [...] Die oberen und unteren orbicularen Augenmuskeln werden gleichzeitig mehr oder weniger stark kontrahiert. Dabei besteht eine sehr enge Beziehung zu den Muskeln, die oberhalb der Oberlippe verlaufen [...] Durch das gleichzeitige Zurück- und Hochziehen der Mundwinkel während der Kontraktion der großen zygomatischen Muskeln und durch das Heben der Oberlippe werden die Wangen nach unten gezogen, dadurch bilden sich Falten unterhalb der Augen [...] Die Augenbrauen werden leicht gesenkt, was eine Folge der Kontraktion der oberen wie auch der unteren orbicularen Muskeln ist [...] Durch das Heben der Oberlippe werden die Wangen nach oben gezogen, so daß die Nase kürzer erscheint und die Haut an der Nasenwurzel in feine waagrechte Falten gelegt wird [...] Die oberen Vorderzähne werden gewöhnlich freigelegt. So wird eine markante naso-labiale Falte geformt, die von beiden Nasenflügeln zu den Mundwinkeln verläuft [...] Bei starkem Lachen füllen sich die Augen mit Tränen [...] Die Atemmuskulatur (und selbst Teile der Skelettmuskulatur) werden gleichzeitig rapiden vibratorischen Bewegungen unterworfen. Die Unterkiefer werden nicht selten in diese Bewegung mit einbezogen, was Grund dafür ist, daß sich der Mund nicht weit öffnen kann [...] Während eines exzessiven Lachens wird der ganze Körper oft förmlich nach hinten geworfen und in einer fast konvulsiven Weise durchgeschüttelt; die Respiration ist stark eingeschränkt; der Kopf und das Gesicht werden mit Blut überschwemmt, wobei sich die Venen weiten; die orbicularen Muskeln werden spasmodisch zusammengezogen, so daß sie die Augen verdeckt erscheinen lassen. Der Tränenfluß kann sich ungehemmt entfalten [...]«

Das Lachen wirkt sich demnach wellenförmig auf die gesamte Muskulatur aus. Von besonderer Bedeutung sind die flachen Muskeln im Gesichtsbereich (Stirn, Schläfen, kleines und großes Jochbein, Lippen und Augenlider). Insbesondere die *zygomatische* Muskulatur des Jochbeins formt dabei den typischen Lachausdruck.

Im Lachen werden auch die Brustmuskeln aktiviert, was die Voraussetzung für einen erhöhten Gasaustausch in der Lunge schafft. Der Hauptmuskel für das Einatmen ist das Zwerchfell. Dieses wird beim Lachen stark aktiviert, so daß die Atemkapazität bedeutend erhöht wird.[4] Neben dieser Aktivierung der willkürlichen Skelettmuskulatur kommt es beim Lachen auch zu einer starken Anregung der unwillkürlichen Muskulatur. So erhöht sich der Herzrhythmus zunächst, um später dauerhaft abzusinken, die Muskulatur der Arterien entspannt sich, so daß das Gefäßvolumen erhöht wird. Damit verringert sich der arterielle Druck. Ebenso öffnen sich die Bronchien durch das Spiel der glatten Muskulatur weiter, so daß die Durchlüftung der Lungen gefördert wird.

2.1.2 Die Atmung

Die Atmung ist im wesentlichen eine Funktion der Muskulatur des Brustkorbs. Die Muskeln, die für das Ausatmen verantwortlich sind, liegen zwischen den Rippenbögen. Sie werden beim Lachen ebenfalls aktiviert, wodurch die Lungenelastizität gefördert wird.

Im Lachen wird außerdem die Lungenfunktion konvulsivisch gesteigert, wobei die Einatmung vertieft und verlängert wird, während die Atmungsphase kurz ist. Dabei wird beinahe das gesamte Luftvolumen der Lunge stoßweise herausgepreßt, was den Kehlkopfbereich mit einbezieht, so daß die Stimmbänder aktiviert werden. Dadurch entstehen die typischen stakkatoartigen Lachlaute. Die intensive Lachatmung regt den Gasaustausch in der Lunge deutlich an (Rubinstein 1985, S. 59). Das wiederum führt zu einer Sauerstoffanreicherung im Blut. Dies ist für die Verbrennungsvorgänge im Körper von großer Bedeutung, da dadurch der Stoffwechsel der biologischen Fette entscheidend gefördert wird. Ein Abfallprodukt dieses Verbrennungsvorgangs ist die Kohlensäure, die bei der Lachatmung konsequent ausgestoßen wird. Denn die Vorratsluft in den Lungen

---

[4] Das Zwerchfell ist ein innerer Hauptmuskel der Atmung, der die Brusthöhle von der Bauchhöhle trennt. Es ist an den physiologischen Vorgängen des Lachens aktiv mitbeteiligt (Moody 1979, S. 22). Beim Lachen wird das Zwerchfell durch die Kontraktionen der Bauchmuskulatur stimuliert, so daß sich ein selbstverstärkender Kreislauf ergibt. Dabei kommt es zu einer Herabziehung bzw. Senkung des Zwerchfells, die zu einer tiefgreifenden Durchknetung der Leber und der Gallenwege, aber auch der Bauchspeicheldrüse führt. Dies wirkt sich positiv auf den Fettstoffwechsel und die Verdauung aus (vgl. Rubinstein 1985, S. 85).

wird fast vollständig entleert. Rubinstein schätzt, daß der Wert des Gasaustausches während des Lachens das Drei- oder Vierfache desjenigen im Ruhezustand erreicht.

Rubinstein (1985, S. 79) weist in diesem Zusammenhang auf die Bedeutung des Lachens als einer heilgymnastischen Atemtherapie hin: »Viele Menschen wissen nicht, wie man richtig atmet; ihre Atmung ist zu kurz, zu flach. Diese Art der Atmung mit offenem Mund und ohne Atempause kann man bei ängstlichen Patienten beobachten. Es ist jedoch gerade diese Atmung, die Angst hervorruft bzw. steigert, indem sie eine respiratorische Alkalose des Atemsystems hervorruft, die für die neuromuskuläre Übererregbarkeit verantwortlich ist. Die Atmung beim Lachen ist im Gegensatz dazu eine ›gute‹ Atmung, die gerade durch ihre Merkmale die Alkalose bekämpft und die Angst vermindert.«

Diese positive Beeinflussung der Atmung ist gesundheitsfördernd. Viele verbreitete Beschwerden können dabei günstig beeinflußt werden. Die oberen Luftwege werden, ähnlich wie beim Husten, von störenden Sekreten befreit. Der Gasaustausch wird erhöht, so daß unter anderem die Ausscheidung von Cholesterin gefördert wird (ebd., S. 85).

2.1.3 Die neurohormonale Bedeutung des Lachens und die Gelotologie

Für aufschlußreich, und oft geradezu für entlarvend, hielte ich die genaue Erforschung des Lachens. Sogar den Namen für die hoffnungsvolle Methode habe ich bereits gefunden. Sie nennt sich »Lachkunde«.
Erich Kästner

Das Lachen bringt komplizierte neurologische Strukturen ins Spiel. Im Jahre 1953 entdeckte der Neurophysiologe Olds das Lustzentrum im Gehirn. Es ist im sogenannten limbischen System lokalisiert. Von diesem System gehen aber auch Affekte wie Wut und Aggression aus. Die Übertragung solcher Gefühlsreaktionen erfolgt im neurovegetativen System über die Neurotransmitter, die im Bereich der Synapsen (dem Abstand zwischen zwei Zellen) wirken. Sie beeinflussen die Impulsüberleitung. Die Aktivität der Neurotransmitter wird durch bestimmte Hormone bzw. »Neuromodulatoren« erweitert oder vermindert. Dazu gehören die Endorphine (»inneres Morphium«) und die Enkephaline. Der Neurologe Fry (1989, 1993) stellte in kontrollierten Untersuchungen fest, daß nach einem ausgiebigen Lachen die körpereigene Hormonproduktion zum einen gesteigert wird und zum anderen die Zirkulation gewisser Immunsubstanzen für Stunden erhöht ist.

Herzhaftes Lachen übt auf das neurovegetative System eine Schockwirkung aus, die das gesamte Herz-Kreislauf-System aktiviert. Zunächst kommt es zu einer Beschleunigung des Herzschlags. Daran schließt sich eine längere Phase der Entspannung an, die unter der Dominanz des Parasympathicus steht: Der Herzrhythmus verlangsamt sich und der Blutdruck wird gesenkt. Walsh hatte schon im Jahre 1928 angenommen, daß »die Widerstandskraft des Organismus gegen Krankheit erhöht« wird, wenn ein Mensch häufig und regelmäßig lacht (zit. n. Moody 1979, S. 56). Dies wird durch neuere Befunde bestätigt (vgl. Berk et al. 1989; Berk et al. 1991).

Mitinitiator einer Forschungsrichtung, die sich seit neuestem als *Gelotologie* (abgeleitet von griech. *gelos* = Lachen) bezeichnet, war der amerikanische Wissenschaftsjournalist Norman Cousins. Vor etwa 30 Jahren erkrankte er an einer Spondylarthritis, das heißt einer progredienten degenerativen Entartung der Grundsubstanz der Gelenke und der Wirbelsäule. Diese Erkrankung war mit sehr starken Schmerzen verbunden und hatte eine denkbar schlechte Prognose. In seinem autobiographischen Krankheitsbericht *Der Arzt in uns selbst* (1981) gibt Cousins eine Überlebenschance von 1:500 an. Er kannte Berichte aus wissenschaftlichen Zeitschriften, in denen der unheilvolle Einfluß von negativen Gemütszuständen auf das innersekretorische System des Menschen beschrieben wurde. So versuchte er den Umkehrschluß: Er bemühte sich systematisch, sich zum Lachen zu bringen, indem er sich lustige Filme vorführen oder witzige Bücher vorlesen ließ. Dabei stellte Cousins bald fest, daß seine Schmerzen weitgehend nachließen, nachdem er etwa zehn Minuten lang intensiv gelacht hatte. Außerdem konnte er danach mindestens zwei Stunden problemlos schlafen. Diese subjektive Erfahrung wurde bald durch spezifische Tests zur Ermittlung des Entzündungsgrades im Bereich der Wirbelsäule bestätigt. Denn es kam zu einer signifikanten Abnahme der sogenannten Sedimentationsrate nach jeder einzelnen Lachkur.

Die Gelotologen haben dafür mittlerweile eine Erklärung gefunden: Beim Lachen werden bestimmte körpereigene Hormone, die sogenannten Katecholamine Adrenalin und Noradrenalin, in den Blutkreislauf ausgeschüttet. Sie rufen eine wirksame Entzündungshemmung hervor. Berk (1994, 1996) konnte experimentell nachweisen, daß sich in der Folge eines intensiven Lachens signifikante neuroendokrinologische Veränderungen ergeben. Dies bezieht sich insbesondere auf Streßhormone. So kommt es zu einem Ansteigen aktivierter T-Zellen (T-Lymphozyten). Diese üben einen positiven Einfluß bei Krebs und kardiovaskulären Erkrankungen aus. Ferner erfolgt auch eine Erhöhung der Anzahl natürlicher Killer-Zellen. Sie sind für die körpereigene Immunabwehr von besonderer Bedeutung, da sie gerade solche Zellen im Körper eliminieren, die durch eine virale Infektion geschädigt wurden. Entsprechendes gilt für bestimmte entartete Tumorzellen. Berk und seine Mitarbeiter konnten nachweisen, daß die Aktivität *und* Anzahl dieser natürlichen Killer-Zellen nach einem intensiven Lachen ansteigen. Berk (1994, S. 3) schreibt:

»Es ist erstaunlich, daß etwas so Einfaches wie ein heiteres Lachen es ermöglichen kann, eine so signifikante immunologische Zelle wie die natürliche Killer-Zelle zu modulieren […] Offensichtlich modifiziert heiteres Lachen die Physiologie und die Chemikalien, die die natürlichen Zellen affizieren, und es steigert ihre Anzahl und ihre Aktivität.«

Berk stellt in seinen Untersuchungen außerdem fest, daß es nach einem herzhaften Lachen zu einer Vermehrung der Immunglobulin-A Antikörper kommt. Diese sind von großer Bedeutung für die körpereigene Immunabwehr. Als erste hatte dies die amerikanische Psychiaterin Kathleen M. Dillon (Dillon et al. 1985) festgestellt. Sie hatte ihren Versuchspersonen heitere Filmkomödien vorgeführt und im unmittelbaren Anschluß daran die Anzahl der Immunglobuline gemessen. Diese war deutlich erhöht.

Immunglobuline sind Eiweißkörper, die sich im Mundraum befinden, um Viren und Bakterien Widerstand zu leisten. Sie gelangen aus dem Blut in den Speichel. Aus früheren Untersuchungen war bekannt, daß Streß und alle Arten negativer seelischer Befindlichkeit die

Anzahl der Immunglobuline senken und so dem Keimbefall Vorschub leisten. Berk (1994, 1996) stellte fest, daß die Anzahl der Immunglobuline im Serum (Blut) nach einer Lachübung ebenso angestiegen war wie im Speichel. Die Aktivität der Immunglobuline bezieht sich vor allem auf den oberen respiratorischen Trakt und hilft, Verletzungen und Infektionen zu lindern. Bei Marathon-Joggern kommt es übrigens zum entgegengesetzten Effekt: Die Anzahl der Immunglobuline im Speichel nimmt ab, und die Anfälligkeit für Infektionen im respiratorischen Trakt erhöht sich.

Auch die Veränderung von Zytokinen nach einer deutlichen Humorreaktion ist untersucht worden. Dabei handelt es sich um Sezernierungsprozesse immunologisch aktiver Zellen, die signalübertragend und damit steuernd in den Ablauf immunologischer Zellkooperationsschritte eingreifen. Im Vordergrund steht dabei das Gamma-Interferon, ein Zytokin, das vom Immunsystem produziert wird. Seine antivirale Wirkung ist seit längerem bekannt. Außerdem hemmt dieser Botenstoff die Vermehrung von Tumorzellen und steigert die Phagozytose-Aktivität von sensibilisierten Lymphozyten gegen Tumor-Target-Zellen. Berk (1995) konnte nachweisen, daß es nach einem herzhaften Lachen im Blut der betreffenden Probanden zu einer Vermehrung dieses Zytokins gekommen war.

2.2 Die Physiologie des Lächelns

> *Die Fähigkeit zu lächeln ist eines der*
> *wichtigsten Unterscheidungsmerkmale*
> *von Mensch und Tier.*
> Liz Hodgkinson

Wie wir alle aufgrund unserer Alltagserfahrung wissen, gibt es verschiedene Arten des Lächelns. Von Salisch (1988, S. 10 f.) unterscheidet das unwillkürliche (spontane) Lächeln von jenem, das willensgesteuert, also von bestimmten sozialen »Darbietungsregeln«[2] abhängig ist.

---

[2] Diese (konventionellen) Regeln geben an, »wer welches Gefühl in welcher Situation wem gegenüber zu welchem Zeitpunkt zeigen darf« (Salisch 1988, S. 8).

Dieses Lächeln ist nicht »echt«, da es andere Gefühle (zum Beispiel Unsicherheit, Ärger) »herunterschraubt« oder »überdeckt« (ebd., S. 9). Beispielhaft ist das höfliche Lächeln von Stewardessen oder das beschwichtigende Lächeln von rangniederen Personen. Ekman (1988, S. 152 f.) erwähnt auch das »elende« Lächeln:

»Wer immer es sieht, nimmt nicht an, daß die Person, die so lächelt, glücklich ist. Stellen Sie sich vor, der Zahnarzt erzählt einem Patienten, daß eine Wurzelbehandlung nötig sei, die sehr schmerzhaft ist und viel Geld kosten wird. Ein guter Patient wird diese Ankündigung mit einem elenden Lächeln begrüßen. Es ist ein tapferes Grinsen, das dem anderen ankündigt, daß man sein Unbehagen und seine Angst nicht offen zeigen wird. Es bestätigt das eigene Elend.«

Beim echten, nicht gekünstelten Lächeln sind lediglich zwei Muskelstränge beteiligt: der *Zygomaticus major*, der vom Jochbein zu den Mundwinkeln verläuft, sowie der *Orbicularis oculi*, der ringförmig die Augen umschließt. Echtes Lächeln zeigt nicht nur einen Zustand heiteren Glücksgefühls an, es wirkt sich gleichzeitig auch als ein Auslöser für positive Emotionen aus. So konnte Zajonc (1985) feststellen, daß ein intensives Lächeln zu einer Beeinflussung jener Blutgefäße führt, die das Gehirn versorgen.

Aus diesen Erkenntnissen wurde die *Therapie des bewußten Lächelns* entwickelt, die als eine natürliche Methode zur Überwindung von psychischem Streß beschrieben wird (vgl. Hodgkinson 1991). Die Wirksamkeit dieser Therapie hat der Emotionsforscher Ekman in vielen kontrollierten Untersuchungen belegt (Ekman & Friesen 1982). Danach ruft ein Lächeln meßbare körperliche Reaktionen hervor. Ekman untersuchte in diesem Zusammenhang sechs verschiedene Emotionen: Überraschung, Traurigkeit, Ärger, Furcht, Ekel und Freude. Dabei wurden bestimmte Parameter kontrolliert (Herzschlag, Körpertemperatur, Muskelspannung und Hautwiderstand). Die Probanden sollten versuchen, die genannten Emotionen jeweils für zehn Sekunden mimisch nachzuvollziehen. Mit Ausnahme der Freude zogen sämtliche der untersuchten Emotionen eine markante Zunahme der Aktivität im Autonomen Nervensystem nach sich. Es stellte sich heraus, daß zum Beispiel der Herzschlag und die Fingertemperatur stark zunahmen, wenn die Probanden ein ärgerliches Gesicht machten. Zeigten sie hingegen ein freudiges Gesicht, war dies nicht der Fall. Ekmans (1988, S. 154–165) Experimente belegen, daß sämtliche Systeme des menschlichen Körpers unwillkürlich aktiviert bzw. in einen Alarmzustand versetzt werden, wenn negative Emotionen simuliert werden. Andererseits werden diese Systeme aber beruhigt, sobald über die Mimik positive Emotionen zum Ausdruck gebracht werden. Ekman folgert daraus, daß es eine direkte und zentrale Verbindung zwischen der Muskelaktivität und den entsprechenden Hirnzentren gibt. Dies weist auf die Möglichkeit hin, willkürliche Muskelbewegungen des Gesichts therapeutisch zu nutzen. Eine praktische Folgerung daraus ist, depressive oder ängstliche Menschen dazu anzuregen, regelmäßig bewußt zu lächeln, also die Mundwinkel entsprechend zu verziehen. Der Schweizer Humorist René Schweizer (1977) hat schon vor Jahren eine entsprechende Methode beschrieben, die er als *Face Building* bezeichnet hat.

3 Die Entwicklungspsychologie des Humors

Ein gewöhnlicher Kopf
wagt selten etwas Kindisches.
Jean Paul

In diesem Kapitel wollen wir darstellen, wie sich die Reaktionsmuster des Lächelns und Lachens und der Sinn für Humor beim Kind und beim Jugendlichen entwickeln.

3.1 Das Lächeln bei Kindern

Säuglinge beginnen in der Regel bereits zwei Wochen nach der Geburt zu lächeln (vgl. Sroufe & Waters 1976). Der Kinderanalytiker John Bowlby (1975, S. 259–266) hat dieses Lächeln, das sich gewöhnlich nach dem Stillen zeigt, als »unselektiv« bezeichnet. Von etwa dem vierten Lebensmonat an entwickelt sich daraus eine sozial selektive Reaktion, so daß das Lächeln mehr und mehr für die engsten Bezugspersonen des Säuglings vorbehalten ist (Ekman 1988, S. 124).

Ausgelöst wird das Lächeln des Säuglings zunächst durch akustische und taktile Reize: die vertraute Stimme der Mutter und ihr zärtliches Kitzeln (vgl. McGhee 1979a, S. 49), später durch deren eigenes Lächeln[1]. Dabei ergibt sich gewöhnlich ein reziproker Effekt, denn das Lächeln des Säuglings »ist so bezaubernd, daß die meisten Eltern zurücklächeln und somit einen Austausch in Gang setzen, der zur Grundlage des gesamten menschlichen Soziallebens wird« (Landau 1995, S. 188). Über sein Lächeln vermag der Säugling positive Gefühle bei seinen Bezugspersonen auszulösen, die sich ihrerseits in einem entsprechenden Lächeln äußern. René Spitz nahm auf diese Wechselbeziehung Bezug, als er feststellte, daß Säuglinge um so früher zu lächeln beginnen, je inniger und liebevoller ihre Mütter auf sie eingehen (zit. n. Grotjahn 1974, S. 63). Das lächelnde Gesicht wird einem entsprechenden *Apperzeptionsschema* assimiliert (Piaget). Schon im

---

[1] Ekman (1988, S. 124) erwähnt, daß drei Monate alte Säuglinge regelmäßig »ernst« oder bekümmert wurden, wenn die Pflegepersonen ein unbewegtes Gesicht machten.

Alter von fünf oder sechs Monaten vermag ein Säugling aus dieser Erinnerung heraus das Gesicht seiner Mutter zu erkennen. Dies ruft gewöhnlich einen *Erkennungsreflex* hervor, der sich in einem selektiven Lächeln (McGhee, 1979 a, S. 49) äußert[2].

Das lächelnde Gesicht ist ein *Spielgesicht* (Eibl-Eibesfeldt 1978, S. 414–418). Es stellt ein universelles Signal für Freundlichkeit, Zustimmung und Freude dar (Landau 1995, S. 181). Schon beim Kleinstkind signalisiert dieses Gesicht, daß eine potentiell aggressive Handlung seitens der Bezugsperson (wie zum Beispiel das Kitzeln) nicht ernst genommen werden soll. Wird diese Handlung mit einem nicht lächelnden Gesicht vorgenommen, kann aus dem Spiel leicht Ernst werden: Das Kind kann sich bedroht fühlen. Deshalb spricht Eibl-Eibesfeldt (1967, S. 139) dem Lächeln die Bedeutung eines wichtigen *Aggressionspuffers* zu:

»Ein Lächeln entwaffnet, und es gibt Beispiele in Kriegsberichten, die zeigen, wie ein Lächeln einen Angriff hemmen kann. Jeder Reisende hat erfahren, wie ein Lächeln die Spannung zwischen Fremden löst. Man lächelt auch höflich, wenn man jemandem einen abschlägigen Bescheid erteilen muß, und man lächelt, wenn man sich entschuldigt. Aber das Lächeln hemmt nicht allein die Aggression eines andern, es löst darüber hinaus auch freundliche Antworten aus. Bereits der Säugling lächelt und verstärkt damit das Band zu den Eltern. Bei Erwachsenen schlägt das Lächeln die Brücke zu völlig fremden Menschen. Man lächelt einander zu im Flirt wie auch beim freundlichen Gruß.«

Im weiteren Verlauf der Ontogenese erweist sich das Lächeln des Kleinstkindes als Ausdruck jenes Vergnügens, das durch die Wahrnehmung *inkongruenter* Reizkonfigurationen (vgl. 4.3) ausgelöst wird. Dies ist typischerweise der Fall, wenn die Differenz zu einem schon vorhandenen Apperzeptionsschema nicht besonders groß ist. McGhee (1979, S. 50 f.) erläutert dies an einem Beispiel:

»Ein bestimmtes Reizmuster, zum Beispiel ein umgekehrtes ›Y‹,

---

[2] In diesem Zusammenhang wird gelegentlich sogar schon dem Säugling im vierten Lebensmonat ein gewisser Sinn für Komisches zugesprochen. So schreibt Montagu (1984): »Für ein Kind ist das Lachen etwas Natürliches, und es findet an allen möglichen Dingen etwas Komisches; dabei spielt es keine Rolle, ob diese Dinge tatsächlich vorhanden sind, nur in seiner Phantasie existieren, oder ob es sie selbst verursacht. Alles Komische macht ihm einen Riesenspaß« (zit. n. Bradshaw 1992, S. 60).

wird dem Kind solange präsentiert, bis dieses sein Interesse verliert [...] Damit zeigt es an, daß eine Habituation zustandekam, das heißt, daß eine stabile Erinnerung oder ein Schema im Hinblick auf dieses Muster entwickelt wurde. Nun wird ein wichtiger Test durchgeführt. Das ursprüngliche Muster wird in verschiedenen Abweichungen präsentiert: Am Anfang dieser Serie stehen sehr ähnliche verkehrte ›Y‹, während an ihrem Ende sehr unähnliche sind. Unter diesen Bedingungen werden Kleinstkinder gewöhnlich bei solchen Varianten der Serie zu lächeln beginnen, die in der Mitte erscheinen. Der Aufwand, der für das Inbeziehungsetzen dieser Stimuli zum ursprünglichen Muster notwendig ist, ist entscheidend für das Auftreten eines Lächelns.«

Lächeln bei Kindern ist also einerseits eine typische Reaktion auf ungewohnte Reizkonstellationen (sofern sie nicht bedrohlich wirken), andererseits ist das soziale Lächeln (das nur beim Menschen vorkommt) besonders wichtig, um zwischenmenschliche Bindungen zu festigen (vgl. Landau 1995, S. 181).

3.2 Das Lachen bei Kindern

Lächeln und Lachen gehen bei kleinen Kindern zwanglos ineinander über. Im Alter von vier Monaten beginnen Säuglinge gewöhnlich »richtig« zu lachen (McGhee 1979, S. 52). Ausgelöst wird dieses frühe Lachen am ehesten durch eine Kombination akustischer und taktiler Reize. (Dies ist etwa der Fall, wenn eine Bezugsperson mit gurrender Stimme das Baby im Hüftbereich kitzelt oder dessen Bauch abküßt.) Mit zunehmendem Entwicklungsalter gewinnen visuelle und soziale Formen der Stimulation an Bedeutung. McGhee (ebd.) bemerkt, daß Kleinstkinder im Alter von acht Monaten gerade bei solchen Versteckspielen zu lachen beginnen, in denen entweder das Gesicht der Mutter oder des Kindes selbst zeitweilig verhüllt werden. Im Alter von etwa einem Jahr regen dann viele Inkongruenzerlebnisse zum Lachen an (etwa wenn die Mutter an der Säuglingsflasche saugt, wenn sie ihre Zunge herausstreckt oder wenn sie komische Bewegungen vollführt).

Wenn ein Kind schließlich ein Verständnis für die »normale« Ordnung der Dinge erworben hat, wird ihm die Wahrnehmung von Ereignissen, die davon abweichen (die also inkongruent sind und damit als unsinnig oder komisch empfunden werden) zu einer besonderen Quelle belustigenden Vergnügens. Bei Phantasiespielen macht es diesen Kindern zum Beispiel Spaß, Objekten eine Bedeutung zu geben, die diese normalerweise nicht besitzen. So erwähnt Piaget, wie eines seiner Kinder das Blatt eines Baumes in die Hand nahm und es ans Ohr hielt, so als wäre es ein Telefonhörer. Solche funktionalen Regelverletzungen lösen bei Kindern sehr häufig eine Humorreaktion aus. McGhee (1979, S. 67) erläutert dies: »Dieses Lachen bringt jenes Vergnügen zum Ausdruck, das entsteht, wenn im phantasievollen Spiel Bedingungen geschaffen werden, die im Widerspruch zur Realität stehen.«

Sobald Kinder über sprachliche Fertigkeiten verfügen, können inkongruente Wortbildungen ebenfalls ein Anlaß zum Lachen sein. Christine Bierbach (1988, S. 237) schreibt:

»Motive des Lachens sind in den jüngeren Altersstufen an erster Stelle *sprachliche Fehlleistungen* anderer (meist jüngerer oder als ›dumm‹ bezeichneter) Kinder, manchmal auch Erwachsener. Die Heiterkeit entsteht mit der Entdeckung einer Abweichung von sprachlichen Normen. Das Abweichen von sprachlichen Normen macht Kindern vor dem Schuleintritt auch deshalb Spaß, weil sie gerade in diesem Alter von ihren Eltern häufig korrigiert, also auf die Normen hinorientiert werden. Die Freude am ›Falschen‹ deckt sich auch mit dem Triumph, das ›Richtige‹ zu wissen. Voraussetzung ist also ein bereits ausgebildetes Bewußtsein für die Norm.«

Helmers (1965) fand in einer Untersuchung heraus, daß Schulkinder tatsächlich am liebsten über Sprachschnitzer lachen. Er führt als Beispiel einen elfjährigen Jungen an:

»Eines Tages lud mich mein Freund Fritz ein. Zuerst wußten wir nicht, was wir machen sollten. Plötzlich kam seinem jüngeren Bruder eine gute Idee, und er sagte: ›Wollen wir nicht lischen gehen?‹ Wir lachten so lange, bis uns der Bauch weh tat.« (Der jüngere Bruder hatte »fischen« sagen wollen.) (Zit. n. E. C. Hirsch 1987, S. 20.)

Auch die Benennung von Objekten oder Ereignissen mit Namen, die nach dem Wissensstand des Kindes ganz offensichtlich falsch sind, ruft bei diesen gewöhnlich eine humorvolle Erheiterung hervor. McGhee (1979, S. 69) erwähnt, daß es ein Kind unendlich amüsant finden kann, einen Hund als Katze zu bezeichnen, eine Hand als Fuß oder eine Nase als Auge. Aber auch dies geschieht nur unter der Voraussetzung, daß das Kind sich dieser Regelwidrigkeit bewußt ist, weil es die richtige Benennung schon kennt (Bariaud 1989, S. 32). Die Freude an dieser Frühform des Witzemachens hält gewöhnlich bis in das spätere Vorschulalter an. Dies geschieht kennzeichnenderweise in einem sozialen Rahmen, denn die inkongruenten Regelverletzungen beziehen ihre lustvoll-belustigenden Effekte vor allem aus der kommunikativen Mitteilung. Es ist die Reaktion des Sozialpartners auf diese Mitteilungen, die die Humorreaktion auslöst. Damit wird das inkongruente Phantasiespiel zu einem sozialen Ereignis. Das Kind macht dabei immer wieder die Erfahrung, daß Lachen ansteckend wirkt.

Im Alter von etwa drei Jahren besitzt ein Kind die Fähigkeit zum begrifflichen Denken. Damit wird es ihm möglich, verschiedene Abstufungen von Inkongruenz wahrzunehmen. Martha Wolfenstein (1954) erwähnt, daß es Drei- und Vierjährigen großen Spaß macht, geläufige Begriffe durcheinanderzubringen. Es ist dies der Zeitpunkt, da ein Kind zu verstehen beginnt, daß die Benennung einer Person etwas anderes ist als diese Person selbst. So kann es für Kinder in diesem Alter sehr lustig sein, einen Spielkameraden mit einem anderen Namen zu rufen – insbesondere wenn dieser gegengeschlechtlich ist. (Wenn ein Kind hingegen noch nicht über geschlechtsbezogene Begriffe verfügt, wird es über solche inkongruenten Äußerungen nicht lachen können.) Auch erfinden Kinder im Alter zwischen drei und vier Jahren gerne unsinnige Wortspielereien, die besonders belustigend wirken, wenn es sich um Wiederholungen mit Reimcharakter handelt (Beispiel: »Itzi, bitzi, mitzi, pitzi«). Shultz und Robillard (1980) erwähnen auch die kindliche Vorliebe, bestimmte Wörter falsch auszusprechen, zu verballhornen oder durch bloße Lautmalereien zu ergänzen bzw. ganz zu ersetzen.

Erst wenn Kinder gelernt haben, daß die Bedeutung von Wörtern mehrdeutig sein kann, beginnt ihr Humor demjenigen von Erwachsenen zu entsprechen. Freud hat in seinen Witzanalysen die entsprechenden Prinzipien (zum Beispiel Verdichtung, Verschiebung, Kontradiktion) beschrieben. Als Beispiel kann der Witz dienen: »Hast du ein Bad genommen?« – »Nein! Warum, fehlt eins?« Hier wird mit der Mehrdeutigkeit eines Wortes gespielt. Jüngere Kinder können die sich daraus ergebende Inkongruenz freilich noch nicht begreifen. Aber im Alter von etwa sieben Jahren versteht das Kind diese linguistische Ambiguität.

3.3 Entwicklung tendenziöser Formen des Humors

> *Am lautesten und derbsten ist gewöhnlich das Lachen, das erregt wird durch einen Hinweis auf die Verdauungsvorgänge, ihre Funktionen und Exkremente.*
> Lutz Röhrich

McGhee (1979, S. 80) schreibt, daß die früheste Form tendenziösen Humors auf Handlungen oder Wortspielereien bezogen ist, die das Kind selbst in irgendeiner Form als tabuisiert ansieht. Für viele Kinder bezieht sich dies auf die physiologischen Vorgänge des Urinierens und Defäzierens. Im Verlauf früher Sozialisationsprozesse hat ein Kind gewöhnlich gelernt, diese spannungsreduzierenden Vorgänge auch als negativ zu erleben. Das angewiderte Gesicht der elterlichen Bezugspersonen, ihre entsprechenden abweisenden Bemerkungen (»pfui«, »igitt« usw.) signalisieren dem Kind potentielle Interaktionskonflikte. Um diese Konflikte zu vermeiden, muß es sich (im Sinne einer *Reaktionsbildung*) mit der abweisenden Haltung der Eltern identifizieren und sekundäre Ekelgefühle entwickeln. So entsteht eine Ambivalenz, die den Wunsch nach elementarer Lustbefriedigung mit gleichzeitigem Ekel paart. Hier liegt eine ursprüngliche Wurzel der *Scham*.

Daneben muß das Kind auch die Erfahrung machen, daß die frühen Formen lustvoll erlebter Aggressivität ebenfalls zu negativen Sanktionen führen können. Dazu gehören das Beißen, das wütende Schreien und andere Formen von sozial unangemessenem Verhalten (wozu auch die Verwendung obszöner Ausdrücke zählt). Eine wichtige Funktion der Erziehung besteht darin, eine Bereitschaft zur Abwehr solcher Tendenzen zu vermitteln. Gerade diese Selbstbeherrschung wird im kindlichen Humor relativiert. Dies ist dann der Fall, wenn ein Kind bewußt »schmutzige« Wörter in den Mund nimmt.

Schon im Alter von etwa drei Jahren neigen Kinder dazu, einzelne Wörter der Fäkalsprache zu verwenden, um aus dieser Tabuverletzung Belustigung zu ziehen. Sie nutzen daneben auch die sich nun entwickelnden kognitiv-verbalen Kapazitäten, um entsprechende Abzählreime und Verse zu ersinnen. Der Sexualforscher Ernest Borneman hat dazu eine Vielzahl von Beispielen gesammelt. Sie beziehen sich auf Fäkalien und das Urinieren und »befassen sich liebevoll mit dem Geräusch, Geruch und Getose des Darmwinds« (Borneman 1980, Bd. 1, S. 34). Borneman führt unter anderem diese Beispiele an:

»Es war einmal ein Mann,
Der hieß Bimbam
Bimbam hieß er,
In die Hosen schiß er.
Putzt sie wieder aus
Und du bist raus.«

»Oh Tannenbaum, oh Tannenbaum,
Du bist so grün, man glaubt es kaum.
Wenn du erst mal erwachsen bist,
Wirst du tüchtig vollgepißt.«

»Der Pups mag laut, mag leise sein.
Ins Loch geht keiner wieder rein!«

»Der Kutscher auf dem Bock
Scheißt vor Lachen in den Rock.
Die Dame in dem Wagen
Kann das Stinken nicht vertragen.«

Aggressive Tendenzen sind bei Kindern häufig gegen Autoritätspersonen (Eltern, Lehrer) gerichtet. Diese offen auszuleben, wird den meisten Kindern aus naheliegenden Gründen nicht gelingen. Deshalb ist auch hier der aggressive Humor, der in entsprechenden Reimen zum Ausdruck kommt, als ein »Ventil« zu verstehen. Auch in diesem Zusammenhang finden sich bei Borneman lehrreiche Beispiele:

»Regel Nummer 7:
Du sollst deine Eltern lieben.
Wenn sie um die Ecke klotzen,
Sollst sie in die Fresse rotzen!
Regel Nummer 8:
Liebste deine Eltern nicht,
Kriegste gleich 'ne Tracht.
Regel Nummer 9:
Liebste nicht dein Mütterlein,
Haut sie dir bald kurz und klein.
Regel Nummer 10:
Es ist ein Vergehn,
Deinen Vater nicht zu lieben,
Oder an ihm Totschlag zu verüben.«

In einer empirischen Untersuchung über Kinder zwischen vier und vierzehn Jahren kamen Socha und Kelly (1994) zu dem Ergebnis, daß die Thematik kindlichen Humors sich mit zunehmendem Alter von prosozialen zu antisozialen Inhalten zu wandeln beginnt. Das heißt, die tendenziösen Formen des Humors gewinnen gegenüber logisch inkongruenten Wortspielereien zunehmend an Bedeutung. Vor allem Knaben empfinden dabei obszöne Formulierungen als belustigend, und zwar insbesondere dann, wenn die entsprechenden sexuellen Inhalte eine aggressive Gerichtetheit besitzen. Je älter ein Kind ist, desto mehr Spaß wird es ihm gewöhnlich machen, sich über andere Menschen lustig zu machen. Gilligan (1982) sah darin eine Bestätigung der Aggressions- bzw. Überlegenheitstheorie des Humors (vgl. 4.2).

3.4 Humor und soziale Kompetenz

Der Humorist, meist selbst nicht heiter,
Gibt Frohsinn nur an andre weiter.
Die Wissenschaft, die kaum je irrt,
Nennt so was einen Zwischenwirt.

Eugen Roth

Die Fähigkeit eines Kindes, humorvoll zu reagieren, wird von verschiedenen Autoren als ein wichtiger Ausdruck sozialer Kompetenz angesehen (vgl. Anderson & Messick 1974; Ford 1960; Krasnor & Rubin 1983; McGhee 1989). Connolly und Doyle (1984) stellten fest, daß Vorschulkinder in Tests zur Messung von sozialer Kompetenz um so besser abschnitten, je häufiger und intensiver sie sich auf inkongruente Phantasiespiele einlassen konnten. Für McGhee (1979b) ist das ein wichtiger Indikator für humorvolle Aktivitäten.

McGhee (1989, S. 123) führt die Bedeutung des Humors für die Entwicklung sozialer Kompetenzen auf die Tatsache zurück, daß Humor die kommunikativen Fähigkeiten des Kindes fördert. Humor ist bekanntlich ein »soziales Schmiermittel« (R. D. Hirsch 1992b, S. 24). Er erleichtert die soziale Interaktion, indem er eine angenehme Atmosphäre schafft. Ein fröhliches Kind ist sozial attraktiver als ein verschlossenes oder aggressives Kind.[3] Dadurch wird das *soziale Interesse* (Adler) des humorvollen Kindes und dessen soziale Akzeptanz zwanglos gefördert (vgl. 4.3), denn »es ist schwierig, jemanden nicht zu mögen, der uns zum Lachen bringt« (McGhee 1989, S. 123). Humorvolle Kinder besitzen in der Regel viele Freunde (ebd., S. 125), humorlose Kinder zeichnen sich demgegenüber häufig durch ein sozial scheues Verhalten aus. Sie sind dabei besonders empfindlich gegenüber jenen Formen aggressiven Humors (vgl. 4.2), die als *Hänseln* bezeichnet werden. Sie laufen daher Gefahr, von Gleichaltrigen abgelehnt zu werden und sich zu schüchternen Einzelgängern zu entwickeln (vgl. Sherman 1985).

---

[3] Verschiedene Studien belegen, daß aggressive Kinder unbeliebt sind und sowohl bei Gleichaltrigen wie bei Erwachsenen auf Ablehnung stoßen (vgl. Moore & Updegraff 1964; Rubin & Daniels-Beirness 1983).

Humorvolle Kinder sind aber durchaus nicht übermäßig angepaßt. Im Gegenteil lassen sich bei ihnen ausgeprägte Selbstbehauptungstendenzen feststellen. In verschiedenen Langzeituntersuchungen, die McGhee (1989, S. 126) anführt, wurde eine positive Korrelation zwischen den Parametern *Humor Initiation* und (nicht destruktive) *Aggressivität* ermittelt. Dieses Ergebnis ist konsistent mit der *Überlegenheitstheorie* des Humors (vgl. 4.2). McGhee (ebd., S. 127) sieht darin einen Grund, weshalb humorvolle Jugendliche häufig soziale Führungspositionen einnehmen. Außerdem ist die Fähigkeit zu einer humorvollen Selbstbehauptung auch eine wichtige Voraussetzung für eine erfolgreiche Streßbewältigung und Lebensmeisterung bei Heranwachsenden (Martin 1989).

Gerade in der Phase der pubertären Entwicklung sieht sich das heranwachsende Kind mit vielfältigen Veränderungen konfrontiert. Diese beziehen sich ebenso auf den körperlichen Bereich wie auf den qualitativen Wandel in den sozialen Beziehungen: Der pubertierende Jugendliche nimmt allmählich das Erscheinungsbild eines Erwachsenen an; er spürt, wie seine geschlechtliche und soziale Identität im Spannungsfeld affektiver Strebungen und normativer Ideale allmählich Gestalt annimmt. Doch dieser Wandel entspricht einem existentiellen Umbruch, der mit belastenden Selbstzweifeln, Schamgefühlen und einer Reihe von körperlichen Streßerscheinungen einhergehen kann (vgl. Titze 1996 a, S. 169–175).

Als besonders belastender *Stressor* (Selye 1988, S. 57) muß jene Form der Fremdbeurteilung eines Jugendlichen angesehen werden, die sich zunächst im Gesichtsausdruck von gleichaltrigen Bezugspersonen (*peer-group*) äußert. Schon ein verhaltenes Grinsen kann Ausdruck spöttischer Mißachtung sein, die dem Heranwachsenden anzeigt, sich im Hinblick auf bestimmte normative Erwartungen »danebenbenommen« zu haben – und damit lächerlich zu sein (vgl. 4.2.1, 4.2.3). Dies kann eine äußerst belastende Entfremdung von einer sozialen Welt einleiten, die sich der Heranwachsende vor allem dadurch erschließt, daß er sich an das anzupassen lernt, was (in einem ideal-normativen Sinne) für seine jeweilige *peer-group* verbindlich ist. Diese Anpassung erfordert eine große Flexibilität und (soziale) Lernfähigkeit, denn der Heranwachsende muß »seine früher aufgebauten Rollen und Fertigkeiten mit den gerade modernen Idealen und Leitbildern verknüpfen« (Erikson 1971, S. 106). Humor erweist sich in diesem Zusammenhang als ein bedeutender Bewältigungsmechanismus. Martin (1989, S. 143) konnte nachweisen, daß ein entwickelter Sinn für Humor ganz allgemein eine wesentliche Voraussetzung dafür ist, sich vor negativen Streßwirkungen zu schützen. Loeb und Wood (1986, S. 281–284) fanden im Anschluß an Erikson (1992) Hinweise, daß Jugendliche mit einem Sinn für Humor besser mit Konflikten umgehen können, die sich aus Entwicklungskrisen ergeben, die sich im Spannungsverhältnis von Vertrauen und Mißtrauen, Selbständigkeit und Scham, Initiative und Schuld- bzw. Minderwertigkeitsgefühlen, Identität und Rollendiffusion oder Intimität und Isolation aufbauen.

Martin (1989, S. 152) plädiert deshalb für einen Erziehungsstil, der den kindlichen Sinn für Humor bewußt fördert. Das bedeutet, spontane Humoräußerungen des Heranwachsenden grundsätzlich zu ermutigen. Denn im Lachen baut sich ein Selbstwertgefühl auf, das einen jungen Menschen gegen nachteilige Folgen juveniler Entwicklungskrisen immunisieren kann. Die besondere Aufgabe des Erziehers besteht darin, einen »nicht-destruktiven, realitätsbezogenen Sinn für Humor zu modellieren, der die Blickrichtung auf die spielhaften Aspekte gerade solcher Problemsituationen lenkt, die Niederlagen und Versagen nach sich ziehen« (ebd.).

4 Theorien des Humors

> *Nichts ist so ungewiß und so wenig genau umris-*
> *sen wie unsere Anschauungen über den Humor.*
> Henry Fielding (1707–1754)

Für den Bereich des Humors im weiteren Sinne (Lachen, Lächeln, Heiterkeit, Komik, Witz, fröhliche Einstellung zum Leben) gibt es sehr viele unterschiedliche theoretische Erklärungsversuche. Wir unterscheiden im folgenden zwischen vier grundlegenden Ansätzen, die für das Verständnis der therapeutischen Bedeutung des Humors von Belang sind, nämlich den psychophysiologischen Theorien, den Überlegenheitstheorien, den sozialen Theorien und den Inkongruenztheorien. In diesen Ansätzen wird das komplexe Phänomen des Humors aus ganz verschiedenen Perspektiven betrachtet; zum Teil gibt es aber auch Überschneidungen zwischen einzelnen Erklärungsversuchen. Im letzten Abschnitt dieses Kapitels diskutieren wir, welchen Stellenwert diese Theorien für die therapeutische Praxis besitzen.

4.1 Psychophysiologische (»kathartische«) Theorien [1]

> *Der Humor, dessen Wurzeln wir doch im all-*
> *gemeinen ganz klar im Psychologischen und*
> *Emotionalen suchen, hat eine enge Verbindung*
> *mit dem physiologischen Zustand des Körpers.*
> Raymond A. Moody

Schon im 19. Jahrhundert machten Darwin (1872), Hecker (1873) und Spencer (1860) erstmals auf die physiologisch positive Bedeutung des

---

[1] In diesem Zusammenhang werden unterschiedliche Bezeichnungen verwendet. Frühe Theoretiker wie Spencer (1860), Gregory (1924), Hayworth (1928) und Rapp (1949) sprechen von *Entspannung*, *Spannungsabfuhr* und *Affektentladung*. Keith-Spiegel (1972) spricht von *biologischen*, *instinktbezogenen* und *evolutionären* (ebd., S. 5) Theorien, die sie von solchen der *Entlastung* (release) und *Erleichterung* (relief) (ebd., S. 10) abgrenzt. Flugel (1954, S. 714) spricht von einer *Erleichterung und Entlastung von Energie*, während Berlyne (1969, S. 802) nur den Ausdruck *Erleichterungstheorien* verwendet. Mosak (1987, S. 13) beschreibt die *entlastungsbezogenen Theorien* des Humors.

Lachens aufmerksam. Dieses beruhe auf angeborenen Potentialen und erfülle eine adaptive Funktion. So trage das Lachen zum homöostatischen Ausgleich innerhalb des Organismus bei, indem es helfe, den Blutdruck zu stabilisieren, den Kreislauf anzuregen und insgesamt den Körper zu entspannen. McDougall (1903, 1922, 1923) sah das Lachen als einen Instinkt an, der das emotionale Überleben des Menschen sichert. Sein eigentlicher Zweck sei die Befreiung körperlicher Verspannungen. Gregory (1924, S. 40) erläuterte dies:

»Eine Befreiung [von Spannungen] wird dem physischen Akt des Lachens und seinen physiologischen Begleiterscheinungen zugeschrieben [...] Ein Gelächter als Ausdruck reiner Befreiung könnte der Ursprung sämtlicher Formen des Lachens sein, die sich hieraus gebündelt abgeleitet haben [...] Das Phänomen der Befreiung erklärt zwar nicht das ganze Lachen, es stellt aber seine Wurzel und seinen Entwurf dar. Die Erkenntnis, daß [das Lachen] zu einer abrupten Spannungslösung führt, steht am Anfang der Lachforschung. Wird dieser Befreiungsaspekt nicht oder nur am Rande zur Kenntnis genommen, so wird es [auf diesem Gebiet) kaum Fortschritte geben.« (zit. n. Keith-Spiegel 1972, S. 11)

Auch Sigmund Freud (1905 / 1982 a, S. 118) betrachtete »das Lachen (als) ein Phänomen der Abfuhr seelischer Erregung«. Entsprechend sahen psychoanalytische Autoren wie Reik (1929, S. 113) und Strotzka (1976, S. 309) das Lachen als einen gesunden und biologisch notwendigen Entlastungsprozeß an, der innerpsychisch bedingt ist. Denn die Umwelt konfrontiert einen Menschen mit harten Realitätsanforderungen; sie stellt Barrieren auf, und sie läßt die Dynamik des Lustprinzips häufig in Versagungserlebnisse münden, die zeigen, wie unwirtlich und feindselig die Welt sein kann. Solche Hemmnisse und Versagungen auszugleichen, ist ein wesentliches Kennzeichen jenes Strebens nach Überwindung von Mangellagen, das nach Alfred Adler Kennzeichen der Lebensdynamik psychisch gesunder Menschen ist (vgl. Ansbacher & Ansbacher 1982, 4. Kap.). Ist sie von Erfolg gekrönt, kommt es zu einer Entlastungsreaktion, die sich grundsätzlich im Lachen äußern kann. Dieser Ansatz basiert auf dem Gedanken, daß Triebunterdrückung zu einem Anstau nervöser Energie[2] führt.

---

[2] Im Gegensatz zur physikalischen Energie kann man die psychische Energie natürlich nicht messen. Aussagen über die Verteilung dieser fiktiven psychischen Energie auf

Viele kulturelle Leistungen wurden von Freud auf die Verdrängung feindseliger und sexueller Impulse zurückgeführt. Mit der Stärke dieser Abwehr nimmt die Gefahr einer die psychische Gesundheit belastenden neurotischen Konfliktbildung zu. Die Humorreaktion (Erheiterung, Lachen) ermöglicht eine *kathartische Befreiung* solcher verdrängter Affekte.

4.2 Überlegenheits- und Aggressionstheorien

> *Der Humor ist eine verbale Waffe aus dem Arsenal der sozialen Verkehrsformen, die die Funktion hat, Ungleichheiten in bezug auf Kaste, Klasse, Rasse und Geschlecht aufrechtzuerhalten.*
> Kramarae & Treichler (1985)

Gemäß der antiken *Degradationstheorie*, die auf Aristoteles zurückgeführt wird, regt die Wahrnehmung von Defekten, Deformierungen oder auch nur der Häßlichkeit eines Mitmenschen zum Lachen an (vgl. Cooper 1922). Hobbes (1651/1968) ging entsprechend davon aus, daß Lachen im Gefolge des Erlebens eines »plötzlichen Triumphes« über einen als minderwertig wahrgenommenen Menschen erfolge.

In diesem Zusammenhang wird die Bedeutung der *Aggressivität* von manchen Autoren besonders hervorgehoben. So schreibt etwa Gregory (1924):

»Das Gelächter, das mit dem Menschen aus dem Nebel der Antike auftaucht, scheint einen Dolch in der Hand zu halten. Es gibt in der Literatur der Antike über das Lachen so viele Beispiele für brutalen Triumph, Verachtung und Fußtritte gegen den Besiegten, daß wir annehmen dürfen, daß das ursprüngliche Lachen ausschließlich aggressiv gewesen ist.« (zit. n. Koestler 1966, S. 44)

Freud (1905/1982 a) sah im Witz Tendenzen sexuellen *und* aggres-

---

fiktive psychische Instanzen oder über die Verschiebung und Sublimierung von Energiebeiträgen haben daher einen pseudowissenschaftlichen Charakter; es sind Spekulationen, denen die empirische Grundlage fehlt (Eschenröder 1986, S. 17). Im Gegensatz dazu ist die physiologische Erregung (*arousal*) und ihre Verminderung durch Lachen meßbar (vgl. Berlyne 1969, S. 806–809).

siven Charakters, die an der kulturbedingten Zensur »vorbeigemogelt« würden. Entsprechend betonten Reik (1929) und Grotjahn (1974) die Bedeutung aggressiver Tendenzen bei der Entstehung der Humorreaktion. Eibl-Eibesfeldt (1967) sieht im Lachen eine ursprüngliche Drohgebärde, die sich im Laufe der Menschheitsentwicklung allmählich zu einer »Begrüßungszeremonie« gewandelt hat. Aus einem aggressiven Zähnefletschen sei zunächst ein »ritualisiertes Zubeißen« geworden, also eine aggressiv entschärfte Drohgebärde. Eibl-Eibesfeldt (ebd., S. 140) schreibt:

»Die rhythmische Lautäußerung (im Lachen) erinnert an ähnliche Lautäußerungen, mit denen viele Primaten einer Gruppe gemeinsam gegen einen Feind drohen (›hassen‹). Ein solches gemeinsames Drohen verbindet die Mitglieder einer Gruppe, und es fällt bei einer Untersuchung des Lachens auf, daß hier in ganz ähnlicher Weise zwischen Gruppenmitgliedern ein starkes Band geschaffen wird. Außerhalb der Gruppe Stehende berührt ein solches Lachen eher unangenehm, ja wenn es den Charakter des Auslachens trägt, wirkt es ausgesprochen aggressiv, herausfordernd. Lachen scheint in seiner ursprünglichen Funktion *gegen* Dritte zu verbinden. Beim Lächeln dagegen ist die aggressive Komponente durch das weniger ausgeprägte Zähnezeigen und den Wegfall der Lautäußerungen zur rein beschwichtigenden Kontaktgebärde geworden. Lächeln und Lachen haben eine gemeinsame Wurzel, scheinen jedoch in verschiedener Weise ritualisiert.«

Insbesondere in Gesellschaften, deren Sozialisationsstil schamorientiert ist (vgl. Neckel 1992; Titze 1996 a), stellt das *Verlachen* eine wichtige Erziehungsmaßnahme dar. Moody (1979, S. 29 f.) führt in diesem Zusammenhang die Pygmäen, aber auch moderne Japaner an, die ihren Kindern damit drohen, andere Leute würden sie auslachen, wenn sie bestimmte unerwünschte Dinge tun sollten.

Es gibt bestimmte Formen des Humors, die ein unmittelbarer Ausdruck dieses aggressiven Auslachens sind. Dazu gehören die Ironie, insbesondere aber der Sarkasmus und der Zynismus.

4.2.1 Das Lächerliche

> *Lächerlich zu erscheinen ist so ziemlich das*
> *Schlimmste, was einem sogenannten ernsten*
> *Menschen passieren kann. Aber komisch, gerade*
> *der ist dieser Gefahr weit mehr ausgesetzt als der*
> *sich heiter Gebende.*
> Werner Finck

Das Lächerliche ist der eigentliche Gegenstand der aggressiven Formen des Humors. Platon hat diesen Begriff als erster in substantivierter Form verwendet (Hügli 1980, S. 2). Zu wissen, wie man Lächerliches (und damit Lachen) hervorruft oder vermeidet, ist nach Aristoteles »im Kampf der Geister« von Nutzen, denn man müsse die Würde des Gegners durch Gelächter zunichte machen. In seiner *Poetik* erwähnt Aristoteles (o. J., S. 78) zwei verschiedene Arten des Lächerlichen: die gegen den Sprechenden selbst sich richtende Ironie sowie die Verhöhnung eines anderen. Auch Cicero stellte fest, man errege Lachen dadurch, indem man »die Charaktere anderer verspottet, seinen eigenen von einer lächerlichen Seite zeigt, und Häßliches mit noch Häßlicherem vergleicht« (zit. n. Hügli 1980, S. 2). Der englische Philosoph Hobbes (1651 / 1980, S. 54) führte das Lächerliche auf ein Gefühl der Überlegenheit zurück, das entstehe, »wenn die schwachen Seiten anderer sichtbar« gemacht werden. Jean Paul (1804 / 1980, S. 105) definierte das Lachen als das »unendlich Kleine«, das der »Erbfeind des Erhabenen« sei, und er bemerkt: »Unter dem Lachen fühlt man weniger *sich* gehoben [...] als den anderen *vertieft*« (ebd, S. 121). Kraepelin (1885, S. 352) hat das Lächerliche als das »Verlachenswerte« ausgewiesen, das von einem »Objekt von geringerem inneren Wert« ausgeht. (Er unterschied das Lächerliche übrigens vom Komischen [vgl. 4.2.2], das er als das »Belachenswerte« definierte.)

Auch Bergson (1921, S. 131) hob die Bedeutung der Aggressivität beim Verlachen hervor. Er sah das Lachen als eine »Strafe«, als ein »Erziehungsmittel« an, deren Zweck »Demütigung« sei: »Dadurch rächt sich die Gesellschaft für die Freiheiten, die man sich gegen sie herausgenommen hat. Und das Lachen würde sein Ziel nicht erreichen, wenn Sympathie und Güte seine herrschenden Züge wären.«

Entsprechend sah Baudelaire (o. J., S. 252) im Lachen »ein verwerfliches und seinem Ursprunge nach teuflisches Element«, das auf der Überlegenheit beruht: »Das Lachen ist satanisch, also im tiefsten menschlich. Es ist im Menschen die Folge der Vorstellung seiner eigenen Überlegenheit.« (ebd., S. 257)

4.2.2 Das Komische

> *Hanswursten trifft man weit und breit*
> *Humor ist mehr als Heiterkeit.*
> Eugen Roth

Für die alten Griechen war die Komödie der Rahmen, in dem sich das Komische entfalten konnte. Das Wort als solches leitet sich von *komos* ab, jener Prozession, in der zu Ehren von Dionysos ein überdimensionaler Phallus getragen und obszöne Lieder gesungen wurden (Giangrande 1963). Palmer (1994, S. 32) erwähnt, daß die – in der Regel stark betrunkenen – Teilnehmer dieser Prozession einen oft obszönen Humor an den Tag legten. Denn die Figur des Dionysos war durch Ambiguität gekennzeichnet: Einerseits war er der Patron der Fruchtbarkeit und des Vergnügens, andererseits galt er aber auch als Verursacher von Schrecken. Es ist anzunehmen, daß die unbeholfenen Bewegungen der betrunkenen Dionysos-Anhänger auf die Zuschauer solcher Prozessionen belustigend bzw. *komisch* gewirkt haben. Ihre zunächst wohl spontane Nachahmung führte zur allmählichen Entwicklung des komischen Schauspiels. Dieses wird von Aristoteles (o. J., S. 99) folgendermaßen definiert:

»Die Komödie ist die nachahmende Darstellung einer lächerlichen Handlung, welche keine abgeschlossene Größe zu haben braucht, vorgeführt durch Handelnde, nicht durch Berichtende. Ihre Aufgabe ist, durch Lust und Lachen die Reinigung von diesen Affekten zu bewirken. Die Komödie ist die Tochter des Lachens.«

Diese kathartische Bedeutung der Komödie erfüllt eine wichtige sozialpsychologische Funktion. Denn derjenige, der in seinem Handeln aus dem normativ festgelegten Rahmen »fällt«, wirkt prinzipiell bedrohlich. Er stellt den normalen Ablauf sozialen Lebens in Frage und gefährdet damit die »bewahrte Vernünftigkeit« (Stierle 1976,

S. 260) der sozialen Handlungswelt. Wenn dieser Mensch nun der verspottenden Lächerlichkeit preisgegeben wird, kommt es zu einer »Wiederherstellung vernünftiger Zustände, einer geordneten kulturellen Welt« (ebd.), mit der sich der einzelne (wieder) identifizieren kann. Deshalb erfüllt die Komödie eine wichtige sozialkorrektive Funktion.

Die präziseste Definition des Komischen nahm der Philosoph Karl Groos (1892) vor, indem er verschiedene theoretische Perspektiven zusammenfaßte: »Es ist uns ein Objekt gegeben, welches wir erstens für etwas *Verkehrtes* (Widersprechendes, Widersinniges, Unlogisches) halten und darum zweitens mit einem Gefühl der *Überlegenheit* betrachten« (ebd., S. 376). Dabei dürfe weder Furcht noch Mitleid in den Vordergrund treten, »weil sonst die erheiternde Wirkung notwendig ausbleiben muß« (ebd.). Groos führte in diesem Zusammenhang das folgende Beispiel an:

»Ein Mensch von auffallend kleiner oder auffallend großer Gestalt wirkt komisch, solange er uns nicht mit Furcht oder Mitleid erfüllt. Ebenso verhält es sich bei zu dicken und zu dünnen Formen, bei gattungswidrigen Proportionen, bei Auswüchsen, bei auffallender Hautfärbung usw. [...] Das Gleiche ist begreiflicherweise dem Häßlichen gegenüber der Fall, ja selbst dem bloß Fremdartigen gegenüber.« (ebd., S. 378 f.)

Nicht zuletzt ist es auch die Ungeschicklichkeit, »welche uns hier das erheiternde Gefühl unserer Überlegenheit verschafft« (ebd., S. 381). Dazu zählt Groos auch die Zerstreutheit, die Nervosität, die Verlegenheit, die Angst, die Vergeßlichkeit, das Mißverständnis und jene »dauernde geistige Verkehrtheit, die sich in ›närrischen‹ Handlungen äußert« (ebd., S. 382). Insgesamt handelt es sich dabei nach Groos um »Zustände, die eine aus der richtigen Ordnung geratene Seele kennzeichnen« (ebd.).

Als das *Urphänomen des Komischen* führt Groos die Ungleichheit bzw. den Kontrast zwischen dem Objekt des Komischen und dem Betrachter an. Dieser schöpft daraus das Selbstgefühl seiner Erhebung und Erheiterung, wobei er das »behagliche Pharisäergefühl« empfindet, nicht so zu sein »wie dieser Verkehrten Einer« (ebd., S. 392 f.). Groos führt, unter Berufung auf zeitgenössische Autoren, drei Stadien der Entwicklung des Komischen an: Der erste Eindruck des Komischen bestehe darin, daß die Verkehrtheit verblüffend wirkt.

Das zweite Stadium zeichne sich dann ab, wenn aus der Verblüffung die bewußte Erkenntnis der Verkehrtheit entsteht. Doch erst im dritten Stadium könne sich das »völlig angenehme Gefühl« entfalten, sich selbst im Angesicht der Verkehrtheit als Überlegenen zu empfinden. Groos kommt zu der Schlußfolgerung: »Aus der ganzen Untersuchung über das Wesen des Komischen springt der Gedanke mit großer Klarheit hervor, daß das Lachen beim Komischen zunächst ein *Verlachen* ist« (ebd., S. 402). Der Sinn des Komischen liegt demnach in einer »Erhöhung des Selbstgefühls«.

Für den französischen Philosophen Henri Bergson (1900/1921) ist ein wesentliches Erkennungsmerkmal des Komischen die »Gefühlslosigkeit« bzw. »Anästhesierung des Herzens«. Seelische Kälte sei sein wahres Element (ebd., S. 7). Außerdem könne sich das Komische nur in einem sozialen Kontext entfalten: »Man würde für das Komische kein Organ haben, wenn man allein stünde [...] Unser Lachen ist stets das Lachen einer Gruppe« (ebd., S. 8). Dieses Lachen wird gewöhnlich durch einen Außenstehenden hervorgerufen, der das Objekt des gemeinsamen Verlachens ist: »Das Komische entsteht, scheint es, wenn eine Anzahl als Gruppe zusammengehöriger Menschen ihre Aufmerksamkeit alle auf einen lenken, ihr Gefühl beiseite schieben und lediglich ihren Intellekt spielen lassen« (ebd., S. 9). Dieses intellektuelle Moment nimmt aber Bezug auf vorgegebene normative Erwartungen. Wer diesen Erwartungen, zum Beispiel aufgrund von Ungeschicklichkeit, nicht entspricht, der kann von den anderen verlacht werden. Dies kann sich ebenso auf körperliche wie auf geistige Fehlleistungen beziehen.

Dieser Auffassung schließt sich auch Freud (1905/1982a, S. 176) an, der das Komische in einen Zusammenhang mit den sozialen Beziehungen der Menschen stellt: »Es wird an Personen gefunden, und zwar an deren Bewegungen, Formen, Handlungen und Charakterzügen, wahrscheinlich ursprünglich nur an den körperlichen, später auch an den seelischen Erscheinungen derselben, bzw. an deren Äußerungen« (ebd.). Eine wesentliche Bedingung des Komischen ist für Freud daneben jener »zu große Aufwand«, der körperliche Bewegungen auszeichnet, die aus der erwarteten Durchschnittsnorm fallen. Diese wirken – im Sinne normativer sozialer Erwartungen – ebenfalls unangepaßt. Freud (ebd., S. 177) schreibt:

»So sind ganz reine Fälle dieser Art von Komik die Bewegungen, die der Kegelschieber ausführt, nachdem er die Kugel entlassen hat, solange er ihren Lauf verfolgt, als könnte er diesen noch nachträglich regulieren; so sind alle Grimassen komisch, welche den normalen Ausdruck der Gemütsbewegungen übertreiben, auch dann, wenn sie unwillkürlich erfolgen wie bei an Veitstanz leidenden Personen; so werden die leidenschaftlichen Bewegungen eines modernen Dirigenten jedem Unmusikalischen komisch erscheinen, der ihre Notwendigkeit nicht zu verstehen weiß.«

Freud beschreibt damit ein Inkongruenzerlebnis. Es werden Bewegungen erwartet, die den normativen Vorstellungen eines vorgegebenen Bezugsrahmens entsprechen. Wird dieser Rahmen jedoch gesprengt, so ergibt sich eine komische Wirkung. Dies gilt auch für Körperformen und Gesichtszüge, die aus diesem Rahmen fallen: »Aufgerissene Augen, eine hakenförmig zum Mund abgebogene Nase, abstehende Ohren, ein Buckel, all dergleichen wirkt wahrscheinlich nur komisch, insofern die Bewegungen vorgestellt werden, die zum Zustandekommen dieser Züge notwendig wären, wobei Nase, Ohren und andere Körperteile der Vorstellung beweglicher gelten, als sie es in Wirklichkeit sind« (ebd.).

Als komisch wird nach Freud nur dann etwas empfunden, wenn der Betrachter selbst eine Vorstellung von dem hat, was in einer bestimmten Situation angemessen ist. Wird diese Vorstellung nicht erfüllt, weil zum Beispiel ein Mitmensch zu wenig oder zu viel Aufwand betreibt, kommt es zu einem Kontrasterlebnis: »Das Komische beruht auf einem Vorstellungskontrast; ja, insofern dieser Kontrast komisch und nicht anders wirkt. Das Gefühl der Komik rührt vom Zergehen einer Erwartung her; ja, wenn diese Enttäuschung nicht gerade peinlich ist« (ebd., S. 202).

Das Lachen, das ein solches komisches Kontrasterlebnis hervorruft, wird von Stierle (1976, S. 250) als »kathartische Befreiung« verstanden. In diesem Lachen kann der betreffende Mensch einen »chaotischen Gegensinn der Dinge« unter Kontrolle bringen, dem er sich »eigentlich« ausgeliefert fühlt und der daher als bedrohlich erlebt werden muß. Im Lachen wird diese Bedrohung negiert und eliminiert: »Nachdem gelacht wurde, ist die Welt wieder ins Lot gebracht, die komische Verstrickung ist, indem sie im Lachen fallengelassen wurde, negiert« (ebd.).

4.2.3 Die Gelotophobie[3]

Ein armer Mann –
der nicht selber lachen kann.

Christian Morgenstern

Jene Autoren, die die aggressive Funktion der Humorreaktion hervorheben, weisen vielfach auch auf die gruppenkohäsive Bedeutung des Lachens hin (4.3). Demnach würde dieses die Mitglieder einer Gruppe *dann* zusammenschmieden, wenn es einen äußeren Gegner auszumachen gilt, den die Gruppenmitglieder gemeinsam zu einem verlachenswerten Opfer machen.

Kinder werden zu sozialen Außenseitern, wenn es ihnen nicht gelingt, sich an die normativen Erwartungen außerfamiliärer Bezugsgruppen (*peer groups*) anzupassen. Dafür gibt es verschiedene Gründe: Zunächst können diese Kinder aufgrund objektiver Absonderlichkeiten »aus dem Rahmen fallen«. Dazu gehören körperliche und geistige Behinderungen, auffallende Merkmale wie die Haarfarbe, Körpergröße, mangelhafte Sprachbeherrschung (zum Beispiel bei Ausländerkindern), eine nicht der Mode entsprechende Bekleidung (zum Beispiel bei Kindern von Sektenangehörigen) sowie alle Formen von Schüchternheit. Letztere kann auch Folge belastender und pathologisierender Erziehungseinflüsse sein. So wird das Kind aus einer sozial schwachen oder existentiell bzw. psychisch belasteten Familie andere rollenspezifische Verhaltensbereitschaften entwickeln als ein Kind, das in einer unbelasteten Familie aufwächst.

Insbesondere bei selbstbezogenen, das heißt narzißtisch bedürftigen Bezugspersonen wird das Kind – im Zuge eines Parentifikationsprozesses (vgl. Titze 1996a, S. 56 ff.) – in Rollen hineinwachsen, in denen es sich ausschließlich um die spezifischen Bedürfnisse und psychopathologischen Probleme seiner Bezugspersonen kümmern muß. Dabei kann der normative Erwartungsdruck, der vom familialen Beziehungsgefüge ausgeht, so stark sein, daß sich das betreffende Kind jenen weitergehenden sozialen Lernprozessen nicht öffnen kann, die von außerfamiliären Sozialisationsagenturen ausgehen. Damit wird

---

[3] gelos (gr.) = Gelächter

der Erwerb solcher sozialen Verhaltensbereitschaften behindert, die sich an einem allgemein gültigen Vernunftsgewissen (*common sense*, soziale Intelligenz, gesunder Menschenverstand) orientieren. Die betreffenden Kinder machen folgerichtig vieles »falsch«. Sie ecken an, benehmen sich daneben, geben sich vielleicht altklug, so daß sie auf Gleichaltrige komisch und befremdlich wirken. Wenn sich solche defizitären sozialen Fertigkeiten mit einer mangelnden Selbstbehauptungsfähigkeit verbinden, kann das betreffende Kind allmählich in die verhängnisvolle Rolle eines lächerlichen Außenseiters gelangen. Von anderen Kindern, die untereinander eine spontane Verbindung haben, werden diese Außenseiter nicht selten gehänselt und ausgelacht (vgl. Titze 1997a). Das ist in hohem Maße beschämend und entmutigend. Denn gerade in diesem Zusammenhang äußert sich die destruktiv-aggressive Wirkung des Lachens. Lorenz (1963, S.358) schreibt: »Das Lachen [ist] eine grausame Waffe, die bösen Schaden stiften kann, wenn sie unverdientermaßen einen Wehrlosen trifft; ein Kind auszulachen ist ein Verbrechen!«

Ziv (1984, S.37) bemerkt allerdings, daß das ausgelachte Opfer (*scapegoat*) eine wichtige sozialpsychologische Rolle einnimmt. Es ist ein Projektionsobjekt für die eigenen Schwächen und Mängel der Gruppenmitglieder. So muß das verlachte Opfer den »Schock des Humors« absorbieren« (ebd.), wodurch es immer auch beschämt wird.

Scham ist ein Unsicherheitsgefühl (vgl. Kühn et al. 1997). Häufig ist dies Ausdruck der Angst vor dem Ausgelachtwerden (Gelotophobie). Sie motiviert den betreffenden Menschen, auszuweichen und sich aus der beschämenden sozialen Interaktion zurückzuziehen (Wurmser 1993, S.144). Doch wenn dies nicht möglich ist, kann sich die Gelotophobie zunehmend pathogen auswirken. Das ist, wie Ziv (1984, S.37f.) schreibt, etwa der Fall, wenn ein Grundschüler keine andere Wahl hat, als sich tagtäglich der beschämenden Situation des Ausgelachtwerdens von neuem zu stellen:

»Als das Opfer seiner Klassenkameraden ist er hilflos. Sie können sein Leben erbarmungslos zu einem einzigen Elend machen, und er findet keinen Ausweg. Am allerschlimmsten ist diese Situation dann, wenn ein Lehrer mit sadistischen Tendenzen einen Schüler zum Objekt seines sarkastischen Humors macht. Das Zusammenwirken der destruktiven Witzeleien solcher Lehrer und des Gelächters der anderen Kinder kann die Welt des Kindes zerstören.«

4.3 Soziale Theorien des Humors

Wenn das Lachen als Spott und Satire mobilisiert wird, stellt es immer eine starke soziale Kraft dar.
Raymond A. Moody

Die Überlegenheits- und Aggressionstheorien betonen die feindseligen und entwertenden Komponenten des Humors. Im Gegensatz dazu gehen die Theorien, die wir in diesem Abschnitt besprechen, verstärkt auf die sozial verbindenden Aspekte des Humors ein. Beide Aspekte wirken zusammen, wenn die Bindung innerhalb einer Gruppe durch die Ausgrenzung von Außenstehenden, die der Lächerlichkeit preisgegeben werden, gefestigt wird.

Für Hertzler (1970) ist das Lachen ein »soziales Phänomen«. Die soziale Funktion des Humors ist, wie Ziv (1984, S. 26) bemerkt, jedoch doppelwertig: Zum einen bezieht sie sich auf das gruppendynamische Innenleben eines sozialen Systems, das heißt auf die Qualität der Interaktionen *innerhalb* einer Gruppe. Zum anderen besitzt sie eine adaptive Funktion, da die Mitglieder einer sozialen Gruppe gegenüber Außenstehenden ein Zusammengehörigkeitsgefühl entwickeln können.

Foot und Chapman (1976, S. 190) weisen darauf hin, daß das Lachen und das Lächeln entscheidende Ausdrucksmittel in der Interaktion von (gesunden) Kindern sind. Die Autoren sind sogar überzeugt, daß Kinder nur in Gegenwart anderer wirklich zum Lachen aufgelegt sind. Sie berufen sich dabei unter anderem auf eine frühe Untersuchung von Gregg et al. (1929), aus der hervorging, daß Vorschulkinder überwiegend in sozialen Situationen lachen bzw. lächeln. Dies läßt sich einerseits als Ausdruck kindlicher Lebensfreude verstehen, die sich gerade im gemeinschaftlichen Spiel äußert, andererseits werden durch das Lachen aber auch Spannungen reduziert, die in sozialen Situationen entstehen (Foot & Chapman 1976, S. 189).

Im letztgenannten Sinne stellte auch Coser (1959) dezidierte Humoräußerungen bei Krankenhauspatienten fest, die sich durch die Auswirkungen ihrer Krankheit als schwach und bedroht erlebten. Indem sie untereinander humorvoll kommunizierten (sich zum Beispiel über Ärzte und Schwestern lustig machten), konnten sie ihre psychische Spannung reduzieren und ihr Selbstwertgefühl stärken. Ein entsprechendes Verhalten fand Coser (1960) auch bei statusniederen Angehörigen des Pflegepersonals einer psychiatrischen Klinik. Diese entwickelten über eine Vielzahl sarkastischer Bemerkungen, die auf Kosten statushöherer Kollegen gingen, ichstärkende Bewältigungsmechanismen für ihre berufliche Situation. Solche Witze, die für eine Bezugsgruppe (*in-group*) spezifisch sind, verstärken nach Mosak (1987, S. 8) Gefühle von Solidarität und Kohäsion.

In ihrer frühesten Form zeigt sich die kohäsive Funktion des Humors in jenem wechselseitigen Lächeln, das schon einen Säugling mit seinen elterlichen Bezugspersonen verbindet (vgl. 3.1). In diesem Lächeln wird eine *interpersonale Brücke* geschlagen. Das lächelnde Gesicht erfüllt dabei eine ganz ursprüngliche kommunikative Funktion: »Du gehörst dazu, weil du Anlaß zur Freude bist.« Und das lächelnde Gesicht des Säuglings bringt die Botschaft zum Ausdruck: »Ich fühle mich gut, weil es dich gibt.« Dieses soziale Lächeln tritt gewöhnlich zwischen der zweiten und achten Lebenswoche auf. Danach ist dieses Lächeln selektiv: Es erscheint nur dann, wenn der Säugling das Gesicht *bestimmter* Bezugspersonen erkennt! Diese Art des Lächelns muß als angeborene (biologische) Reaktion verstanden werden. Mit zunehmendem Entwicklungsalter bringt ein Lächeln und insbesondere ein Lachen zum Ausdruck, daß sich das Kind in einer heiteren, vergnüglichen Stimmung befindet. Gewöhnlich ist dies mit gemeinsamen Spielen verbunden. Denn die soziale Entwicklung des Menschen zeigt, daß die Quelle vergnüglicher Lebensfreude im Mitmenschen liegt: »Humor keimt in interpersonalen Beziehungen« (Ziv 1984, S. 28).

Für Konrad Lorenz (1963) war das Lachen ursprünglich Ausdruck jener Erleichterung, die entsteht, wenn eine äußere Gefahr abgewendet worden ist. Es zeigt den Angehörigen der eigenen Gruppe an, daß nunmehr, da die Gefahr überwunden ist, das Leben wieder von seiner vergnüglichen Seite her betrachtet werden kann. In diesem Kontext sind jene Witze und Scherze zu sehen, die zum Beispiel Soldaten miteinander machen, nachdem eine lebensbedrohende Gefahr gebannt wurde. Radcliffe-Brown (1940) sprach in diesem Zusammenhang von einer »scherzenden Beziehung«. Im gemeinsamen Lachen wird eine starke emotionale Nähe zwischen den einzelnen Mitgliedern hergestellt (Ziv 1984, S. 32), aus der ein vergnügliches Wir-Gefühl entsteht, das die Gruppenkohäsion festigt.

Ein Humorerlebnis (Erheiterung) erfüllt immer dann eine gruppenstärkende Funktion, wenn bestimmte Charakteristika der Gruppe bzw. einzelner Gruppenmitglieder in positiver Weise beurteilt werden. Die gruppeninterne Kommunikation wird damit ebenso gefördert wie die Entwicklung sozialer Beziehungen. Ein normativer Konsens wird hergestellt, der zur Identitätsfindung beiträgt und der die soziale Distanz reduziert. Dabei werden einzelne Gruppenmitglieder, die in ihrem Verhalten von den gruppeninternen Normen abweichen, in positiver Weise motiviert, einen Konsens mit den bestimmenden normativen Erwartungen (wieder) herzustellen (vgl. Martineau 1972, S. 116–123).

4.4 Inkongruenztheorien

Gibt es ein Leben nach dem Tödi?
René Schweizer

Seit der Antike ist bekannt, daß die Humorreaktion (Erheiterung, Lächeln, Lachen) *auch* durch das Zusammenwirken kognitiver Bezugssysteme ausgelöst wird, die vom Standpunkt der aristotelischen Logik an sich miteinander unvereinbar sind. Logische Widersinnigkeiten wie der berühmte *Krokodilsschluß*[4] oder das Dilemma des Kreters Epimenides (»Alle Kreter sind Lügner ...«)[5] faszinierten die alten Griechen schon im 6. Jahrhundert v. Chr.

[4] »Es war einmal eine Mutter, die ging mit ihrem Kind am Nil spazieren. Und eh sie sich's versah, hatte ein Krokodil ihr Kleines gepackt und wollte es verschlingen. Oh, wie die Mutter da weinte und jammerte! Schließlich war das Krokodil ganz gerührt und, indem es ein paar Krokodilstränen zerdrückte, sprach es: ›Liebe Mutter, ich habe zwar schrecklichen Hunger und würde dein Baby gar zu gerne auffressen, aber du sollst es wiederhaben, wenn du erraten kannst, was ich tun werde: fressen oder zurückgeben.‹ Da besann sich die Mutter lange und sagte schließlich: ›Du wirst mein Kind auffressen.‹ Denn sie dachte: Dann muß mir das Krokodil mein Kind zurückgeben – denn: Habe ich seine Absicht erraten, so bekomme ich es sowieso zurück, nach der Verabredung. Habe ich aber falsch geraten, so wird es mir also das Kind nicht fressen, sondern zurückgeben. Das Krokodil aber sagte: ›Du magst meine Absicht erraten haben oder nicht – ich werde dein Kind auf jeden Fall fressen. Denn: Hast du richtig geraten, nun, so werde ich dein Kind fressen. Hast du falsch geraten, so fresse ich es ebenfalls, entsprechend der Verabredung.‹ Und so streiten sich die beiden noch heute.« (Zit. nach Preetorius 1953, S. 271.)
[5] Epimenides war ein legendärer griechischer Dichter, der im 6. Jahrhundert v. Chr.

Koestler (1990, S. 134) führte das Wesen solcher *Paradoxien* auf die »Bisoziation« logisch unvereinbarer Bezugssysteme zurück. Im allgemeinen läuft das »normale« Denken (gesunder Menschenverstand) innerhalb eines in sich logisch konsistenten Rahmens ab. Eben diesen Bezugsrahmen »sprengt« der Humor, indem er konsequent, aber durchaus unsystematisch, eben verblüffend, einen anderen Rahmen einbezieht, in dem andere logische Prinzipien gültig sind.[6] Koestler (1966, S. 36) sprach dieser Bisoziation eine grundsätzlich schöpferische Bedeutung zu: »Wenn zwei voneinander unabhängige Wahrnehmungs- oder Denksysteme aufeinandertreffen, ist das Resultat entweder ein Zusammenstoß, der im Lachen endet, oder eine Verschmelzung zu einer neuen geistigen Synthese (= Kreativität).« Diese Erkenntnis ist nicht neu, hatten doch schon im 18. Jahrhundert britische Philosophen die Begriffe *Inkongruenz* bzw. *Inkonsistenz*[7] gebraucht. So stellte Beattie (1776) eine *Inkongruenz-* oder *Kontrasttheorie* auf, die er so definierte:

»Lachen ergibt sich aus der Beachtung von zwei oder mehreren inkonsistenten, unpassenden oder inkongruenten Bestandteilen oder Sachverhalten, von denen man annimmt, daß sie innerhalb eines komplexen Ganzen vereinigt sind oder daß sie eine gegenseitige Beziehung aufrechterhalten [...]« (zit. n. Preisendanz 1974, S. 889.)

Auch in der deutschen Philosophie wurde die Inkongruenztheorie zum Gegenstand philosophischen Interesses. Kant (1790/1976, S. 276) beschrieb das Lachen als einen »Affekt«, der »aus der plötzlichen Verwandlung einer gespannten Erwartung in Nichts« entspringt. Und Schopenhauer (1819/1991, S. 122) führte die Wirkungsweise des Humors »auf die paradoxe und daher unerwartete Subsumtion eines

---

auf Kreta lebte. Die ihm zugeschriebene Behauptung, alle Kreter seien Lügner, enthält einen logischen Widerspruch, wenn wir von der Voraussetzung ausgehen, daß Lügner *immer* lügen und Nicht-Lügner *immer* die Wahrheit sagen. Unter dieser Voraussetzung kann die Behauptung »Alle Kreter sind Lügner« nicht wahr sein, weil Epimenides damit ja selbst ein Lügner wäre (zit. n. Gardner 1985, S. 12).

[6] Solche heterogenen Bezugssysteme sind gerade für tiefenpsychologische Konzepte von zentraler Bedeutung. Die Psychoanalyse unterscheidet unbewußt-irrationale *Primärvorgänge* von bewußtseinsnahen, rationalen *Sekundärvorgängen* (vgl. Laplanche & Pontalis 1973, S. 398–401); die Adlersche Individualpsychologie differenziert das »gesellschaftlich-durchschnittliche Bezugssystem« des *common sense* von jenem der »privaten Logik« (vgl. Titze 1986).

[7] Bergson (1921, S. 80 ff.) sprach in diesem Zusammenhang von »Interferenz«, Plessner (1950, S. 111) von der »Einheit des Gegensinnigen«.

Gegenstands unter einen ihm übrigens heterogenen Begriff« zurück. Er leitete das »Phänomen des Lachens« dabei von der »plötzlichen Wahrnehmung einer Inkongruenz zwischen einem solchen Begriff und dem durch denselben gedachten realen Gegenstand, also zwischen dem Abstrakten und dem Anschaulichen« (ebd.).

In einer Übersichtsarbeit zu den kognitiven Aspekten des Inkongruenzkonzepts weist Forabosco (1992) auf eine Reihe von Bezeichnungen hin, die dem Inkongruenzbegriff entsprechen. Dazu gehören Kontrast, Ambiguität, Diskrepanz und Dissonanz. Unter Bezugnahme auf McGhee (1971) bemerkt er, daß das Inkongruenzkonzept für das Verständnis der kognitiven Bedingungen der Humorreaktion von unerläßlicher Bedeutung ist. Schon kleinere Kinder bringt die Wahrnehmung einer kognitiv-perzeptiven Inkongruenz gewöhnlich zum Lachen (vgl. 3.1). Nach Forabosco (ebd., S. 55) ist »ein Reiz dann inkongruent, wenn er sich von einem gegebenen kognitiven Bezugsmodell abhebt«. Forabosco führt als Beispiel die Wahrnehmung eines menschlichen Ohres an. Dieses wird dem Betrachter nur dann inkongruent bzw. komisch erscheinen, wenn die Disproportion als solche mit seinem eigenen kognitiven Modell nicht zu vereinbaren ist. Ein weiteres Beispiel findet sich bei Oring (1995, S. 132): »Es gibt eine Entsprechung zwischen einem Martini und den Brüsten einer Frau: Eine ist nicht genug und drei könnten zuviel sein.« Damit wird deutlich, daß sich die Inkongruenzempfindung dann ergibt, wenn der normale »Lauf der Dinge« jäh unterbrochen wird. Diesen unerwarteten Bruch in einer logischen Verbindung bezeichnet man auch als *non sequitur.*

Woody Allens Nonsense-Humor basiert auf dem *non sequitur*-Prinzip. Charney (1995, S. 340) führt einige Beispiele an, so etwa diese: »Was wäre, wenn alles nur eine Illusion wäre und nichts existierte? In diesem Fall hätte ich für meinen Teppich definitiv zuviel gezahlt!« (S. 341)

»›Benny! Benny!‹ Eine Mutter ruft nach ihrem Sohn. Benny ist sechzehn, aber schon vorbestraft. Mit sechsundzwanzig wird er auf den elektrischen Stuhl kommen. Mit sechsunddreißig wird man ihn hängen. Mit fünfzig wird er eine eigene Heißmangel besitzen.« (S. 345)

Während der Sozialisation lernt ein Kind, die Objekte seiner Lebenswelt im Hinblick auf vorgegebene normative Erwartungen zu beurteilen. Daraus ergeben sich unterschiedliche Bezugssysteme, die jeweils einen festgefügten Rahmen bereitstellen, in dem, wie Koestler (1990, S.135) schreibt, »die Routinetätigkeiten des disziplinierten Denkens in einer einzigen Begriffswelt, gleichsam auf einer einzigen Ebene, ablaufen«. Wird ein solcher normativer Bezugsrahmen gesprengt, kommt es zu einer »abrupten Verlagerung des Bewußtseinstroms in ein anderes Bett, das von einer anderen Logik oder ›Spielregel‹ beherrscht wird« (ebd., S.155). Dabei ergibt sich ein »Überraschungseffekt« (Willmann 1940, S.78), der grundsätzlich eine Humorreaktion auslösen kann. Als Beispiel mag der folgende Witz dienen, den wir dem *Witzableiter* von E. C. Hirsch (1987, S.144) entnommen haben:

> Im Offizierskasino stiftet Itzenplitz einen Freßkorb für die beste Antwort auf die Frage: »Wo ist der schönste Platz auf Erden?« Ein Leutnant wagt zu sagen: »Mit Verlaub, bei meiner Frau im Bett.« Großes Hallo, erster Preis! Am nächsten Tage muß der Leutnant seiner Frau die Herkunft des Freßkorbes erklären und berichtet, er habe ihn mit der Antwort verdient, der schönste Platz sei in der Kirche. Seine Frau ist gerührt. Bald trifft sie zufällig mit Itzenplitz zusammen. »Gnä' Frau«, beginnt er, »Ihr Gatte – neulich ganz vorzügliche Antwort gegeben, ganz vorzüglich!« Sie wehrt bescheiden ab. »Ich weiß, Herr Baron, er hat es mir erzählt. Nur eines ist schade: Viel zu selten kriege ich ihn mal hinein, und wenn er endlich mal drin ist, schläft er sofort ein.«

4.5 Zusammenfassende Betrachtung

Die unterschiedlichen Theorien des Humors, die wir in diesem Kapitel referiert haben, beziehen sich jeweils auf verschiedenartige Aspekte dieses Phänomens. Die psychophysiologischen Theorien befassen sich vor allem mit den körperlichen Auswirkungen des Lachens. Die Überlegenheits-, Aggressions- und sozialen Theorien des Humors beziehen sich auf den sozialen Kontext und die sozialen Auswirkungen der Humorreaktion. Die Inkongruenztheorien konzentrieren sich dagegen einerseits auf die besonderen Merkmale des Reizmaterials, das Erheiterung auslöst; andererseits beschreiben sie die kognitive Verarbeitung dieser Informationen.

Ob ein Mensch in einer bestimmten Situation mit Lächeln oder Lachen reagiert, hängt von dem Zusammenwirken vieler Faktoren ab, zum Beispiel vom jeweiligen sozialen Kontext, den spezifischen Merkmalen der entsprechenden Reizkonstellation, den individuellen Einstellungen und der aktuellen Stimmungslage. Vielleicht liegt es an der Komplexität dieses Phänomens, daß es so viele Theorien und sowenig gesicherte Erkenntnisse über den Humor gibt.

5 Humor in verschiedenen psychotherapeutischen Ansätzen

Lachen Sie zuerst über sich selbst –
bevor dies andere tun können!
Elsa Maxwell

In den bisherigen Kapiteln haben wir uns mit den vielfältigen Erscheinungsformen des Humors im menschlichen Leben und mit theoretischen Überlegungen zu diesem Bereich des Erlebens und Verhaltens beschäftigt. Nun wenden wir uns den therapeutischen Aspekten des Humors zu. Kann er dabei helfen, schwierige Lebenssituationen erfolgreich zu bewältigen? Wir untersuchen zunächst die Rolle von Humor und Lachen in elf verschiedenen Therapieformen, nämlich Psychoanalyse, Individualpsychologie, Logotherapie, Verhaltenstherapie, Psychodrama, Gestalttherapie, Provokative Therapie, Rational-emotive Therapie, Systemische Therapien, Transaktionsanalyse und Kreative Aggressionstherapie. Im letzten Abschnitt dieses Kapitels besprechen wir die Forschungsergebnisse zur Bedeutung des Humors in der Psychotherapie.

Obwohl wir im Vergleich zu einem früheren Artikel (Titze, Eschenröder & Salameh 1994) vier weitere Therapieformen in unseren Überblick aufgenommen haben (Psychodrama, Gestalttherapie, Transaktionsanalyse und Kreative Aggressionstherapie), ist er nicht ganz vollständig. Wir möchten deshalb hier die *Positive Psychotherapie* (Peseschkian 1977) erwähnen, in der mit Geschichten und Umdeutungen gearbeitet wird, die zum Teil einen humoristischen Charakter haben. Auch in den therapeutischen Ansätzen von Driscoll (1987), Greenwald (1987) und Salameh (1987), die im deutschsprachigen Raum wenig bekannt sind, spielt der Humor eine wichtige Rolle.

5.1 Psychoanalyse

Freud-iges

Der Mensch erfand – Dank ihm und Lob –
Das Psychoanalysoskop.
In dem nun jeder deutlich nah
Die seelischen Komplexe sah.
So zeigten die bekannten Grillen
Jetzt einwandfrei sich als Bazillen.
Und was man hielt für schlechte Launen,
War wissenschaftlich zu bestaunen
Als Spaltpilz (siehe Schizophyt),
Der schädlich einwirkt aufs Gemüt.
Der Mensch erfand nun auch ein Serum
Aus dem bekannten nervus rerum,
Und es gelang in mehrern Fällen
Die Seelen wiederherzustellen.

Eugen Roth

Der Wiener Arzt Sigmund Freud (1856–1939) entwickelte Ende des vorigen Jahrhunderts die Grundgedanken der psychoanalytischen Theorie und Praxis. Ihr Gegenstand sind die dynamischen Vorgänge im Unbewußten (Verdrängung, Widerstand, Übertragung, Träume und Fehlleistungen). Seit ihren Anfängen hat die psychoanalytische Theoriebildung verschiedene Modifikationen erfahren. Heute ist ein Strukturmodell maßgebend, das die dynamische Funktionsweise des *psychischen Apparates* beschreibt. Dieser besteht aus den konstituierenden Instanzen eines (unbewußten) *Es* und eines (bewußten) *Ich* und *Über-Ich*.[1] Hier gelangen die unbewußten, am Lustprinzip orientierten *Primärprozesse* und die bewußtseinsnahen, am Realitätsprinzip ausgerichteten *Sekundärprozesse* zu einem – im Falle der Neurose konflikthaften – Vollzug. Kulturell unangemessene Triebregungen aus dem Es werden dabei unter dem Einfluß des Über-Ich

---

[1] Eine kritische Diskussion von Freuds Strukturmodell der Psyche findet man bei Eschenröder (1989, S. 15–23).

mit Hilfe verschiedener *Abwehrmechanismen* des Ich verdrängt, was die eigentliche Voraussetzung neurotischer Konfliktentstehung ist. Neuere theoretische Ansätze der Psychoanalyse können im Rahmen dieser Arbeit nicht dargestellt werden.

Ziel der psychoanalytischen Therapie ist es, dem Klienten Einsicht in lebensgeschichtlich gewachsene Verdrängungsprozesse zu vermitteln und gleichzeitig Widerstände aufzudecken, die sich in diesem Zusammenhang ergeben. Die Analyse primärprozeßhaften Materials, insbesondere im Traumgeschehen, ist dabei von zentraler Bedeutung.

Frühzeitig hatte Freud schon erkannt, daß die Dynamik der Witzentstehung eine enge Affinität zum primärprozeßhaften Traumdenken besitzt. Somit sind Freuds (1905 / 1982 a, b) Darlegungen zur psychoanalytischen Theorie des Komischen im Witz und Humor im Hinblick auf die praktische Anwendbarkeit des Humors in der Psychotherapie von grundsätzlicher Bedeutung, auch wenn dies von Freud selbst an keiner Stelle ausdrücklich festgestellt wird. Interessant sind auch die Hinweise auf jene Anregungen, die Freud zur Behandlung dieser Thematik geführt haben sollen. Reynes und Allen (1990, S. 261) erwähnen, Freud sei von seinem Freund Fließ darauf aufmerksam gemacht worden, daß »Träume voller Witze« seien. Strotzka (1976, S. 307) meint demgegenüber, Freud sei deshalb auf die Bedeutung des Humors für die Psychoanalyse gestoßen, weil »er die Beobachtung machte, daß seine Studenten über analytische Traumdeutungen zu lachen pflegten«. Adamaszek (1985, S. 213) führt weitere Aussagen Freuds an, so die folgende:

»Viele meiner neurotischen, in psychoanalytischer Behandlung stehenden Patienten pflegen regelmäßig durch ihr Lachen zu bezeugen, daß es gelungen ist, ihrer bewußten Wahrnehmung das verhüllte Unbewußte getreulich zu zeigen, und sie lachen auch dann, wenn der Inhalt des Enthüllten es keineswegs rechtfertigen würde« (Freud 1905 / 1982 a, S. 194).

5.1.1 Freuds Witz- und Humortheorien

> *Der Sinn des Witzes ist, vor anderen Dingen,*
> *Die Wirklichkeit um den Kredit zu bringen.*
> *Indem er lächelnd zeigt, was alles möglich wäre,*
> *Bricht er das Pathos der realen Sphäre.*
> Otto Weininger

Im Zusammenhang mit den Theorien des Humors wurde bereits auf die Bedeutung von Freuds Ausführungen über den Witz und das Komische hingewiesen (vgl. 4.1 und 4.2.2). Im Rahmen dieser Arbeit kann indes nicht näher auf die interessanten Überlegungen zur Technik des Witzes eingegangen werden (vgl. Frings 1996, S. 10–17). Freud (1905/1982a, S. 86–110) befaßte sich auch eingehend mit den Tendenzen des Witzes. Diese können sich sowohl auf obszöne (sexuelle bzw. skatologische) wie auf aggressive Inhalte beziehen. Offenbar leben viele Witze von tendenziösen Anspielungen auf die Sphäre von Affekten, die im Sinne des Über-Ichs »verboten« sind. Für Freud ist selbst der scheinbar harmlose Witz niemals vollkommen tendenzlos. Sein eigentlicher Zweck ist, wie im Falle aller Primärvorgänge, einen Unlust fördernden Hemmungsaufwand zu »ersparen« und somit einen Lustgewinn zu ermöglichen. Denn für Freud orientiert sich der Witz insgesamt am *Lustprinzip.*

Unbestreitbar steht für Freud fest: »Der Witz wird gemacht, die Komik wird gefunden [...]« (Freud 1905/1982a, S. 169). Was dabei gefunden wird, ist die Sphäre eines ursprünglichen und dabei mehr oder weniger weitgehend verdrängten affektiven Kindseins. Deshalb versteht Freud das Komische als das Ergebnis einer Teilidentifikation mit sich selbst als Kind: »Komisch ist das, was sich für den Erwachsenen nicht schickt. Ich mag nicht entscheiden, ob die Herabsetzung zum Kinde nur ein Spezialfall der komischen Herabsetzung ist oder ob alle Komik im Grunde nicht auf einer Herabsetzung zum Kinde beruht« (Freud 1905/1982a, S. 211). Über die Beziehung des Komischen zum Humor schreibt Freud (ebd., S. 212):

»Die Wesensverwandtschaft zwischen Komik und Humor ist so wenig zweifelhaft, daß ein Erklärungsversuch des Komischen mindestens eine Komponente zum Verständnis des Humors abgeben muß [...] Wir haben gehört, daß die Entbindung peinlicher Affekte das stärkste Hindernis der komischen Wirkung ist [...] Der Humor ist nun ein Mittel, um die Lust trotz der sie störenden peinlichen Affekte (zum Beispiel Mitleid, Ärger, Schmerz, Rührung, Ekel; *Anmerkung d. Verf.*) zu gewinnen; er tritt für diese Affektentwicklung ein, setzt sich an die Stelle derselben [...] Die Lust des Humors entsteht [...] auf Kosten [einer] unterbliebenen Affektentbindung, sie geht aus erspartem Affektaufwand hervor.«

Freud (1928 / 1982 b, S. 278) faßt den Humor als einen »Triumph des Narzißmus«, als die »siegreich behauptete Unverletzlichkeit des Ich« auf. Der Humor sei nicht resigniert, sondern trotzig, er bedeute nicht nur den Triumph des Ich, sondern auch des Lustprinzips, das sich gegen die Ungunst der realen Verhältnisse zu behaupten vermag. Grotjahn (1974, S. 25) spricht in diesem Zusammenhang auch von einer »triumphalen Freude«. Freud schreibt, der humorvolle Mensch behandle sich selbst wie ein Kind und spiele *gleichzeitig* diesem Kind gegenüber die Rolle liebevoller Eltern (ebd., S. 279). Strotzka (1976, S. 309) bemerkt dazu:

»Dynamisch gesehen ist dies eine Überbesetzung des Über-Ich. Wenn der Witz der Beitrag des Unbewußten zum Komischen ist, so ist der Humor der Beitrag der Komik durch die Vermittlung eines [verständnisvoll relativierenden; *Anmerkung d. Verf.*] Über-Ich.«

Dies ist insofern von Interesse, als »wir das Über-Ich sonst als einen gestrengen Herrn [kennen]« (Freud 1928 / 1982 b, S. 281). Somit steht der Humor im Dienste einer couragiert-relativierenden Einstellung zum Leben: »Er will sagen: Sieh her, das ist nun die Welt, die so gefährlich aussieht. Ein Kinderspiel, gerade gut, einen Scherz darüber zu machen!« (ebd., S. 282).

5.1.2 Implikationen für die psychoanalytische Praxis

Die neuen originellen Ideen (Strotzka 1976, S. 309), die Freud in seinen Darlegungen über den Humor aufbrachte, wurden von den meisten Psychoanalytikern zunächst »in ihrer Tragweite [...] am wenigsten gewürdigt« (Reik 1929, S. 5). Auch Strotzka (1976, S. 307) beklagt, daß »immer noch kein Durchbruch zur Erkenntnis der tatsächlichen Bedeutung des Humors für die Metapsychologie im Sinne psychoanalytischen Menschenverständnisses erreicht [wurde]«. Ganz im Gegenteil wurden (und werden!) von manchen Psychoanalytikern, die dem Humor insgesamt skeptisch gegenüberstehen, »einige skurril anmutende Gedanken [...] vertreten« (Bernhardt, 1985, S. 60). So geht etwa Bergler (1937) davon aus, Humor sei ein Rückzug in die Illusion, bewirkt durch »negative Halluzinationen«. Reynes und Allen (1987, S. 260 f.) beschreiben die verbreitete Tendenz unter Psychoanalytikern, ein humoriges Verhalten auf seiten des Patienten als eine Widerstandsäußerung aufzufassen, die im Hinblick auf ihre Abwehrfunktion zu deuten sei, während der Humor des Analytikers auf eine außer Kontrolle geratene Gegenübertragung hinweise (vgl. Kubie 1971). Nach Bloomfield (1980, S. 135) sei dabei die Vorstellung bestimmend, »daß ein guter Analytiker gegenüber seinen Patienten nichts anderes empfindet als eine gleichförmige und milde Benevolenz und daß es nicht zu einem Austausch von Gefühlen kommen darf, insbesondere dann nicht, wenn diese amüsant und angenehm sind oder wenn sie zum Lachen anregen«.

Auch Bader (1993, S. 23 f.) erwähnt das verbreitete Vorurteil von Analytikern, den Humor als einen Ausdruck von Abwehr und Widerstandsimpulsen aufzufassen. Dabei wird vielfach auf die Gefahr hingewiesen, die entsteht, wenn der Analytiker auf dieses »zerstörerische« Potential (Kubie 1971, S. 861) *reagiert*, anstatt es zu analysieren. Insbesondere wird auf das Abstinenzgebot hingewiesen, das sicherstellen soll, daß der Analytiker seine persönlichkeitsspezifischen Konflikte nicht bei seinen Patienten »ablädt« (Bader 1993, S. 24).

Inzwischen sind von analytischer Seite gewichtige Argumente gegen eine unkritische Anwendung der Abstinenzregel geäußert worden. Bader (1993, S. 49) meint, daß manche Patienten das Verhalten eines emotional abstinenten und neutralen Analytikers als emotionale Abwesenheit und Zurückweisung empfinden könnten. Deshalb plädieren gewisse Analytiker für eine positive Würdigung des Humors in der Behandlungspraxis. Strotzka (1976, S. 309) spricht sich dafür aus, den Humor »in die Reihe der Ich-Abwehrmechanismen« aufzunehmen: »Die Vernachlässigung des Humors als Abwehrmechanismus kann eigentlich nur dadurch erklärt werden, daß seitens der Psychoanalytiker eine unbewußte Tendenz besteht, den Humor nicht ernst zu nehmen [...]« (vgl. auch Korb 1988; Pasquali 1987).

Hierauf nimmt Bader (1993, S. 27–30) konkret Bezug. Er führt dabei einen Patienten an, dessen Widerstand ihn an den Rand der Verzweiflung geführt habe. Solange Bader die »Abstinenzkarte« ausspielte, indem er zum Beispiel schwieg, wenn der Patient ihn mit indirekten Vorwürfen überhäufte, oder indem er sich hinter unentwegten Deutungen verschanzte, habe sich dieser Patient provoziert gefühlt. Gleichzeitig habe er aber auch Schuldgefühle empfunden. Bader berichtet, daß es ihm erst gelungen sei, diese destruktive Verschränkung aufzulösen, nachdem er seinen ursprünglichen zurückhaltenden Behandlungsstil aufgab. Dabei sei sein Behandlungsstil immer aktiver und spielerischer geworden. Dies sei der vielleicht wichtigste Ausdruck einer neugewonnenen humorvollen Haltung gewesen. Bader nimmt in diesem Zusammenhang Bezug auf weitere psychoanalytische Autoren, die sich für eine Offenheit gegenüber dem Humor aussprechen. So führt er auch Poland (1971) an, der dafür plädierte, daß eine selbstironisierende Haltung auf seiten des Analytikers zur Festigung der therapeutischen Beziehung beitrage.

Seit einigen Jahren finden sich in der psychoanalytischen Literatur vermehrt Hinweise auf die positive Bedeutung des Humors (vgl. Frings 1996). Signalwirkung dürfte in diesem Zusammenhang Grotjahns (1974) breit angelegte Monographie *Vom Sinn des Lachens* ausgeübt haben. Denn hier wird ganz ausdrücklich der Humor des Analytikers gefordert:

»Wenn wir lachen, ›lassen wir die Katze aus dem Sack‹. Daß wir menschlich sind, brauchen wir unseren Patienten nicht zu zeigen, wohl aber möchten wir von Zeit zu Zeit das Beispiel einer spontanen Reaktion geben und die emotionale Freiheit bekunden, die zur Reife gehört. Ein Lächeln ist in solchen Situationen kaum genug, weil es zu häufig ein Zeichen von Überlegenheit ist; der Therapeut lächelt nur für sich selbst« (ebd., S. 152).

Grotjahn empfiehlt ferner, Deutungen mit Hilfe von *Anekdoten* zu geben: »Eine Methode, die der Therapeut bewußt anwenden kann, während der Patient sie gelegentlich unbewußt anwendet« (ebd.). Insbesondere in einer Gruppentherapie seien Humor und Lachen von Bedeutung, denn »in der Regel wirkt Lachen gruppenbildend und schließt die Gruppe enger zusammen« (ebd., S. 155 f.). Auch der Gruppentherapeut selbst sollte Humor besitzen: »Das ist der beste Schutz gegen eine Infantilisierung der Gruppe« (ebd., S. 154). König (1995) plädiert ebenfalls für ein (nicht verletzendes) humorvolles Vorgehen in der Gruppentherapie, wobei er besonders die Verwendung witziger Metaphern erwähnt. Allerdings meint König: »Wer [als Therapeut] nicht so recht über Humor verfügt, sollte sich des Mittels der humoristischen Intervention nicht bedienen« (ebd., S. 19).

Ietswaart (1988) macht auf die grundsätzliche Affinität zwischen Humor und psychoanalytischer Technik aufmerksam. In beiden Fällen komme es zu einer Abschwächung der Abwehr von Primärvorgängen, deren Bedeutung dabei verbalisiert werden könne. Außerdem eigne sich der Humor zum Zwecke der Analyse eigener Gegenübertragungen. R. D. Hirsch (1992, S. 186) bemerkt allerdings, daß gerade der von Natur aus humorvolle Therapeut »eigene unbewußte Anteile in das therapeutische Gespräch einbringt und so ein lockeres oberflächliches Gespräch entstehen kann. Gerade durch die Gegenübertragung wird deutlich, wie sehr Humor in der therapeutischen Situation an das inter- und transaktionale verstehende gemeinsame Mitschwingen gebunden ist.« Auch Rose (1972) weist darauf hin, daß der Humor dem Analytiker die Beziehungsherstellung zu früh gestörten Patienten erleichtern kann und daß der Prozeß der emotionalen Strukturierung gefördert wird (vgl. auch Winnicott 1971, S. 35). Frings (1996, S. 79) hebt folgende Eigenschaften des Humors hervor, »die die Einsicht und Bewußtmachung erleichtern können«: Umgehung der Abwehr, Verbesserung der therapeutischen Beziehung, Pointierung, Überraschung, Nähe zum Unbewußten und gleichnishafter, metaphorischer Ausdruck.

Zwerling (1955) sieht den *Lieblingswitz* eines Patienten in einem spezifischen Zusammenhang mit dessen zentraler Konfliktproblematik. In Entsprechung hierzu erklärt Rosenheim (1976), die vom Patienten eingebrachten Witze und Scherze ließen sich in der gleichen Weise analysieren wie Traummaterial oder Fehlleistungen. Denn was hier jeweils zum Ausdruck kommt, sind nichtdiskursive, primärprozeßhafte Formen des Denkens. Deshalb stellen Witze auch, wie Richman (1996, S. 337) erklärt, einen »Königsweg zum Unbewußten« dar. Er (ebd., S. 338) versteht den Witz als eine Metapher, die in einer symbolischen Weise persönlichkeitsspezifische Elemente aufgreift, die insbesondere mit lebensgeschichtlich relevanten Konflikten zusammenhängen. Dabei wird sich der Witzeerzähler mit der zentralen Figur des Witzes unbewußt identifizieren, wobei weitere Charaktere des betreffenden Witzes verschiedene Selbstanteile dieses Menschen und seiner signifikanten Bezugspersonen repräsentieren. Richman (ebd., S. 344 f.) fand in diesem Zusammenhang entsprechende diagnostische Kriterien: Affektlabile bzw. »hysterische« Persönlichkeiten bevorzugen Witze, die Liebesbeziehungen (häufig mit erotischen, ödipalen oder inzestuösen Inhalten) in zentraler Weise thematisieren. Stark rationalisierende bzw. zwanghafte Persönlichkeiten befassen sich beim Witzeerzählen mit Konflikten zwischen Über-Ich und Es. Dabei werden, wahrscheinlich als Reaktionsbildung auf die Rigidität des übermächtigen Über-Ich, häufig abnorme (psychopathische) Phantasien zum Ausdruck gebracht. Paranoide Patienten erzählen Witze, in denen die zentrale Figur in die Opferrolle hineingerät, während bei Manisch-Depressiven eine Oben-Unten-Thematik dominiert. Alkoholiker bevorzugen Witze über das Trinken. Und in den Witzen, die von Schizophrenen erzählt werden, kommt entweder desorganisiertes oder autistisches Material zum Ausdruck oder auch ein gut nachvollziehbarer, lustiger Handlungsablauf, der thematisch nicht eindeutig kategorisierbar ist. Yorukoglu (1993) wendet diese Methode auch in der Kinderanalyse an. Er führt unter anderem einen 11jährigen türkischen Jungen an, der in der Folge von traumatisierenden Todesfällen in seiner Umgebung unter depressiven Verstimmungen litt, die mit Todesphantasien einhergingen. Sein Lieblingswitz war der folgende:

»Mulla Nasrudin war gestorben. Man legte ihn in einen Sarg. Danach begannen die Umstehenden darüber zu diskutieren, auf welcher Seite des Sargs sie sich aufstellen sollten. Plötzlich hob Nasrudin sein Haupt und rief:

›Es ist egal, wo ihr steht, solange ihr nicht drin liegt!‹«

Dieser Witz gab Anlaß, über die Todesthematik aus einer neuen, erheiternden Perspektive zu sprechen und dabei auf weitere Witze Bezug zu nehmen (ebd., S. 64 f.).

Greenson (1967, S. 386) schreibt, ein besonders guter Analytiker zeichne sich durch seinen Sinn für Humor, seinen Witz und die Kunst aus, lebendige Geschichten zu erzählen. Kohut (1976) sieht in der Fähigkeit, humorvoll mit den großen Herausforderungen des Lebens umzugehen, ein wesentliches Kriterium für eine gelungene psychoanalytische Behandlung. Er schreibt im Hinblick auf die Behandlung von narzißtischen Persönlichkeitsstörungen:

»Bei der Bewertung des Fortschrittes des Patienten ist es für den Analytiker von entscheidender Bedeutung, festzustellen, daß die

Hingabe des Patienten an seine Wertvorstellungen und Ideale keine fanatischen Züge annimmt, sondern mit einem Gefühl für das richtige Maß einhergeht, das sich im Humor ausdrücken kann« (ebd., S. 347).

Insgesamt läßt sich feststellen, daß in der psychoanalytischen Literatur keine speziellen Techniken der Humoranwendung diskutiert werden. Doch die positive Bedeutung einer humorvollen Haltung für die psychoanalytische Therapie wird gerade in der neueren Literatur unverkennbar gewürdigt.

5.2 Individualpsychologie

Adler und der Radler

Morgens in dem Wienerwald,
Es war noch ziemlich frisch und kalt,
Begegnet Alfred Adler
Auf dem Weg ein Radler.

Der Radler macht den Rücken krumm.
Denkt Adler: »Des is gar net dumm!«
Der Radler stark nach unten tritt:
»Was kompensiert er wohl damit?«

Mit einem Helm schützt er sein Leben:
»Typisch für das Sicherheitsstreben!
Es ist doch wirklich wie verhext,
Alle haben den Komplex.«

»Stürzt er und liegt auf der Erde breit,
Verspürt er Minderwertigkeit.
Und fährt er munter im Gewühl
Trainiert er sein Sozialgefühl.«

So inspiriert im Wienerwald,
Als morgens es noch ziemlich kalt,
Auf dem Veloziped ein Radler
Zu Theorien Alfred Adler.

Thomas Erlbach

Der Wiener Psychiater Alfred Adler (1870–1937) gehörte von 1902 bis 1911 zu dem Kreis um Sigmund Freud. Nachdem grundlegende theoretische Differenzen zu einer Trennung geführt hatten, bezeichnete er seinen eigenen tiefenpsychologischen Ansatz als *Individualpsychologie*. Dieser etwas mißverständliche Begriff soll auf die Unteilbarkeit (in-dividuum) der Psyche hinweisen, die nach Adler einer einheitlichen Dynamik, der Bewegung von »unten nach oben«, folgt.

Die Individualpsychologie geht von folgenden Grundgedanken aus: Das *Minderwertigkeitsgefühl* wird als der wichtigste Beweggrund für das Streben nach Überlegenheit angesehen (vgl. Ansbacher & Ansbacher 1982, 4. Kap.). Der Mensch als biologisches Mängelwesen muß von Anfang an nach Kompensation seiner artspezifischen Schwächen suchen, indem er sich seine persönliche Meinung über die Welt und das Leben bildet. So entstehen individuelle *Apperzeptionsschemata* und *Leitlinien*, die im Hinblick auf das fiktive Endziel endgültiger Überlegenheit in einen *finalen Lebensplan* eingehen (vgl. Brunner & Titze 1995). Dadurch wird ein primäres und – im Sinne bewußter Reflexion – grundsätzlich »unverstandenes« Bezugssystem gebildet, das von einer ichhaften *privaten Logik* bestimmt wird. Jenem wird im Zuge der Sozialisation ein prosoziales, »wir«-bezogenes (sekundäres) Bezugssystem zur Seite gestellt, das sprachlich kodifiziert ist und damit normative Allgemeingültigkeit besitzt. Es steht einer bewußt rationalen Reflexion grundsätzlich offen. Im Rahmen dieses Bezugssystems kann sich das sogenannte *Gemeinschaftsgefühl* entfalten, das dem Menschen dispositionell gegeben ist. Hier kommt auch jener *common sense* zum Ausdruck, der für Adler ein Synonym für *soziale Intelligenz* ist. Adler (1927 / 1982) wies darauf hin, daß diese unterschiedlichen Bezugssysteme auch im Hinblick auf die Wirkungsweise von Witzen transparent werden:

»Während der Zuhörer seine Auffassung dem normalen Bezugssystem entsprechend anwendet, bringt der Erzähler plötzlich ein neues Bezugssystem hinein, das mit dem alten nur in wenigen Punkten zusammenhängt, sonst aber eine ganz neue Bedeutung hineinträgt.« (ebd., S. 179)

»Es ist keine Frage, daß auch der Witz eine Revolte gegen das gesellschaftlich-durchschnittliche Bezugssystem vorstellt. Ein guter Witz kann aber nur der sein, bei dem die beiden Bezugssysteme annähernd gleichen Geltungswert zu haben scheinen.« (ebd., S. 181)

Die Tatsache, daß die individualpsychologische Therapie allgemein auf die konsequente Integration dieser inkongruenten Bezugssysteme ausgerichtet ist, zieht häufig verblüffende bzw. paradoxe Effekte nach sich (vgl. Mosak & Maniacci 1993). Schon im Jahre 1914 hatte Adler dies am Beispiel eines Falles von Schlaflosigkeit veranschaulicht:

> »Braucht man [einen raschen Erfolg], so wird er am ehesten zu haben sein, wenn man den Patienten kurz, unverblümt und geschickt darüber belehrt, daß die Schlaflosigkeit ein günstiges Zeichen einer heilbaren seelischen Erkrankung sei [...]« (Adler 1928/1974 a, S. 173).

Dieses Zitat ist insofern bemerkenswert, als es sich dabei um die erste Erwähnung einer paradoxen Intervention in der Geschichte der Psychotherapie handelt (vgl. auch Mozdierz et al. 1976; Titze 1977).

Weitere Beispiele finden sich in späteren Schriften Adlers. So gab er einem kleinen Mädchen, das seine Familie jeden Morgen mit Weinkrämpfen, stundenlangem Frisieren und dergleichen mehr zu tyrannisieren pflegte, den folgenden Auftrag: »Schreibe mit großen Buchstaben auf einen Zettel und hänge ihn über dein Bett: ›An jedem Morgen muß ich meine Familie in größte Spannung versetzen!‹« (Adler 1930/1974 b, S. 31). Einem Patienten, der an Magen- und Atembeschwerden litt, die durch unbewußtes Luftschlucken verursacht waren, gab Adler diesen Ratschlag: »Wenn Sie nach draußen gehen wollen und darüber in einen Konflikt geraten, schnappen Sie schnell nach Luft!« (Adler 1929/1981, S. 108 f.)

Dieses für die damalige Psychotherapie sehr ungewöhnliche Verfahren wurde zunächst als *negationäre Taktik*, später als *Antisuggestion* bezeichnet (vgl. Titze 1977). Der Individualpsychologe Rudolf Dreikurs bemerkte hierzu im Jahre 1932:

> »Einen ganz eigenartigen Trick, der nicht nur überraschend prompt wirkt, sondern auch theoretischen Einblick in den Mechanismus des nervösen Symptoms gewährt, stellt ein Verfahren dar, das Adler schon wiederholt beschrieben hat und dem Wexberg den Namen ›Antisuggestion‹ gab. Es besteht darin, daß man in nicht verletzender Weise und unter irgendeinem Vorwand dem Patienten rät, gerade das zu üben, was er bis jetzt scheinbar bekämpft hat, *also sein Symptom zu verstärken.*« (ebd., S. 171 f.)

5.2.1 Adlers Behandlungspraxis

Adlers individualpsychologische Behandlungspraxis ist durch die Prämisse *sozialer Gleichwertigkeit* begründet (vgl. Manaster & Corsini 1982; Titze 1989). Der Klient und der Therapeut haben dabei die Vereinbarung getroffen, »in einer Atmosphäre, die von gegenseitigem Respekt und Kooperation geprägt ist, als Gleichwertige miteinander zu arbeiten« (Mosak & Maniacci 1993, S. 6). Die Bedeutung einer humorvollen, heiteren Gemütsverfassung als Ausdruck seelischer Gesundheit ist von Adler immer wieder herausgestellt worden. Dies mag zunächst ein Ausdruck seiner eigenen Lebenseinstellung gewesen sein, die – ganz im Gegensatz zu der zurückhaltenden Behandlungspraxis Freuds – von augenzwinkernder, fröhlicher Offenheit geprägt war. So hatten die therapeutischen Gespräche Adlers »meist einen leicht freudigen, humorvollen Einschlag« (Bernhardt 1981, S. 15). Adlers Biographin Phyllis Bottome bringt dafür ein Beispiel:

»Da saßen sie nun, Adler und sein Patient – Knie an Knie und rauchten beim Reden oft wie Schlote, wobei jeder den anderen hereinzulegen versuchte und beide zusammen wiederum jeden hereinlegen wollten, der sich gegen sie stellen würde« (zit. n. Brome 1969, S. 59).

Adler begründet diese humorvolle Offenheit durch Hinweise auf die »sozial verbindenden Affekte« der *Freude* und *Heiterkeit*. Diese sind für ihn wichtige Kennzeichen psychischer Gesundheit, die ihrerseits ein Ausdruck entwickelten Gemeinschaftsgefühls sei. Heitere Menschen sind demnach »gute Menschen«:

»Es sind Menschen, die [...] nicht immer bedrückt und besorgt einhergehen, auch die anderen nicht immer zum Objekt und Träger ihrer eigenen Sorgen machen, die es über sich bringen, im Zusammensein mit anderen Heiterkeit auszustrahlen, das Leben zu verschönern und lebenswerter zu machen. Man spürt den guten Menschen nicht nur in ihren Handlungen, in der Art, wie sie sich uns nähern, mit uns sprechen, auf unsere Interessen eingehen und für dieselben wirksam sind, sondern auch in ihrem ganzen äußeren Wesen, in ihren Mienen und Gebärden, in freudigen Affekten und in ihrem *Lachen*. Ein tiefblickender Psychologe, Dostojewski, sagt, daß man einen Menschen am Lachen viel besser erkennen und verstehen könne als aus langwierigen psychologischen Untersuchungen.« (Adler 1927 / 1966, S. 221)

Während Freud, wie Brome (1969, S. 59) bemerkt, »Distanz hielt«, trat Adler seinen Patienten als heiterer Kamerad gegenüber. Bei Bernhardt (1985, Kap. 8) finden sich zahlreiche Hinweise auf Adlers Humor in der therapeutischen Praxis, wozu auch die konsequente Verwendung von scherzhaften Anspielungen und Anekdoten gehörte. Dabei bediente sich Adler häufig ironischer Bemerkungen. Paranoiden Patienten, die sich ständig von anderen beobachtet fühlten, pflegte er zum Beispiel zu sagen: »Wie sind Sie doch zu beneiden! Wenn ich auf die Straße gehe, schert sich nicht einmal mein Hund um mich« (zit. n. Mosak 1987, S. 57). Adler begründete diese Vorgehensweise so: »Ich habe es immer als ungeheuren Vorteil empfunden, das Spannungsniveau der Behandlung soweit als möglich niedrig zu halten, und ich habe es geradezu zu einer Methode entwickelt, fast jedem Patienten zu sagen, daß es Scherze gibt, die der Struktur seiner eigenartigen Neurose vollkommen gleich sind, das letztere also auch leichter genommen werden kann, als er es tut.« (Adler 1933/1973, S. 198)

5.2.2 Humortechniken

Die individualpsychologische Behandlungstechnik greift auf Prinzipien zurück, die insgesamt geeignet sind, einen »Mut zur Unvollkommenheit« (vgl. Kausen 1979) zu fördern. Diese relativierende Haltung soll im Rahmen einer tragfähigen therapeutischen Beziehung vermittelt werden, die von *sozialer Gleichwertigkeit* (Dreikurs 1972) erfüllt ist. In einer Atmosphäre, die auf seiten des Therapeuten frei sein sollte von professioneller Besserwisserei und gönnerhaftem Imponiergehabe (nach dem Motto: »Schau, wie locker und spritzig ich bin!«), wird ein Prozeß reziproker Identifikation eingeleitet, der den Klienten zu einer umfassenden Selbstakzeptanz anregen kann (Titze 1989). Dabei soll sich der Therapeut in das primäre Bezugssystem des Klienten, das dessen *Lebensstil* bestimmt, so weitgehend verstehend einfühlen, daß er »mit seinen Augen sehen, seinen Ohren hören und seinem Herzen fühlen kann« (Adler 1928/1982, S. 224). Unter dieser Voraussetzung können sich vielfältige humorvolle Wirkungen ergeben. Dies soll im folgenden erläutert werden.

5.2.2.1 Die konspirative Allianz

Auf dem Wege über eine einfühlsame Identifikation mit dem Lebensstil des Klienten entsteht eine »Zwillingsbeziehung«, die von wechselseitigen Projektionen bestimmt wird (vgl. Titze 1995 a). Indem sich der Therapeut affektiv auf die unbewußten Bedürfnisse, unreflektierten Absichten und Zielvorstellungen des Klienten »einstellt« und auch auf die entsprechenden Handlungsstrategien, kann er deren lebensstiltypische Sinnhaftigkeit zunächst nachvollziehen und dann spiegeln. Dies bezieht sich immer auch auf die Dynamik des entsprechenden Symptomgeschehens. Blankenburg (1974, S. 265) formulierte dies so: »Für den Therapeuten beinhaltet das die Frage: Inwiefern kann, darf, muß ich mich innerlich zum Bundesgenossen machen desjenigen, was eine bestimmte Symptomatik hervorgerufen hat?« Der Therapeut thematisiert indirekt – das heißt auf dem »Umweg über die eigene Person« – eben jene symptomatologischen »Arrangements«, die sich (im Sinne des entsprechenden Lebensstils) durchaus als sinnvolle »Kunstgriffe« erweisen. Im Vordergrund steht dabei nicht eine kritische Infragestellung solcher Arrangements, sondern die ausdrückliche Gutheißung der impliziten Möglichkeiten von Problembewältigung und Selbstbehauptung. Dabei kann der Therapeut modellhaft so argumentieren, wie der Klient selbst es bislang »aus Gewissensgründen« nicht vermochte. In humorvoller Weise setzt sich der Therapeut über diese Abwehr hinweg, indem er – auf dem »Umweg über die eigene Person« – zum Beispiel sagen kann:

»*Ich* an Ihrer Stelle würde die Leute in dem Glauben lassen, daß es *mir* schlechtgeht. Damit könnte *ich* sie einwandfrei zwingen, sich mehr um *mich* zu kümmern!«

»Wenn *ich* mich meiner Partnerin so unterlegen fühlen würde wie Sie, würde *ich* mich über meine Impotenz freuen: weil sie *mein* Machtmittel ist, mit dem *ich* ihr beweise, daß sie mich keineswegs ›schwach machen‹ kann!«

Mit Hilfe der *konspirativen Formel* (Titze 1978, 1987) bestätigt der Therapeut aber, daß das symptomspezifische Arrangement des Klienten »normalerweise« unangemessen ist. Wenn der Therapeut also erklärt, »das sollte unter uns bleiben, niemand braucht zu erfahren, daß ich Ihnen dies geraten habe [...]«, bestätigt er einerseits die (ideal)normativen Forderungen des Erwachsenenlebens, die eine

Quelle von Schuld- und Schamgefühlen sein können, andererseits setzt er sich in seinem konspirativen Vorgehen für die Anliegen des »Kindes im Klienten« ein. Dies wird im folgenden veranschaulicht:

THERAPEUT: »Sie leiden an einem Waschzwang, weil Sie noch nicht verstanden haben, daß Sie dadurch stark sind und Ihre Menschenwürde verteidigen können. Sie gehen an das Ganze mit der Vernunft des Erwachsenen heran. Ich versuche hingegen, es mit den Augen des Kindes in Ihnen zu sehen – und finde es sehr mutig und durchsetzungsfähig!«

KLIENT: »Finden Sie das lustig?«

THERAPEUT: »Lustig? Warum sollte es nicht gut sein, lustig und fröhlich zu handeln? Sehen Sie, wenn ich vor einer unangenehmen Aufgabe stehe, reiße ich mich zusammen und zwinge mich mit Unlustgefühlen, es zu tun. Ich mache das wahrscheinlich, weil ich mich davor fürchte, mich den Zwängen des Lebens zu widersetzen. Sie aber tun etwas dagegen. Sie stellen sich unter die Dusche, und die ganze Welt um Sie herum ist machtlos. Vielleicht gelingt es mir auch einmal, diesen Mut zu entwickeln und Ihre Methode anzuwenden. Ich stelle mir das bildhaft vor: Ich muß zu irgendeiner blöden Verabredung, habe keine Lust und stelle mich einfach unter die Dusche. Ich denke mir: Ihr könnt mich alle mal …! Da klingelt das Telefon und man fragt nach mir. Ich schreie unter der Dusche hervor, so daß meine Frau und die am Telefon es hören: Ihr könnt mich alle mal gern haben, ich stehe jetzt unter der Dusche!«

KLIENT: »Aber das will ich doch nicht! Ich will meinen Pflichten doch nachkommen!«

THERAPEUT: »Sie oder Ihr Gewissen? In Wirklichkeit sind viele von diesen Pflichten doch gar nicht akzeptabel. Viele Menschen lassen sich aber zwingen und unterdrücken. Sie tun etwas dagegen!«

KLIENT (lachend): »Und nun soll ich mich mein Leben lang duschen?«

THERAPEUT: »Duschen und andere Dinge tun, die mutig sind und Sie vor unangenehmen Dingen bewahren. Vielleicht fallen uns gemeinsam ein paar Sachen ein, die auch ich anwenden könnte, um mich besser durchzusetzen. Doch bitte versprechen Sie mir, dies nicht an die große Glocke zu hängen. Immerhin bin ich noch nicht so mutig wie *Sie* …«

Eine interessante Variante bietet in diesem Zusammenhang das Setting der *Multiplen Psychotherapie* (vgl. Dreikurs et al. 1984). Diese entstand um 1920, als Adler bei öffentlichen Erziehungsberatungen mehrere Fachleute einbezog, die das Problem ratsuchender Eltern durchaus kontrovers diskutieren konnten. Daraus entwickelte sich schließlich eine Vorgehensweise, bei der zwei Therapeuten einem einzelnen Klienten »in verteilten Rollen« gegenübertreten (vgl. Titze 1979, S. 325 ff.). Der erste Therapeut vertritt dabei das Bezugssystem des »normalen Erwachsenenlebens«, während der zweite Therapeut im Sinne des primären Bezugssystems argumentiert. Er versucht zu einem lebensstiltypischen Identifikationsobjekt des Klienten zu werden und vertritt die vom Standpunkt der Vernunft unangemessenen *privatlogischen* Apperzeptionsweisen, Zielvorstellungen und Handlungsstrategien des »Kindes im Klienten«[2]. So können typische Konfliktlagen objektiviert werden. Indem der zweite Therapeut »seine« Sache mutig vertritt und sich grundsätzlich auf Konfrontationen mit dem ersten Therapeuten einläßt, kann gerade ein passiver, konfliktscheuer Klient erleben, daß sein vordergründig unangemessenes oder störendes Verhalten *auch* positive Aspekte besitzt. Daraus ergeben sich häufig ermutigende und ichstärkende Wirkungen, die immer wieder zu einer Humorreaktion führen können.

Im folgenden ist das Transkript einer Gesprächsfolge angeführt, die in einer psychiatrischen Klinik aufgezeichnet wurde. Der Patient war ein negativistischer Psychotiker, der seit Monaten nicht mehr sprach und der zuletzt auch die Nahrungsaufnahme verweigert hatte. Dieser Patient wurde vom ersten Therapeuten (T 1) aufgesucht, der ihn mit Hilfe von normativen Vernunftsargumenten aufforderte, »endlich zu essen, gegenüber dem Pflegepersonal nicht so unhöflich zu sein und sich an Besuchstagen zu den Angehörigen freundlicher zu verhalten«, was der Patient bislang ignorierte. Der zweite Therapeut (T 2) widersetzte sich diesen Argumenten jedoch vehement:

T 1 (zum Patienten gewandt): »Ich möchte Sie nochmals eindringlich auffordern, sich endlich zusammenzunehmen und in Zukunft etwas zu essen. Kein vernünftiger Mensch verhält sich so wie Sie.

---

[2] Um dies von vornherein zu fördern, wird der zweite Therapeut gewöhnlich als ein (weniger kompetenter) »Praktikant«, »Ausbildungskandidat« oder »Assistent« eingeführt.

Jeder Erwachsene ist verpflichtet, sich gesund zu ernähren, damit er seinen Mitmenschen keine Sorgen macht und bei Kräften bleibt, um arbeiten zu können, wie es sich gehört!«

T 2: »Um ganz ehrlich zu sein: Ich finde das ein starkes Stück, wie Sie mit Herrn Z. (dem Patienten) umgehen. Sie wollen ihn ja richtig mästen, um ihn den Menschen vorzuführen und dann schnellstens zur Fronarbeit zu schicken. Wenn ich aber so viel Böses und Erniedrigendes durchgemacht hätte wie er, würde ich absolut nichts essen. Und mit denjenigen, die mich so gequält und unterdrückt haben, würde ich kein einziges Wort mehr wechseln!«

T 1 (wispernd): »Sie können doch nicht in Gegenwart des Patienten so etwas sagen! Am Ende hört er uns noch zu. Außerdem habe ich das Gefühl, daß Sie überhaupt kein Fachmann sind. Wie könnten Sie ihm sonst raten, sich weiterhin so unmöglich zu benehmen! Wissen Sie eigentlich, was Sie ihm da raten? Sich wie ein kleines, armseliges Kind zu verhalten! Babys sprechen ja auch nicht. Sie gehen nicht arbeiten, und sie machen sich in die Hose. Sie sollten ihm lieber raten, sich wie ein Erwachsener zu benehmen: anständig essen, wie sich's gehört, höflich zu den Leuten sein und für seinen eigenen Lebensunterhalt sorgen!«

T 2 (lauter werdend): »Wenn ich ihm das raten würde, würde ich es nicht gut mit ihm meinen. Er ist doch gerade als Erwachsener in der miesesten Situation, die man sich überhaupt vorstellen kann! Seine Eltern nörgeln an ihm herum, jeder Beliebige lacht ihn aus, und am Arbeitsplatz beschimpfen sie ihn und machen ihn fertig. Da würde ich an seiner Stelle auch nicht mehr mitmachen, da würde ich ebenfalls streiken. Wenn er nicht ißt, ist das lange nicht allein sein Problem. Die anderen sind es doch, die daran interessiert sind, daß er ißt, um weiterzuleben. Die Ärzte zum Beispiel, die Pfleger, die dafür verantwortlich wären, wenn er an Hunger sterben sollte. Und dann natürlich seine Eltern, die ihr Kind nicht hergeben möchten. Schließlich wollen sie es noch lange besitzen, um es auch richtig quälen zu können. Und bedenken Sie außerdem, was für ein Mut, was für eine Charakterstärke dazu gehört, auf das Essen zu verzichten! Das könnten Sie nicht und das könnten die anderen nicht. Das kann niemand außer Herrn Z.! Nein, der ist kein kleines Kind, der ist zum erstenmal in seinem Leben der Größte. (Flüsternd, aber vernehmlich zu T 1): Wissen Sie, was ich noch machen würde an

seiner Stelle? Wenn mich die Pfleger wieder füttern wollten, würde ich den eingeflößten Brei im ganzen Bett herumspeien ...«
Patient: »Aber das mache ich doch schon ...« (Titze 1979, S. 326 f.)

5.2.2.2 Konfrontative Techniken

Vor allem in den Vereinigten Staaten ist die Verwendung humorbezogener Techniken verbreitet. So schlug Nikelly schon vor 20 Jahren vor, humorvolle Übertreibungen als eine spezielle individualpsychologische Technik zu verwenden:

> »Humor kann dazu führen, den Klienten zu entwaffnen, vorausgesetzt, der Therapeut verhält sich dabei fair und ehrlich [...] Das heißt, es muß eine Atmosphäre gegenseitigen Respekts und Vertrauens vorhanden sein [...] Mit Hilfe der (humorvollen) Übertreibung kann man dem Klienten zum Beispiel dessen Entscheidung vor Augen führen, die Welt als einen feindlichen Dschungel zu sehen (und so seinen sozialen Rückzug rechtfertigen zu können): ›Wir wollen einmal sehen, ob wir es für Sie nicht noch schlimmer machen können!‹ Diese Worte des Therapeuten enthüllen die eigene Strategie des Klienten, erlauben es aber, daß der Therapeut ihm weiterhin seine Wertschätzung entgegenbringt.« (Nikelly 1976, S. 88)

»In die Suppe spucken«
Allen (1971 b, S. 41) beschreibt eine Vorgehensweise, die auch schon von europäischen Adlerianern in der Vorkriegszeit angewandt wurde. Sie basiert auf der Idee, ein »störendes« bzw. »neurotisches« Verhalten so umzudeuten, daß die zugrundeliegende (unverstandene) Zielgerichtetheit erkennbar wird. Diese Technik führt die legere Bezeichnung *In die Suppe spucken*: »[Sie] stellt den Versuch des Therapeuten dar, ein gegebenes Problem dadurch zu verringern, indem man seine weitere Verwendbarkeit aus der Perspektive des Patienten fraglich erscheinen läßt« (ebd.):

> »Ein junger Mann brütete in einem Zustand völliger sozialer Isolation dahin. Er hatte sich selbst von seiner Mutter distanziert, weil diese jedesmal die Stirn runzelte, wenn er sich für irgendein weibliches Wesen interessierte. Trotz aller Anstrengung war es ihm noch nie gelungen, eine Freundschaft zu einem Mädchen anzu-

knüpfen, obwohl er durchaus Möglichkeiten zur Kontaktaufnahme gehabt hätte. Hatte er sich nämlich entschlossen, sich einem Mädchen vorzustellen oder sie um ein Rendezvous zu bitten, bekam er kurz vorher unweigerlich kalte Füße. Der Berater schilderte diesem Patienten nun in allen Farben, welch einen großen Sieg es für die Mutter bedeute, wenn er angesichts von Mädchen solche Qualen durchleiden müsse. Dabei sprach er in allen Einzelheiten auch das breite, wohlgefällige Lächeln auf dem Gesicht der Mutter an. Mit diesem Bild vor Augen verließ der Klient augenblicklich das Beratungszimmer, um sogleich ein Rendezvous zu vereinbaren.« (ebd.)

Konfrontation mit der privaten Logik
Diese Technik zielt auf jenen »verblüffenden Effekt« ab, der sich aus der Übertreibung bestimmter Sachverhalte ergibt. Im wesentlichen geht es in diesem Zusammenhang darum, den Klienten unverblümt sowohl mit den Voraussetzungen als auch den Wirkungen einer *privaten Logik* zu konfrontieren, die sein primäres Bezugssystem bestimmt. Beispiele dafür sind die folgenden:
»Wenn Sie meinen, schwach und minderwertig zu sein, sollten Sie alles daransetzen, wie ein Baby behandelt zu werden!«
»Da Sie die ganze Welt als feindlich ansehen, müssen Sie unbedingt angespannt, auf dem Sprung sein. Versuchen Sie also alles zu tun, Ihre Spannungssymptome zu fördern!« (vgl. Shulman, 1962; 1971)
Mosak und Maniacci (1993, S. 12 f.) berichten von einer Klientin, die sich selbst beschuldigte, als Mutter »total versagt« zu haben. Sie habe das Leben ihres Kindes »auf immer ruiniert«. Sie wurde mit der folgenden Bemerkung konfrontiert: »Hören Sie auf, dermaßen zu prahlen!« Das brachte die Mutter sofort zum Lachen.

Spitznamen
Mit Hilfe von griffigen Bezeichnungen bzw. »Spitznamen« lassen sich wesentliche Zusammenhänge eines Lebensstils schlagwortartig erhellen (vgl. Manaster & Corsini 1982). Dem Klienten wird dies durch eine spezifische humorvolle Botschaft vermittelt. Dazu einige Beispiele:
• eine Frau, die permanent mit ihrer Vergangenheit befaßt war: *Lots Weib* (das seinen Blick über die Schulter warf);

- Menschen, denen Haustiere wichtiger als soziale Kontakte sind: *Dr. Doolittle*;
- ein Mann, der dauernd aggressiv war: *Mackie Messer*;
- eine Mutter, die alles kontrollieren und immer recht behalten wollte: *Frau Gott*.

Verdrehte Sprichwörter

Mosak und Maniacci (1993, S. 9) beschreiben eine weitere metaphorische humorvolle Methode. Sie zielt darauf ab, festgefahrene Denkmuster aufzubrechen und defätistische Überzeugungen zu relativieren. Hier einige Beispiele:

- »Wenn Sie nicht groß sein können, verkleinern Sie sich eben!«
- »Wenn Sie nicht gleich erfolgreich sein können, versuchen Sie es halt nochmals zu – vermurksen!«
- »Wenn Sie ein Heuchler sein wollen, sollten Sie es wenigstens *damit* ernst meinen!« (Salameh)

Der »verrückte« Therapeut

Mosak (1987, S. 57) beschreibt eine paradoxe Übertreibungstechnik, die auf den Klienten entwaffnend wirkt, weil der Therapeut den Bezugsrahmen des Klienten übernimmt. Wichtig ist, daß der Therapeut dabei freundlich und »augenzwinkernd« verfährt, damit die humorvoll gemeinte Botschaft »ankommt«. Als Beispiel führt Mosak eine Klientin an, die ihre »verrückten« Gedanken nicht aufgeben wollte, »weil Gott das nicht wünscht«. Darauf blickte der Therapeut gen Himmel und sprach: »Gott, ist das wirklich das, was du von ihr verlangst, oder ist es vielleicht doch möglich, daß …?« (ebd.)

5.3 Logotherapie

Leib und Seele

Ein Mensch mißachtet die Befehle
Des bessern Ich, der zarten Seele –
Bis die beschließt, gekränkt und schwer:
Mit dem verkehre ich nicht mehr.
Sie lebt seitdem, verbockt und stumm.
Ganz teilnahmslos in ihm herum.

Eugen Roth

Die von dem Wiener Psychiater Viktor E. Frankl (1905–1997) begründete Logotherapie ist eine sinnzentrierte Psychotherapie. Für Frankl ist der »Wille zum Sinn« das zentrale menschliche Bedürfnis. Wer sein Leben als sinnlos empfindet, läuft Gefahr, in ein »existentielles Vakuum«, einen Zustand von lähmender Leere und frustrierendem Überdruß zu geraten. Dadurch wird die Entstehung psychischer Störungen nach logotherapeutischer Auffassung überhaupt erst möglich. In diesem Fall hat der Therapeut die Aufgabe, dem Patienten bei der Suche nach einer neuen Sinnorientierung zur Seite zu stehen. Die Grundgedanken seines Therapieansatzes entwickelte Frankl in den dreißiger und vierziger Jahren. Sein unerschütterlicher Glaube, daß der Mensch *unter allen* Umständen die geistige Freiheit besitzt, den objektiven Widrigkeiten physischen Lebens zu trotzen, ließ ihn ungebrochen über die Jahre seiner Inhaftierung in Konzentrationslagern hinwegkommen (vgl. Frankl 1947/1978). Diese »Trotzmacht des Geistes« befähigt den Menschen zu einem Hinauswachsen über sich selbst, so daß ihm ein »neues Universum« sinnstiftender Ziele und Werte eröffnet wird. In diesem Zusammenhang sprach Frankl gerade dem Humor eine herausragende Bedeutung zu:

>»Nichts läßt den Patienten von sich selbst so sehr distanzieren wie der *Humor*. Der Humor würde verdienen, ein Existential genannt zu werden. Nicht anders als die Sorge (M. Heidegger) und die Liebe (L. Binswanger).« (Frankl 1959, S. 164; vgl. Blum 1984, S. 222, 226)

Die neurotische Symptomatik manifestiert sich zum großen Teil psychosomatisch. Indem der Patient die zweifellos belastenden Ausdrucksweisen seines leidenden »Psychophysikums« (Frankl) loswerden möchte, fixiert er sich ungewollt auf dieses – oftmals so sehr, daß seine »geistige Fähigkeit beschränkt und die Chancen zur sinnorientierten Selbstentfaltung verbaut (werden)« (Lukas 1991, S. 78). Das bedeutet: Je mehr sich ein Mensch von seinen neurotischen Symptomen »befreien« möchte, um so unfreier wird er paradoxerweise. Denn diese Symptome (zum Beispiel Erröten, Zittern, Schwitzen, Herzrasen) werden durch eine Erwartungsangst aufrechterhalten und verschlimmert, die zu einer Fixierung der Aufmerksamkeit im Sinne übermäßiger Selbstbeobachtung (*Hyperreflexion*) führt.

Die wichtigste logotherapeutische Methode, um diesen Teufelskreis zu durchbrechen, ist die *paradoxe Intention*. Sie ist nach Kühn (1992, S. 36 ff.) keinem bestimmten Denkziel verpflichtet, sondern greift die philosophische Tradition der gedanklichen »Ausklammerung« (*Epoché*) von normativen Vorstellungen auf, die die personale Freiheit des Menschen einengen.

Die *Anweisung* der paradoxen Intention geht dahin, »daß sich der Patient wünschen bzw. vornehmen soll, was er bisher so sehr gefürchtet hat« (Frankl 1984, S. 124). Dabei wird der Klient gezielt »dazu angehalten, [diese Furcht] mit humorvollen Formeln – Humor schafft Distanz – zu übertreiben [...]« (Frankl 1939, S. 49). Frankl (1975 a, S. 185) erläutert dies so: »›Heute geh ich einmal aus, um mich vom Schlag treffen zu lassen‹, muß sich beispielsweise ein Patient sagen, der an einer Agoraphobie leidet.«

5.3.1 Die Wirkung der paradoxen Intention

Frankl (1946 / 1975 a, S. 194) führt den Fall eines Mannes an, der unter der »entsetzlichen Zwangsvorstellung« litt, er könnte seine Einkommensteuer um 300 Dollar zu niedrig eingeschätzt und dadurch den Staat betrogen haben. Von dieser Idee geradezu besessen, phantasierte er, staatsanwaltlich verfolgt zu werden, ins Gefängnis zu kommen und sogar in den Medien als Betrüger gebrandmarkt zu werden. Diese Zwangsidee quälte ihn über Jahre hinweg. Sämtliche psychiatrischen und psychotherapeutischen Behandlungsversuche, denen er sich bislang unterzogen hatte, waren erfolglos geblieben. So schloß er bei *Lloyds* in London eine extra auf ihn zugeschnittene Spezialversicherung ab, die ihn vor den Folgen irgendeines unbewußten oder unbeabsichtigten Fehlers bewahren sollte. Doch auch dies fruchtete nichts! Schließlich begab er sich zu einem Logotherapeuten, der ihn dazu anregte, sich folgende paradox anmutende Formel vorzusagen: »Ich pfeif auf alles. Der Teufel soll den Perfektionismus holen. Mir ist alles recht – von mir aus soll man mich einsperren. Je früher, desto besser! Mich fürchten vor den Folgen eines Fehlers, der mir unterlaufen sein könnte? Soll man mich doch verhaften – jeden Tag gleich dreimal! Wenigstens krieg ich auf die Weise mein Geld zurück, das schöne Geld, das ich den Herren in London in den Rachen geworfen hab!«

In der weiteren Folge habe der Patient, wie Frankl bemerkt, sich geradezu zu wünschen begonnen, »möglichst viele Fehler begangen zu haben, und sich vorzunehmen, noch mehr Fehler zu machen, seine ganze Arbeit durcheinanderzubringen und den Sekretärinnen zu beweisen, daß er der ›größte Fehlermacher der Welt‹ sei« (ebd., S. 195). Erschien er bei seinem Therapeuten in der Praxis, so empfing ihn dieser grundsätzlich mit humorvollen Bemerkungen, wie zum Beispiel mit den folgenden Worten: »Was – um Himmels willen! Sie laufen noch immer frei herum? Ich dachte, Sie sitzen schon längst hinter Gittern – und ich hab schon in den Zeitungen nachgeschaut, ob sie denn noch immer nicht über den großen Skandal berichten, den Sie verursacht haben!« Daraufhin pflegte der Patient in lautes Gelächter auszubrechen »und in zunehmendem Maße diese ironisierende Haltung selber und seinerseits einzunehmen« (ebd.), zum Beispiel indem er sich sagte: »Mir ist alles Wurst – soll'n sie mich einsperren; höchstens geht die Versicherungsgesellschaft bankrott!«

Die Wirksamkeit der paradoxen Intention bei einer phobischen Problematik geht aus dem folgenden Fallbeispiel hervor. Bei der angeführten Patientin handelt es sich um eine 29 Jahre alte Frau, Mutter von drei Kindern, die bereits verschiedentlich psychiatrisch behandelt worden war.

»Als sie [den Logotherapeuten] Dr. Gerz aufsuchte, litt sie an multiplen Phobien: Höhenangst, Angst vor dem Alleinsein, vor dem Speisen in Restaurants, und zwar aus Angst, sie könnte erbrechen müssen oder in Panik geraten; Furcht davor, Supermärkte aufzusuchen, die Untergrundbahn zu benützen, sich unter die Leute zu mischen, allein im Auto zu fahren, vor einem Rotlicht stehenbleiben zu müssen, die Furcht, in der Kirche während der Messe laut aufzuschreien oder fluchen zu müssen usw. Dr. Gerz wies die Patientin an, all das, wovor sie sich bisher gefürchtet hatte, geradezu herbeizuwünschen. Sie möge sich beispielsweise vornehmen, mit ihrem Gatten und mit ihren Freunden auszugehen, beim Dinner den Leuten ›einfach ins Gesicht zu kotzen‹ und ›die denkbar größte Schweinerei‹ anzurichten. Tatsächlich begann die Patientin alsbald, mit ihrem Wagen Supermärkte aufzusuchen, zum Friseur zu fahren, in die Bank zu gehen, ›zu versuchen, von soviel Angst wie nur möglich gepackt zu werden‹, um schließlich stolz zu berichten, was ihr alles bereits geglückt und gelungen sei.« (Frankl 1975 a, S. 193)

Weitere Fallbeispiele finden sich bei Frankl (1956 / 1975 b, S. 195 ff.; 1984, S. 35 ff., S. 99 ff.), Lukas (1991, S. 137 ff.), Seltzer (1986) und Weeks (1985). Blankenburg (1990) erörtert kenntnisreich die wichtigsten »Wirkfaktoren paradoxen Vorgehens in der Psychotherapie«. Dabei zeigt sich, daß diese Methode gerade bei schambezogenen Ängsten wie Platzangst, Straßenangst, Errötungsangst, Tics, Zitterangst, Sprechangst, übermäßigem Schwitzen sowie Harnverhaltung in öffentlichen Bedürfnisanstalten wirksam ist (vgl. auch Titze 1996 a, S. 125 – 135).

Zur Wirkungsweise der paradoxen Intention schreibt Frankls Schülerin Elisabeth Lukas:

»›Was, so einfach ist das?‹ wird oft gefragt, und in der Tat ist das Prinzip sehr einfach, aber wer es bei Gelegenheit anzuwenden versucht, wird feststellen, daß die Durchführung doch nicht ganz hürdenlos ist. Der Patient hat etwas seit langer Zeit als überaus bedrohlich und schreckenerregend empfunden, und nun soll er dazu gebracht werden, sich ausgerechnet *das* zu wünschen! Seine erste Reaktion ist, daß man ihm das nicht abverlangen könne, es sei einfach unzumutbar. Deshalb braucht er mehr Hilfestellung als nur den Ratschlag, sich das Gefürchtete zu wünschen; und nun kommt die Aktivierung der geistigen Ebene ins Spiel, denn nicht nur ›jede Krise hat ihre Chance‹ und ›jedes Leid hat seinen Sinn‹, sondern auch ›jede Angst hat ihren Gegenspieler, nämlich den Humor‹. Der Trick der paradoxen Intention, mit übersteigerter und unbegründeter Angst fertig zu werden, ist, sie *auszulachen*.« (Lukas 1991, S. 140)

5.3.2 Die Bedeutung des Humors für die paradoxe Intention

Obwohl die paradoxe Intention als gezielte Interventionstechnik von anderen Autoren ebenfalls angewandt worden ist[3] (vgl. Ascher 1980; Blankenburg 1990; Gerz 1966; Kocourek et al. 1959; Mahoney 1977; Selvini-Palazzoli et al. 1977; Titze 1977), blieb es Frankl vorbehalten, ihre Wirkweise vor dem Hintergrund seiner Existenzanalyse schlüssig darzulegen. Dabei stellte er den Bezug zum Humor ausdrücklich und konsequent her. Dies ist bei den meisten Autoren, die ebenfalls auf paradoxe Verfahren zurückgreifen, keineswegs immer der Fall (vgl. Omer 1981; Seltzer 1986, S. 17 ff., 43, 55–69; Weeks 1985). Frankl ist daher der wichtigste Pionier im Hinblick auf die Anwendung therapeutischen Humors. Denn letztlich zielt die paradoxe Intention auf jenen existentiell bedeutsamen *Einstellungswandel* ab, der sich in der Humorreaktion (vgl. 2) anbahnt. Dies wirkt sich grundsätzlich relativierend aus (vgl. Titze 1996 a, Kap. 11). Wenn etwa ein Angstneurotiker gelernt hat, seine verabsolutierende Angst vor den eigenen Symptomen (die stets mit einem tiefgehenden Mißtrauen gegenüber der eigenen Person einhergeht) der Lächerlichkeit preiszugeben, wird eben dieser Angst augenzwinkernd »der Wind aus den Segeln genommen«. Der Therapeut soll an diesem Umstellungsprozeß aktiv beteiligt sein, indem er seinen eigenen »Mut zur Lächerlichkeit« unter Beweis stellt und so die Humorreaktion in Gang setzt:

>»Der Patient soll lernen, der Angst ins Gesicht zu sehen, ja, ihr ins Gesicht zu lachen. Hierzu bedarf es eines Mutes zur Lächerlichkeit. Der Arzt darf sich nicht genieren, dem Patienten vorzusagen, ja, vorzuspielen, was sich der Patient [selbst] sagen soll [...] Durch [diesen] Humor lernt der Patient [...], seine neurotischen Symptome irgendwie zu ironisieren. Zwar mag das Symptom, dem sich die paradoxe Intention zunächst zuwendet, nur den symptomatologischen Vordergrund einer hinter ihm stehenden Urangst darstellen. Aber auch die paradoxe Intention ist ja das Medium einer tiefergehenden und existentiell durchgreifenden Umstellung, will heißen: der Wiederherstellung eines *Urvertrauens zum Dasein*.« (Frankl 1959, S. 164)

3 Vgl. 5.9 Systemische Therapien

Diese Umstellung führt hin zu jenem »komischen Pessimismus« (Frankl 1984, S. 63), der es dem Patienten ermöglicht, »der ›Gefahr‹ nicht nur ins Gesicht zu blicken, sondern auch ins Gesicht zu *lachen*« (ebd.).

5.4 Verhaltenstherapie

> *Zwei Ratten unterhalten sich im Labor eines Lernpsychologen: »Findest du nicht auch, daß wir diesen Verhaltensforscher wunderbar konditioniert haben? Wir brauchen nur ein paarmal auf den Hebel zu drücken, und schon kommt er und gibt uns Futter!«*

Die lerntheoretisch orientierte Verhaltenstherapie geht davon aus, daß neurotische Störungen – ähnlich wie andere emotionale Reaktionen und Verhaltensweisen – durch Lernprozesse wie klassisches Konditionieren, operantes Konditionieren (Lernen am Erfolg) und Modellernen erworben werden. Durch die gezielte therapeutische Anwendung dieser Lernprinzipien lassen sich unerwünschte Reaktionen abschwächen oder beseitigen, während erwünschte Reaktionen aufgebaut oder verstärkt werden können (Wolpe 1972; Kanfer & Phillips 1975). Seit den siebziger Jahren wurden diese behavioristisch-lerntheoretischen Ansätze durch kognitive Theorien und Therapiemethoden ergänzt. Diese »kognitive Wende« in der Verhaltenstherapie hat dazu geführt, daß der Einfluß von Gedanken, Phantasien und Einstellungen auf die Entstehung, Aufrechterhaltung und Überwindung von psychischen Störungen in der Theorie und Praxis der Verhaltenstherapie sehr viel stärker als früher berücksichtigt wird (vgl. zum Beispiel Mahoney 1977; Meichenbaum 1979).

Die Verwendung humoristischer Methoden in der Verhaltenstherapie ist bisher nicht sehr oft thematisiert worden (vgl. Bernhardt 1985, S. 83 – 90). Am ausführlichsten haben sich bisher Wittmann (1983) und Ventis (1987) mit dem Thema Humor und Lachen in der Verhaltenstherapie beschäftigt. Ventis (ebd., S. 151) glaubt, daß ein komplexes kognitives Phänomen wie Humor nur schwer in ein behavioristisches

Konzept integriert werden kann; es sei dagegen besser mit den neueren kognitiven Konzepten der Verhaltenstherapie vereinbar. Wittmann (1983, S. 95) berichtet, daß Lachen in der Therapie häufig bei Erkenntnissen, Einsichten und Momenten kognitiver Umstrukturierung auftritt:

»Dabei handelt es sich um Momente von der Art: ›Dann ist das ja gar nicht so schlimm‹, die eine affektive Ventilfunktion haben. Affektiv findet hier eine Entlastung für die Anspannung statt, die Problemlösungsprozesse selbst hervorrufen. Diese Anspannung kann in einem betonten Lächeln oder einem forcierten Lachen lustvoll reduziert werden. Lachen hat in diesem Zusammenhang nicht nur eine sozial verstärkende Funktion, sondern auch eine verstärkende Funktion für die geleistete Anstrengung im Problemlösungsprozeß.«

Nach Ventis (1987, S. 154 f.) kann von Therapeuten eingebrachter Humor Klienten dabei helfen, eine mit Angst oder Ärger assoziierte Situation auf neue und konstruktive Art zu betrachten. Wenn ein Klient dazu in der Lage ist, eine bisher ausschließlich mit negativen Gefühlen verbundene Situation auf humoristische Art zu interpretieren oder zu kommentieren, so verändern sich der assoziative Kontext der Situation und die Gefühle, die durch die Situation (bzw. die Erwartung der Situation) ausgelöst werden. Lachen kann nach Ventis (ebd., S. 155) im verhaltenstherapeutischen Kontext auf zwei Arten betrachtet werden:

1. Es wird als Anzeichen für eine veränderte Bewertung einer Situation betrachtet, bei der negative Emotionen nicht mehr dominieren.
2. Das Lachen selbst führt zu einer physiologischen Reduzierung von Angst oder Ärger, die mit dieser Situation assoziiert sind.

Die meisten Hinweise auf die Bedeutung von Humor und Lachen findet man in der verhaltenstherapeutischen Literatur im Zusammenhang mit der Behandlung von *Angststörungen*. So berichtet Wittmann (1983, S. 97):

»Bei *phobischen* Patienten fällt mir immer wieder auf, daß Lachen in der therapeutischen Situation (wie in der Realerfahrung außerhalb des Therapieraumes bei in-vivo-Therapien) dort auftritt, wo die ›Irrationalität‹ der phobischen Angst besonders deutlich wird. Dies setzt aber voraus, daß in der Therapie bereits gewisse Fortschritte gemacht sind und erste Erfolgserlebnisse da waren. Wie ›lächerlich‹ die Angst auch immer ist, ein Patient wird hier ein zu frühes ›Vor-Lachen‹ des Therapeuten als Auslachen verstehen müssen und dann nur schwerlich verzeihen.«

Hand et al. (1974) berichten über die Expositionsbehandlung agoraphobischer Patienten in Gruppen. Die Patienten suchten in Kleingruppen, begleitet von einem Therapeuten, die Situationen auf, vor denen sie sich besonders fürchteten. Sie hatten die Aufgabe, die Angst nicht zu vermeiden, sondern zuzulassen und sich auf die Umgebung, ihre körperlichen Empfindungen und ihre Gedanken zu konzentrieren; die Situation sollten sie erst dann verlassen, wenn die Angst deutlich abgenommen hatte. Bei einer Variante dieser Behandlung wurde der Gruppenzusammenhalt gefördert, indem die Patienten vor und nach den Übungen in der Kleingruppe ihre Phobien und die Behandlungsfortschritte diskutierten. Auch bei der Durchführung der Expositionsübungen sollten die Patienten als Gruppe zusammenarbeiten. Wie die Autoren berichten, benutzten die Patienten in diesen Gruppen Humor als eine wichtige Bewältigungsmöglichkeit.[4] Sie taten dies spontan und halfen sich dadurch, schwierige Situationen zu überwinden. Wenn die ganze Gruppe ängstlich war, konnte das Eis oft durch den Scherz eines Gruppenmitglieds gebrochen werden, worauf die anderen erleichtert lachten. Sowohl bei den Gruppengesprächen als auch bei den Übungen in Realsituationen war der Humor hilfreich und verbesserte die Gruppenatmosphäre (ebd., S. 600; vgl. auch Hand & Lamontagne 1974, S. 505).

Michelson und Ascher (1984) plädieren dafür, die Methode der *paradoxen Intention* (5.3.1) mit humorvoller Tönung auch bei der verhaltenstherapeutisch orientierten Behandlung von Agoraphobien einzusetzen. Sie halten es für wichtig, die Patienten über die Wirkungsweise dieser Methode aufzuklären. Dadurch sei es den Patienten möglich, eigene paradoxe Formulierungen und Strategien zu erfinden.

In einer Einzelfallstudie von Ventis (1973) wurden humoristische Szenen im Rahmen der *systematischen Desensibilisierung* bei sozialer Angst eingesetzt; der Therapeut führte bei der Beschreibung der problematischen Situation komische slapstickartige Elemente ein, ohne

---

[4] Diese Beobachtung ist besonders interessant, da im Behandlungsplan die Förderung von Humor nicht vorgesehen war.

dies vorher anzukündigen. So schilderte er zum Beispiel, wie eine Person, vor der die Klientin sich fürchtete, sich ausgesprochen lächerlich benimmt. Die vorgestellte Situation, die zuvor nur zu negativen Gefühlen führte, löste nun auch Lächeln und Heiterkeit aus. Die positiven Effekte dieses Vorgehens kann man entweder mit dem Konzept der Gegenkonditionierung (vgl. Wolpe 1972, S. 29) erklären, oder man kann sie als Auswirkungen einer kognitiven Umstrukturierung interpretieren.

Reisner (1990) berichtet über die erfolgreiche Behandlung eines Autoverkäufers, der aufgrund einer Darmkrankheit unter starker Furcht vor Einkoten litt. Seine schlimmste Befürchtung war, daß dies bei einer Testfahrt mit einem Kunden passieren könnte. Neben anderen kognitiv-verhaltenstherapeutischen Methoden (Akzeptieren der Angst; Akzeptieren des Schlimmsten, das passieren konnte; Aufsuchen angstauslösender Situationen) half der Therapeut dem Klienten dabei, die komische Seite der Angelegenheit zu sehen.[5]

Auch beim *Selbstsicherheitstraining* können humoristische Methoden im Rollenspiel eingesetzt werden. Sozial unsichere Personen befürchten oft, kritisiert oder abgelehnt zu werden, wenn sie ihre ehrliche Meinung sagen oder für ihre Rechte eintreten; diese Katastrophenerwartungen behindern selbstsichere Verhaltensweisen. Ventis (1987, S. 159) benutzt die Methode der *Übertreibung*, um gehemmten Klienten im Rollenspiel deutlich zu machen, was in einer sozialen Situation schlimmstenfalls passieren könnte. Wenn er die befürchteten Reaktionen anderer Menschen extrem übertreibt, sehen Klienten oft das Lächerliche dieser Verhaltensweisen und sind in der Lage, auch ihre eigenen Erwartungen zu korrigieren. So antwortete Ventis in einem Rollenspiel einer schüchternen Klientin, die den Gesang ihres Freundes gegenüber einer Zimmergenossin verteidigte: »Was?! Dir gefällt dieses unsägliche Katzengewinsel?« Die Klientin lächelte und erkannte, daß sie wohl kaum mit einer so extremen Reaktion ihrer Zimmergenossin rechnen mußte. Durch die überzogene Reaktion des Therapeuten konnte sie ihre Erwartungen relativieren.

---

[5] In der theoretischen Konzeption stützt Reisner, der für ein eklektizistisches Vorgehen plädiert, sich auf psychodynamische Konzepte. Wegen der verwendeten kognitiv-behavioralen Therapiemethoden wird diese Fallstudie aber im Abschnitt über Verhaltenstherapie referiert.

Ventis (ebd., S. 160 f.) weist darauf hin, daß der Therapeut durch sein Verhalten als *Modell* für den konstruktiven Gebrauch von Humor dienen kann (vgl. Wittmann 1983, S. 103 f.). Vom Klienten ausgehenden Humor kann er fördern – sei es, indem er ihm Komplimente für seinen Sinn für Humor macht oder indem er einfach herzhaft darüber lacht (Ventis 1987, S. 161).

Auch die imaginative Technik des *übertriebenen Rollenspiels* von Lazarus (1980, S. 45 ff.) kann bei der Überwindung sozialer Angst helfen. Bei dieser Methode stellt sich der Klient eine andere Person vor, die einfach und mühelos mit einer Situation fertig wird, die für den Klienten problematisch ist; er soll dann das Verhalten des erfolgreichen Modells imitieren. Lazarus (ebd., S. 46) gibt das folgende Beispiel für die Anwendung dieser Technik:

»Es gibt natürlich unterschiedliche Stufen der Übertreibung. Einem ziemlich unscheinbaren Mädchen, das zum erstenmal mit einem besonders attraktiven Mann ausgehen sollte, wurde empfohlen, sich vorzustellen, daß sie in Wirklichkeit eine Prinzessin in Inkognito sei, die sich dazu herabgelassen hatte, mit einem Bürgerlichen auszugehen. Sie sollte dieses Bild sich fest vor Augen halten und sich leise immer wieder vorsagen: ›Ich bin eine Prinzessin, du bist ein Bürgerlicher‹, wenn sie sich angespannt oder nervös fühlte. Sie verfügte über eine lebhafte Phantasie und führte die ihr aufgetragene Aufgabe buchstabengetreu aus. ›Nach wenigen Minuten verschwanden meine Ängste‹, berichtete sie, ›und dann ließ ich das Rollenspiel einfach fallen und ließ es mir gutgehen.‹«

Auch wenn Lazarus das »übertriebene Rollenspiel« nicht explizit als humoristische Methode bezeichnet, so zeigt doch seine Fallbeschreibung, daß komische Aspekte bei dieser imaginativen Technik eine wichtige Rolle spielen.

Lazarus (1978, S. 165 ff.) empfiehlt bei Patienten, die unter *zwanghaften Gedanken* leiden, die *Blow-up-Technik*. Die Patienten erhalten die Anweisung, ihre Befürchtungen »aufzublähen« und bis ins Absurde zu übersteigern; Lazarus weist darauf hin, daß diese Methode der paradoxen Intention von Frankl sehr ähnlich ist.

Es gibt eine Fallstudie von Smith (1973), in der die Verwendung von Humor bei der Überwindung von *Ärgerproblemen* geschildert wird. Eine junge Frau, die extreme Ärgerreaktionen gegenüber ihrem dreijährigen Sohn und ihrem Mann zeigte (Wut, Schreien, körperliche

Angriffe), wurde zunächst mit der üblichen Art der systematischen Desensibilisierung mit Entspannung behandelt. Da dieses Vorgehen nicht erfolgreich war, beschrieb der Therapeut in den folgenden Sitzungen bei der Desensibilisierung komische Szenen, bei denen Problemsituationen in groteske Slapstick-Szenen verwandelt wurden. Die Klientin reagierte auf dieses veränderte Vorgehen sehr positiv, und es gelang ihr zunehmend besser, ihren Ärger zu kontrollieren.

Über die Verwendung von Humor bei *Depressionen* schreibt Wittmann (1983, S. 97 f.):

»Lachen habe ich bei depressiven Patienten häufig dann gefunden, wenn Jammer und Elend des Patienten von mir besonders verschärft oder gar übertrieben wurden. Auch hier liegt die Verletzungsgrenze wieder sehr nahe, ich habe mir aber zu eigen gemacht, nicht mehr zu vorsichtig zu sein; man kann ja leicht in die Situation kommen, spiegelbildlich sich als Therapeut selbst depressiv zu verhalten.«

Wittmann (ebd., S. 98) schildert die folgende Szene mit einem depressiven Patienten, der extrem passiv war und in der Therapie vereinbarte Aufgaben nicht ausführte:

»Einige Zeit erfolglosen Therapierens und vor allem eine lange Reihe nicht gemachter ›Hausaufgaben‹ hatten mich immer stärker provoziert, mir selbst einmal emotional Luft zu verschaffen. Als in einer Sitzung sein Jammern überhaupt nicht mehr abreißen wollte und alle kontrastierenden Sichtweisen, die ich immer wieder versuchte einzuführen, an einer Mauer von Elendsschilderungen abprallten, intervenierte ich folgendermaßen: ›Das müßte man allen anderen Menschen endlich einmal richtig klar machen, wie schlecht es Ihnen geht.‹ Der Patient stutzte erst, schien mich mißtrauisch anzugucken und etwas verlegen zu grienen. Er fragte zurück: ›Wie? Soll ich mich auf dem Marktplatz ausstellen?‹ Ich antwortete direkt und immer noch etwas gereizt: ›Wenn das bißchen Publikum für Sie reicht!‹ Erst zögernd, dann glucksend begann der Patient zu lachen, was sich allmählich steigerte und auch mich ansteckte. In dieser kurzen Sequenz war ein Zugang gebahnt worden, darüber zu sprechen, wie der Patient mit seinem Leiden – als Golgatha seiner selbst – andere zu quälen vermag. Und so konnten wir auch darüber sprechen, wie er mich in der Therapie quälte und unbewußt letztlich auch alles daran setzte, mich als Therapeut scheitern zu lassen – und dies war auch als Rache für all das zu verstehen, was ihm von Bezugspersonen und Vortherapeuten ›angetan‹ worden war.«

Auch Beck et al. (1981, S. 109 f.) weisen darauf hin, daß Humor und Übertreibungen bei der Therapie von Depressionen nützlich sein können, wenn sie Patienten helfen, ihre Ideen und Überzeugungen distanzierter zu betrachten. Die Autoren mahnen aber zur Vorsicht, da depressive Patienten humoristische Bemerkungen leicht fehlinterpretieren und negativ auslegen könnten.

Fay (1978, S. 277–289) beschreibt, wie im Rahmen einer multimodalen Verhaltenstherapie bei Patienten mit *psychotischen Störungen* paradoxe Methoden verwendet werden können, wenn sie auf andere Methoden nicht positiv reagieren und sich gegen Veränderungen sträuben. Der Therapeut drückt dabei seine Übereinstimmung mit den irrationalen Äußerungen des Patienten aus, wie der folgende Dialog mit einem schizophrenen Patienten zeigt:

»PATIENT: Ich bin wirklich nichts wert.

THERAPEUT: Ja, das stimmt.

PATIENT (ohne böse zu sein): Ich weiß, was Sie hier versuchen wollen. Es ist ein Trick, aber der wird nicht funktionieren.

THERAPEUT: Das ist wirklich interessant: Wenn Sie sagen, daß Sie nichts wert sind, klingt es nicht lächerlich oder nach einem Trick, aber wenn ich es sage, dann klingt es so.« (ebd., S. 286)

Während Patienten die Irrationalität der eigenen Gedanken und Äußerungen oft nicht bemerken, erkennen sie deren Unangemessenheit oder Absurdität, wenn ihre Äußerungen von anderen wie in einem Spiegel reflektiert (oder wie in einem Zerrspiegel noch weiter übersteigert) werden. Nach Fay ist es für die Durchführung paradoxer Methoden wichtig, »daß man über eine Bereitschaft zu Einfühlung in den Patienten hinaus einen guten Sinn für Humor hat« (ebd., S. 286). Dies zeigt auch der folgende Dialog mit einer chronisch schizophrenen Frau, die sehr oft über ihre Suizidabsichten sprach:

»PATIENTIN: Ich möchte sterben. Ich wünschte, Sie würden mich erstechen.

THERAPEUT (steht von seinem Stuhl auf und geht auf ein Pult zu): Mal sehen, ich glaube nicht, daß ich ein Messer habe, aber vielleicht habe ich eine Schere. Nein, ich finde sie auch nicht, aber hier ist ein Schraubenzieher. Wie wäre es denn damit?

PATIENTIN (erschrickt, zeigt danach Zeichen von Verärgerung)
THERAPEUT (fährt unbeirrt fort): Sagen Sie mir jetzt noch, wie Sie
es am liebsten haben möchten und an welcher Stelle ich Sie erstechen soll; ich werde tun, was Sie mir sagen. Sie wissen, ich habe
Anatomie studiert und kann Ihnen gute Arbeit garantieren.
PATIENTIN (lacht): Nein, danke. Ich habe es mir anders überlegt.«
(ebd., S. 278)

Fay (ebd., S. 279) berichtet, daß in dieser einen Sitzung etwas erreicht werden konnte, was jahrelang durch konventionelle Methoden
nicht gelungen war; die Patientin sprach danach mit anderen nie mehr
darüber, sich umzubringen oder von anderen umgebracht zu werden.

Zum Abschluß dieses Abschnitts soll noch eine Studie von Lutz et
al. (1992) zum Selbstbild von Verhaltenstherapeuten erwähnt werden.
Dort wurde die Frage gestellt: »Wie würden Sie sich selbst als Verhal-
tenstherapeutIn beschreiben?« (ebd., S. 254) Ein Teil der Verhaltenstherapeuten schrieb sich neben anderen Eigenschaften auch die Attri-
bute *lustvoll, humorvoll* und *witzig* zu, und zwar vor allem Therapeuten mit längerer Berufserfahrung und Ausbilder. Insofern kann
man hoffen, daß durch Modellverhalten der Ausbilder und durch deren Verstärkung von therapeutisch hilfreichen humorvollen Äußerungen bei Ausbildungskandidaten der Einsatz von Humor in der
Verhaltenstherapie gefördert wird.

5.5 Psychodrama

Psychodramatisches Gedicht

Gestern war ich voller Jammer,
Heute spiel ich Psychodrama.
Gestern war das Leben Mist,
Jetzt bin ich Protagonist.
Ich brauche mich nicht zu verkleiden,
Nein, jetzt spiel' ich meine Leiden.

Um die Blockierung zu entriegeln,
Helfen andre mir durch Spiegeln.
Hab ich einmal einen Hänger,
Dann hilft mir der Doppelgänger,
Und durch einen Rollentausch,
Komm ich in 'nen tollen Rausch.

»Laß mich endlich jetzt in Ruhe,
Mit dem albernen Getue!«,
Sage mutig ich und cool
Zur Mutti auf dem leeren Stuhl.

Komme ich nach Hause dann,
Fängt das wahre Drama an.
Mutti nörgelt, Vati schreit,
Opa beginnt auch noch Streit,
Und erbärmlich jault der Kater.
Ach, das Leben ist Theater!

Thomas Erlbach

Das Psychodrama ist ein gruppentherapeutisches Verfahren, das von Jakob Levy Moreno (1892–1974) begründet wurde. Es geht auf Theaterexperimente zurück, die Moreno in den zwanziger Jahren in Wien durchführte; nach seiner Auswanderung in die Vereinigten Staaten (1925) entwickelte er diese Therapiemethode weiter (Moreno 1989). Im Psychodrama werden innere Konflikte und zwischenmenschliche Probleme in Rollenspielen dargestellt und Lösungsmöglichkeiten erarbeitet. Die Person, die ihre Probleme darstellt, wird als *Protagonist* bezeichnet; die anderen Gruppenmitglieder werden bei der Darstellung von Szenen in verschiedenartigen Rollen aktiv beteiligt. Moreno entwickelte eine Reihe spezieller psychodramatischer Techniken, die zum Teil auch von anderen Therapieansätzen übernommen wurden. Bestimmte Methoden des Psychodramas können auch in der Einzeltherapie, im sogenannten *Monodrama*, sowie in der Paar- und Familientherapie eingesetzt werden. Humor und Lachen spielen im Psychodrama eine wichtige Rolle. Einem Wunsch Morenos entsprechend steht auf seinem Grabstein: »Der Mann, der Freude und Lachen in die Psychiatrie brachte.«[6]

Nach Moreno (1924, S. 78) gewinnt man durch die Darstellung von Szenen aus dem eigenen Leben im Stegreiftheater ein Gefühl der wahren Freiheit: »Jede Gestalt aus Sein wird durch sich selbst in Schein aufgehoben und Sein und Schein gehen in einem Lachen unter.« Die Bedeutung des Lachens für den therapeutischen Veränderungsprozeß zeigt die folgende Episode, in der Moreno (1989, S. 298 ff.) über die Zeit berichtet, als er in Wien ein Stegreiftheater leitete: Barbara, eine junge Schauspielerin, die bei seinem Theater mitspielte und sehr erfolgreich naive, heroische und romantische Rollen darstellte, war mit George befreundet, der regelmäßig das Theater besuchte. George beklagte sich eines Tages bei Moreno, daß Barbara, die auf dem Theater als engelsgleiches Wesen bewundert wurde, ihn privat in der abfälligsten Sprache beschimpfe. Moreno gab Barbara daraufhin bei der nächsten Gelegenheit die Aufgabe, die Rolle einer Prostituierten zu spielen, die sie sehr überzeugend darstellte; später erhielt sie weitere »niedere Rollen«. Über die Wirkung dieser neuen Rollen schreibt Moreno:

»George berichtete mir täglich. ›Nun‹, erzählte er mir nach einigen Sitzungen, ›irgend etwas geschieht mit ihr. Sie hat immer noch ihre Wutanfälle zu Hause, aber sie verlieren an Intensität. Sie sind kürzer und mittendrin lächelt sie oft, und, wie gestern, erinnert sie sich an ähnliche Szenen, die sie auf der Bühne dargestellt hat, und sie lacht, und ich lache mit ihr, weil ich mich auch daran erinnere. Es ist, als ob wir einander in einem psychologischen Spiegel sehen.

---

[6] Frau Karin Rose de Pauli von der *Österreichischen Gesellschaft für Literatur* war so freundlich, uns ein Foto des Grabes von Moreno zu schicken. Petzold (1994, S. 195) erwähnt diese Grabinschrift, gibt den Text aber nicht ganz korrekt wieder.

Wir lachen beide. Manchmal fängt sie zu lachen an, bevor sie den Anfall bekommt, weil sie vorwegnimmt, was geschehen wird. Sie steigert sich schließlich da hinein, aber es fehlt die übliche Hitze.‹ Es war wie eine Katharsis, die aus dem Humor und dem Lachen kam. Ich fuhr mit der Behandlung fort, teilte ihr die Rollen sorgfältiger nach dem zu, was sie und er brauchten.« (ebd., S. 299 f.)

In dem Aufsatz *Ein Experiment mit Soziodrama und Soziometrie in der Industrie*, der zuerst 1951 erschien (Moreno & Borgatta 1989), gehen die Autoren auf die Rolle des Lachens in Gruppensitzungen ein.

»Vom soziometrischen Standpunkt aus kann man zwei Arten von Lachen beobachten: einen Typ, der (a) durch kollektive Stimuli, standardisierte Witze, umgangssprachliche Bemerkungen, die spontan im richtigen Augenblick auftauchen, hervorgerufen wird *(dann neigt jeder dazu, in das Lachen einzustimmen);* und (b) durch private Stimuli, Witze oder Bemerkungen, die eine amüsante Konnotation nur für diejenigen Leute haben, die den Protagonisten gut kennen oder die in ein ähnliches Problem verwickelt sind. […] Man kann häufig beobachten, daß die Leute besonders am Anfang von Sitzungen lachen; der gewöhnlicherweise spontane Charakter, den sie haben, die Bemerkungen aus dem Stegreif und die Gesten des Leiters und des Protagonisten, die Abreaktionen und Wechselreaktionen auf der Bühne sowie die exhibitionistischen Nebenspiele überraschen den Zuschauer. Während die Produktion weitergeht und das Engagement des Protagonisten und der Zuschauer wächst, verschwindet das Lachen allmählich. Darsteller und Zuschauer werden zunehmend ernster und gespannter.« (ebd., S. 253 f.)

Zu den psychodramatischen Methoden gehören die Spiegeltechnik, der Doppelgänger und der Rollentausch. Bei der *Spiegeltechnik* stellt ein Mitspieler oder der Therapeut den Protagonisten verbal und nicht-verbal dar, so daß er sein typisches Verhalten aus einer gewissen Distanz betrachten kann. Das Spiegeln kann auch übertrieben werden, um den Protagonisten dazu anzuregen, eine Darstellung, die er für falsch hält, zu korrigieren (Kellermann 1981, S. 399).

Wenn ein Protagonist Schwierigkeiten hat, seine Gefühle und Gedanken klar zu äußern, versucht der *Doppelgänger* (ein Gruppenmitglied oder der Therapeut) in Ich-Form das auszudrücken, was der

Protagonist vermutlich empfindet. Eva Leveton (1979) unterscheidet zwischen verschiedenen Arten, die Rolle des Doppelgängers zu spielen. Der satirische Doppelgänger treibt bestimmte Verhaltensweisen auf die Spitze, um den Protagonisten zu deutlicheren Gefühlsäußerungen zu provozieren. »Der *satirische Doppelgänger* übertreibt nicht aus Boshaftigkeit, sondern will Gefühle oder Abwehrmechanismen bewußt machen« (ebd., S. 62). Um diese Rolle angemessen spielen zu können, braucht er einiges Geschick und genügend Einfühlungsvermögen. Der folgende Dialog gibt ein Beispiel für das satirische Vorgehen:

»FLORENCE: Es ist völlig sinnlos, meiner Mutter zu sagen, daß es mich nervt, wenn sie die ganze Nacht auf mich wartet. Sie würde es trotzdem tun.

DOPPELGÄNGERIN: Es ist sinnlos, meiner Mutter überhaupt irgend etwas zu sagen.

F: Nein, ich möchte ihr nicht weh tun.

D: Ich bin ein liebes Kind; ich tue niemandem weh.

F: Das stimmt. Ich bin einfach kein Mensch, der anderen die Meinung sagen kann.

D: Ich bin viel zu gut.

F: So habe ich das nicht gemeint!

D: Ich kann noch nicht einmal etwas Böses denken, schon gar nicht über meine Mutter.

F: Hör' auf damit!

D: Jetzt rückt sie mir aber wirklich auf den Pelz! Mal seh'n, wie ich da wieder rauskomme … Hoffentlich habe ich meine Doppelgängerin nicht gekränkt?!

F: Ach was, darum kümmere ich mich gar nicht! (Sie lacht.)

D: Was sage ich Mami denn wegen des Abends neulich?

F: Ich möchte, daß sie mich einfach mehr in Ruhe läßt, mich kommen und gehen läßt, wann ich das will.« (ebd., S. 61 f.)

Wenn der Doppelgänger die Körpersprache des Protagonisten übertrieben darstellt, kann er dadurch Lachen und eine selbstsichere Gegenreaktion provozieren (ebd., S. 67 f.).

Beim *Rollentausch* übernimmt der Protagonist in einer Szene die Rolle einer anderen Person; zum Beispiel könnte ein Mann die Rolle seines Chefs, des Vaters oder der Ehefrau übernehmen, während ein anderes Gruppenmitglied oder der Therapeut den Protagonisten spielt. Der Rollentausch ermöglicht es, mehr Verständnis für den Standpunkt einer anderen Person zu entwickeln und sich selbst distanzierter aus einer veränderten Perspektive zu betrachten. Die Methode des Rollentauschs kann auch in Paartherapien verwendet werden. Dabei tauschen die Ehepartner ihre Plätze und übernehmen die Rolle des Partners. In der folgenden Szene spielt Mary die Rolle ihres Mannes, der beruflich sehr erfolgreich ist, und John die Rolle seiner Frau, die sich vernachlässigt fühlt; Eva Leveton ist die Therapeutin:

»MARY (bitter): Ja, ich bin eine große Kanone in der Firma.

EVA: Was für eine große Kanone bist du, John?

M: Nun, ich bringe die meisten Aufträge herein. Ich weiß, wie man verkauft. Also steigt mein Gehalt, und in der Chefetage hält man mich für ein As. (Mary lacht.) Zu Hause sieht die Welt natürlich anders aus!

E: Hier vorne sitzt Mary. Möchtest du ihr dazu etwas sagen? Was ist anders zu Hause?

M: Ja, Mary, was ich auch tue, du hast anscheinend immer etwas auszusetzen. (Mary lächelt immer noch ein wenig verlegen.)

E: Nur zu, Mary, dazu gibt's doch etwas zu sagen!

JOHN: Dich interessiert ja nur deine Arbeit. Sonst kümmerst du dich um nichts. Deshalb bist du auch nie zu Hause. Ich werde als Sekretärin bei dir arbeiten, dann sehe ich dich wenigstens auch ab und zu. (Auch John lächelt, während er Marys Drehbuch-Passage aufsagt.)

M (ernsthafter): So ... du sagst ja nur immer, daß ich an allem schuld bin. Wie kann ich dir da irgend etwas erklären? Das macht mich so wütend!« (ebd., S. 80)

Nachdem eine solche Streitszene mit vertauschten Rollen gespielt wurde, ist es leichter möglich, die übliche negative Eskalation zu unterbrechen und nach Lösungsmöglichkeiten zu suchen.

Grete Leutz (1974, S. 47) nennt ein amüsantes Beispiel für die Anwendung des Rollentauschs im Familienleben:

»Hänschen will nicht zu Bett gehen. Die Ermahnungen der Mutter wecken seinen Trotz. Auf den Trotz reagiert Mama mit Schimpfen. Hänschen weint. Da schlägt der Vater, der mit psychodramatischen Praktiken vertraut ist, einen Rollentausch vor. Der kleine Junge verwandelt sich sofort in die mahnende, schimpfende Mutter, indessen Mama trotziges Hänschen spielt. Die Tränen des Kindes sind wie weggeblasen. Als einige Zeit später nach einem weiteren Rollenwechsel beide Spieler in ihre natürlichen Rollen zurückkehren – Mama in die Rolle der Mutter und Hänschen in die Rolle des Kindes – , und als die Mutter ihren Sohn wieder ermahnt, ins Bett zu gehen, stapft Hänschen lachend ins Schlafzimmer.«

Kellermann (1981, S. 400 f.) erwähnt die *Maximierung* als eine weitere psychodramatische Technik, die helfen kann, um Widerstände zu überwinden. Der Protagonist wird dabei aufgefordert, für ihn typische problematische Verhaltensweisen noch ausgeprägter zu zeigen. Durch diese paradoxe Intervention gelingt es dem Protagonisten dann oft, ein bisher unwillkürlich ablaufendes Verhaltensmuster bewußt hervorzurufen und auch zu beenden.

5.6 Gestalttherapie

Der Ober fragt einen Gast, der eine üppige Mahlzeit zu sich genommen hat, ob er als Nachtisch noch ein Eis mit Sahne möchte. Nach kurzem Überlegen meint der Gast: »Mein Verstand sagt: ›Laß es sein, es bekommt dir nicht‹, und mein Magen sagt: ›Ach was, ich schaffe das noch‹.« »Und nach wem soll ich mich nun richten?« fragt der Ober. »Ach wissen Sie, der Klügere gibt nach!«

Die Gestalttherapie wurde von dem Psychiater Fritz Perls (1893 bis 1970) in den vierziger Jahren in den USA entwickelt. In Auseinandersetzung mit der stark vergangenheitsorientierten Psychoanalyse betont die Gestalttherapie vor allem die Bedeutung des *Hier und Jetzt* (Perls 1974, 1976; Perls & Baumgardner 1990; Petzold 1984; Polster & Polster 1975; Dinslage 1990). Nach Perls (1976, S. 34–46) entstehen neurotische Störungen, wenn ein Mensch in Konfliktsituationen keine klaren Entscheidungen fällt und dadurch in einen Zustand der Verwirrung gerät. Wenn eine Person mit unerledigten Situationen beschäftigt ist und sich selbst blockiert, kann sie nicht mehr bewußt in der Gegenwart leben und ihren Bedürfnissen entsprechend handeln.

Die Interventionen der Gestalttherapie haben das Ziel, die Bewußtheit der Person in bezug auf die eigenen Empfindungen und Handlungen zu steigern und ihr dabei zu helfen, abgespaltene Anteile der eigenen Person zu integrieren (ebd., S. 81–92).

Der provokative Stil von Perls, der viele humoristische Elemente enthält, wird in seinem Buch *Gestalt-Therapie in Aktion* (1974) besonders deutlich. Perls charakterisiert neurotische Verhaltensmuster ironisch als »Spielchen«: So beschreibt er zum Beispiel das *Selbstquälerei-Spielchen*, das auf dem Kampf zwischen dem rechtschaffenen und autoritären *Topdog*, dem Über-Ich, und dem *Underdog*, dem Unter-Ich, beruhe, das sich verteidigt, rechtfertigt und nach Ausreden sucht (ebd., S. 26 f.). Innere Konflikte werden typischerweise so bearbeitet, daß eine Person die verschiedenen Seiten ihrer Persönlichkeit (zum Beispiel das brave und das trotzige Mädchen) im Rollenspiel auf zwei Stühlen darstellt und in einen Dialog treten läßt. Auch wenn Konflikte mit anderen Menschen (zum Beispiel den Eltern) dargestellt werden, übernimmt die Person alle Rollen; in diesem Punkt unterscheidet sich das Vorgehen von Perls vom Psychodrama nach Moreno.

Humoristische Etikettierung neurotischer Verhaltensweisen und die Darstellung von einzelnen Teilen der Persönlichkeit im Rollenspiel führten in den Gestaltseminaren von Perls oft zu Heiterkeit und Lachen.

Perls unterscheidet verschiedene »Schichten« oder Phasen der Neurose: Nach den Phasen der *Blockierung* und der *Implosion*, einem Zustand der inneren Lähmung, kann es zu einer *Explosion* der Gefühle kommen, wobei manchmal negative Emotionen wie Trauer und Wut erlebt werden, manchmal aber »auch die Explosion in *Freude, Lachen, joie de vivre*« (ebd., S. 64). Auf die Frage, wie man alte störende Verhaltensmuster überwinden könne, antwortet Perls:

»Du überwindest *nie etwas*, indem du ihm widerstehst. Du kannst etwas nur überwinden, wenn du tiefer in es hineingehst. Wenn du trotzig bist, sei *noch* trotziger. Wenn du eine Schau abziehst, mach noch mehr Schau. Was es auch ist, wenn du tief genug in es hineingehst, dann verschwindet es; es wird dir dann zu eigen werden.« (ebd., S. 222)

Ähnlich wie bei der *paradoxen Intention* von Frankl (5.3.1) empfiehlt Perls, sich bewußt für die Ausführung des unerwünschten Verhaltens zu entscheiden, es noch zu übersteigern und sich dadurch davon zu befreien.

Perls weist auch auf die destruktive Seite des Humors, das Lächerlichmachen hin: »Lächerlichmachen bedeutet töten. Das weiß jeder Karikaturist. Jeder Politiker kann ein Lied davon singen« (Perls & Baumgardner 1990, S. 156). Auch für Perls besteht im Umgang mit Gruppenteilnehmern, die sich nicht an seine Spielregeln halten, die Gefahr, daß er sie vor der Gruppe lächerlich macht, wenn er mit harter Konfrontation auf Unsicherheiten oder seiner Ansicht nach manipulative Verhaltensweisen reagiert (ebd., S. 151; Perls 1974, S. 135 ff.).[7]

Es gibt gestalttherapeutisch orientierte Autoren, die deutlich zwischen verschiedenen Arten des Humors unterscheiden. Ruth Ronall (1983, S. 253–254) charakterisiert ihre Verwendung von Humor in Gestalt-Workshops folgendermaßen:

»Ich gebrauche Humor so oft wie möglich. Gutes, warmherziges Lachen erfrischt und heilt. Ironie jedoch – als Würze – benutze ich sehr sparsam. Sarkasmus verwende ich nur in paradoxer Absicht. (Sarkasmus ist im Grunde genommen ein Gift und sollte deshalb nur in homöopathischen Dosen verwendet werden.) Oft habe ich Lust am Spiel, und indem ich das Kind in mir lebendig werden lasse, animiere ich auch die anderen zum Spielen.«

Auch Kitzler (1983, S. 57–58) plädiert für den Einsatz von Humor in Gestaltgruppen, um die Absurdität unausgegorener Vorstellungen zu demonstrieren und den Lernprozeß zu erleichtern; dieser Humor vereine die Elemente Liebe, Witz und Pathos und stelle ein empathisches Nachempfinden der Situation dar.

Harman (1992) weist auf verschiedene Funktionen des Humors in der Gestalttherapie hin: Einerseits kann Humor bei Patienten einen Zustand der positiven Erregung fördern und dadurch Kontakt mit

---

[7] Staemmler (1996) ließ Teilnehmer eines Seminars (überwiegend Gestalttherapeuten), denen er Filme mit Demonstrationen von Fritz Perls zeigte, diesen vor und nach dem Betrachten der Filme auf einem Polaritätsprofil einschätzen. Nach der Betrachtung der Filme wurde er unter anderem als *konfrontativ, arrogant, herausfordernd* und *unkonventionell* eingeschätzt. In bezug auf die Polarität *humorvoll – ernst* zeigte sich, daß Perls anfangs für recht humorvoll gehalten wurde; nach der Vorführung der Filme lag der durchschnittliche Wert der Beurteilungen im Mittelbereich zwischen *humorvoll* und *ernst*. Staemmler betont, daß er »großen Wert auf die Einbeziehung eines liebevollen Humors« in die gestalttherapeutische Arbeit lege; die Seminarteilnehmer hatten möglicherweise auch von Perls eine ähnliche Haltung erwartet und festgestellt, daß er dieser Erwartung nicht entsprach (ebd., S. 43).

anderen Personen oder mit abgespaltenen Teilen der Person erleichtern. Wenn ein Mensch anscheinend keinen Humor hat, deutet dies nach Harman darauf hin, daß er Kontakt mit einer Seite seiner Persönlichkeit verloren hat. Der Therapeut kann dann versuchen, diese unterdrückte Seite der Persönlichkeit zu fördern. Andererseits kann Humor aber auch als ein Schutzschild dienen, um ernsthaftem Kontakt auszuweichen. Nach der Ansicht von Harman sollten Therapeuten nicht absichtlich versuchen, lustig zu sein; vor allem spontane humorvolle Bemerkungen, die sich aus einer Situation ergeben und die zum richtigen Zeitpunkt kommen, hätten eine heilsame Wirkung.

5.7 Provokative Therapie

> *Humor kann die bitteren Pillen, die die Patienten manchmal in der Therapie schlucken müssen, versüßen. Er kann einige der harten psychologischen Lektionen, die verdaut und assimiliert werden müssen, weicher und schmackhafter machen.*
>
> Farrelly & Brandsma (1986)

Der Sozialarbeiter Frank Farrelly entwickelte in den sechziger Jahren in einem psychiatrischen Krankenhaus in Madison (Wisconsin) einen Therapieansatz, den er als Provokative Therapie bezeichnete (Farrelly & Brandsma 1986; Farrelly & Matthews 1983; Höfner & Schachtner 1995; Wippich & Derra-Wippich 1996). In der provokativen Therapie spielt der Humor im Gegensatz zu allen bisher vorgestellten Therapiesystemen eine entscheidende Rolle.

Farrelly beschreibt sehr anschaulich, wie er zu der Überzeugung kam, daß auch Patienten, die als schwer gestört gelten, nicht hilflose Opfer ihrer Vergangenheit und ihrer Krankheit sind, sondern die Möglichkeit haben, sich für die »Verrücktheit« (dauerhafte Hospitalisierung, keine Verantwortung für das eigene Verhalten) oder für konstruktive Veränderungen zu entscheiden (Farrelly & Brandsma 1986, S. 3–41). Entscheidend für die Entwicklung seines Ansatzes war ein Gespräch, das Farrelly 1963 führte, als er an einem Forschungsprojekt von Carl Rogers mit chronisch Schizophrenen teilnahm:

»In seinem 91. Interview mit Farrelly, der von einem klientenzentrierten Ansatz ausgegangen war, beharrte der Patient immer noch darauf, zu nichts nütze und hoffnungslos zu sein, und er behauptete, er sei dazu verdammt, auf ewig ein Psychotiker zu sein. Farrelly hatte ständig wiederholt, der Patient sei wertvoll und nützlich und imstande, sich zu ändern. Schließlich war Farrelly es leid, mit dem Patienten herumzustreiten, und begann plötzlich, dem negativen Selbstbild des Patienten spaßhaft beizupflichten. Fast unmittelbar darauf lachte der Patient los und begann zu protestieren, er sei doch nicht ›sooo‹ schlecht dran oder ›sooo‹ hoffnungslos, und er sagte, der Therapeut habe ihm viel geholfen. Innerhalb von sechs Interviews erlebte der Patient eine rasche Besserung und wurde entlassen.« (Farrelly & Matthews 1983, S. 958; vgl. auch Farrelly & Brandsma 1986, S. 34 ff.)

Farrelly formuliert eine Reihe von Postulaten, die seinem Therapieansatz zugrundeliegen: Er geht davon aus, daß Menschen sich vor allem dann verändern, wenn sie mit einer Herausforderung konfrontiert werden, denn dann können sie ihr Potential, produktiv und adaptiv zu handeln, freisetzen. Die psychische Zerbrechlichkeit von Patienten wird nach Farrellys Ansicht von ihnen selbst und von ihren Therapeuten zumeist überschätzt. Die wichtigsten zwischenmenschlichen Botschaften sind non-verbal; daher ist es nicht so entscheidend, was gesagt wird, sondern *wie* es gesagt wird (Farrelly & Matthews 1983, S. 960–963; Farrelly & Brandsma 1986, S. 45–68). Diese Grundannahmen werden durch zwei zentrale Hypothesen ergänzt:

»Die erste bezieht sich auf das Selbstbild des Klienten: Wenn der Klient vom Therapeuten provoziert wird (humorvoll, ersichtlich und innerhalb seines eigenen internalen Bezugssystems), wird er dazu neigen, sich anders zu verhalten, als der Therapeut gemeinhin von ihm erwartet.

Die zweite Hypothese konzentriert sich auf das offene Verhalten des Klienten: Wenn der Klient vom Therapeuten in provozierender Weise (humorvoll und ersichtlich) gedrängt wird, mit seinem selbstzerstörerischen abweichenden Verhalten fortzufahren, wird er dazu neigen, sich auf Verhaltensweisen einzulassen, die für ihn

selbst und für andere Personen förderlich sind und sich der gesellschaftlichen Norm annähern.« (Farrelly & Matthews 1983, S. 964; vgl. auch Farrelly & Brandsma 1986, S. 68 f.) [8]
Der Therapeut hat das Ziel, bei dem Klienten die folgenden konstruktiven Verhaltensweisen zu provozieren:

»1. Sowohl verbal als auch im Verhalten seinen Selbstwert zu bestätigen.

2. Sowohl in der Erledigung von Aufgaben als auch in Beziehungen sich selbst angemessen zu behaupten.

3. Sich selbst realistisch zu verteidigen.

4. Sich auf eine differenzierte Realitätsprüfung einzulassen und die notwendigen Unterscheidungen zu lernen, um adäquat zu reagieren. Globale Perzeptionen führen zu globalen, stereotypen Antworten; differenzierte Perzeptionen führen zu adäquaten Reaktionen.

5. Sich in persönlichen Beziehungen auf riskante Verhaltensweisen einzulassen, insbesondere wichtigen Bezugspersonen Zuneigung und Verletzlichkeit unmittelbar mitzuteilen, so wie sie wirklich erfahren werden.« (Farrelly & Matthews 1983, S. 965; vgl. auch Farrelly & Brandsma 1986, S. 74 f.)

Farrelly beginnt mit dem provokativen Vorgehen in den ersten Minuten des ersten Gesprächs. Er schildert das folgende Beispiel einer buckligen Patientin in mittleren Jahren, die fast unhörbar an seine Tür klopfte:

»P *(kläglich)*: Kann ich Sie sprechen, Herr Farrelly?

T *(laut)*: Natürlich, Gorgeous[9]. *(Er zieht sich zurück zu seinem Schreibtisch und setzt sich nieder.)*

P *(kommt ängstlich in den Raum)*: Wo wollen Sie, daß ich mich hinsetze?

T *(zeigt auf einen Stuhl nahe am Schreibtisch, die Patientin will sich dort gerade niederlassen)*: Setzen Sie sich genau dort hin.

T *(in mürrischem Ton, laut)*: Halt! Nein! *(zeigt auf einen Stuhl an der entgegengesetzten Wand)*. Setzen Sie sich doch da hin.

---

[8] Weitere theoretische Überlegungen zur Provokativen Therapie aus systemisch-konstruktivistischer Perspektive findet man bei Wippich & Derra-Wippich (1996).

[9] Das englische Adjektiv *gorgeous* bedeutet *prächtig, großartig, wunderschön* oder *toll*. Richtig formuliert müßte es an dieser Stelle daher sinngemäß etwa heißen: »Natürlich, du tolles Weib.«

P *(schlurft rüber zu dem Sessel, auf den der Therapeut jetzt zeigt).*

T *(in einem kommandierenden Ton, schaut im Zimmer umher):* Nein, warten Sie eine Minute. *(Er macht eine Pause, schaut unsicher)* Ich hab' es! Setzen Sie sich dahin *(zeigt auf einen Stuhl nahe der Tür).*

P *(plötzlich aufrecht, mit wütendem Blick, laut und kräftig):* Ach, gehen Sie zur Hölle! Ich setze mich, wohin ich will! *(Sie läßt sich selbst in einen Stuhl fallen).*

T *(wirft seine Arme hoch, als ob er sich selbst zu verteidigen hätte, kläglich):* Okay, okay, Sie dürfen nicht gewalttätig werden!

P *(birst vor Lachen).*« (Farrelly & Brandsma 1986, S. 244)

Durch sein ungewöhnliches Verhalten gelang es Farrelly also, bei der unsicheren Patientin eine selbstbewußte Reaktion zu provozieren.

Farrelly unterscheidet vier Stadien des Prozesses in der Provokativen Therapie. Im ersten Stadium ist der Patient verwirrt und verblüfft, da sich der Therapeut völlig anders verhält, als er dies erwartet hatte. Im zweiten Stadium werden die Abwehrmechanismen des Patienten schwächer. Er beginnt damit, zu protestieren und sich zu verteidigen. Im dritten Stadium zeigt der Patient durch konkrete angemessene Verhaltensweisen, daß das Bild, das der Therapeut von ihm zeichnet, einseitig und verzerrt ist. Das vierte Stadium dient der Festigung und Integration. Der Patient gewinnt Vertrauen in seine neuen Fähigkeiten und bezeichnet die provokativen Aussagen des Therapeuten als überholt (ebd., S. 175–185).

Farrelly benutzt in der Provokativen Therapie die unterschiedlichsten humoristischen Methoden. Neben verbaler Übertreibung ahmt er Verhaltensweisen von Patienten nach, stellt sie in übertriebener oder verzerrter Form dar und macht sich auch über die eigene Rolle lustig. Er gibt absurde Pseudoerklärungen für pathologische Verhaltensweisen und »beweist« dem Patienten, daß es sinnlos wäre, sich um eine Veränderung zu bemühen. Er benutzt schmutzige Wörter aus der Gossensprache, pathetische religiös-moralische Ausdrücke, Fachvokabular und Körpersprache (ebd., S. 127–171).

Höfner und Schachtner (1995) stellen ausführlich verschiedene humoristisch-provokative Vorgehensweisen dar. Da ein solches Vorgehen in verschiedenen zwischenmenschlichen Situationen und nicht nur in der Therapie hilfreich sein kann, sprechen sie vom *Provokati-*

ven Stil (ProSt). Sie unterscheiden dabei zwischen Grundlagen, Bausteinen und Werkzeugen des ProSt.

Als Grundlagen für die Wirksamkeit des Provokativen Stils nennen sie den *guten Draht* und den *längeren Hebel* (ebd., S. 61–91). Ein *guter Draht* zwischen Therapeut und Patient entsteht, wenn der Patient Vertrauen zum Therapeuten hat und davon überzeugt ist, daß dieser ihm wohlgesonnen und kompetent ist. Pointierte Äußerungen, die zeigen, daß der Therapeut die Situation des Patienten versteht, fördern dieses Vertrauen. Es kommt vor, daß Patienten auch Äußerungen zustimmen, die als provokative Übertreibung gemeint waren, weil sie genau ihre Denkweise und ihre Empfindungen treffen. Eine wohlwollende Haltung des Therapeuten zeigt sich aber auch nonverbal, das heißt durch Mimik, Gestik und Körperhaltung. Entscheidend für das Ergebnis der Therapie ist auch, wer die Führung hat und am *längeren Hebel* sitzt:

»Es ist immer derjenige am längeren Hebel, der *weniger vom anderen will!*

Wenn der Therapeut am längeren Hebel sitzt, zeigt er dem Klienten, daß nicht er es ist, der etwas will. Das heißt, daß der Therapeut immer weniger vom Klienten erwarten, erhoffen, wünschen darf als dieser von ihm.« (ebd., S. 84)

Vor allem bei Patienten, die sich als hilflos darstellen und erwarten, daß der Therapeut ihr Problem für sie löst, ist es wichtig, daß der Therapeut dieses Spiel nicht mitspielt, sondern ihnen die Verantwortung für ihr Leben zurückgibt (ebd., S. 82 f.).

Höfner und Schachtner stellen eine Reihe von Bausteinen des Provokativen Stils dar: Bei der *Aktivdiagnose* wartet der Therapeut nicht ab, bis der Patient seine Probleme vollständig und erschöpfend geschildert hat. Er arbeitet vielmehr mit *Unterstellungen* auf der Grundlage des äußeren Erscheinungsbildes einer Person und ihrer ersten Äußerungen und registriert dann genau, welche Reaktion dies auslöst. Anders gesagt: »Bei der Aktivdiagnose schießen wir in den Busch und schauen mal nach, ob ein Hase herausspringt« (ebd., S. 96). (Möglicherweise kommt statt des erwarteten Hasen ein Rebhuhn aus dem Busch geflogen.) Auch *absichtliches Mißverstehen* kann Patienten helfen, ihre eigene Position zu klären (ebd., S. 100 f.).

Überraschende Sichtweisen und *absurde Umdeutungen* führen zu starker emotionaler Beteiligung von Patienten und fördern die Bereitschaft, starre Überzeugungen in Frage zu stellen (ebd., S. 101–113).

Der *Widerstand* des Patienten wird nicht als etwas Negatives betrachtet, sondern als eine Kraft, die man nutzen kann. Indem der Therapeut sich mit der dunklen Seite der Persönlichkeit des Patienten verbündet und empfiehlt, deren Impulse auszuleben, provoziert er Widerspruch (ebd., S. 113–118). Der Therapeut übernimmt also die Rolle des *advocatus diaboli.*

Da Menschen oft Schwierigkeiten haben, die Wirkungen des eigenen Verhaltens auf andere einzuschätzen, kann es aufschlußreich sein, ihnen einen Spiegel vorzuhalten (zum Beispiel durch Beschreibung oder Imitation ihres Verhaltens). Beim provokativen Vorgehen zeigt der Therapeut dagegen das Bild des Patienten in einem *Zerrspiegel;* die Verzerrung wird so lange gesteigert, bis der Patient dagegen protestiert und auf einer realistischeren Sichtweise besteht (ebd., S. 119–126). Die Verzerrung kann sich auch auf das Selbst- und Weltbild des Patienten beziehen. Durch maßloses Übertreiben von Stereotypien und Pauschalurteilen regt der Therapeut den Patienten zum Differenzieren und Relativieren an (ebd., S. 126–135). Beim provokativen Vorgehen wird häufig mit *bildhaften Ausdrücken* gearbeitet, die ganz wörtlich genommen und weiter ausgeschmückt werden (ebd., S. 135–138).

Höfner und Schachtner verwenden eine Metapher aus der Welt des Theaters, um das menschliche Verhalten zu beschreiben:

»Es ist ein hilfreiches Bild, sich vorzustellen, daß jeder Mensch sich immer und überall auf einer Bühne bewegt, die ausschließlich *eigene* Inszenierungen mit ihm in der Hauptrolle spielt. Die Inszenierungen, die geboten werden, spiegeln die Sicht, die er von sich und seiner Welt hat. [...] Gemeinsam ist allen Darstellungen, daß mit ihnen versucht wird, bestimmte Reaktionen beim anderen herauszukitzeln, die zur eigenen Inszenierung passen.« (ebd., S. 143)

Die Inszenierung des Patienten im Therapieraum erlaubt Rückschlüsse auf die Rolle, die er in anderen Lebenssituationen spielt. Um die Art der Inszenierung zu erkennen, kann es für den Therapeuten wichtig sein, eine Weile die erwartete Rolle mitzuspielen; bei dem provokativen Vorgehen wird dann aber die Inszenierung des Patienten gesprengt, so daß er die alte Rolle nicht wie gewohnt weiterspinnen kann, sondern gezwungen ist zu improvisieren (ebd., S. 143–155).

Im Kontrast zu dem humoristisch-provokativen Vorgehen spricht der Therapeut manchmal auch sehr ernsthaft mit dem Patienten; er *redet Klartext* (ebd., S. 155 ff.).

Die Autoren beschreiben auch einige Werkzeuge oder Techniken, die beim provokativen Vorgehen häufig eingesetzt werden, zum Beispiel die *Verführertechnik*, bei der der Therapeut ausführlich die Vorteile des Problemverhaltens erwähnt und die Nachteile nur ganz am Rande streift. Bei der *Verschwörertechnik* gibt der Therapeut den Rat, die vorhandenen Symptome noch zu steigern oder sich weitere, noch wirkungsvollere zuzulegen.

Nach Farrelly und Matthews (1983) kann mit einzelnen, Paaren, Familien und Gruppen provokativ gearbeitet werden. Die Autoren schätzen die provokative Therapie folgendermaßen ein:

»Wegen der wirkungsvollen Taktiken und Strategien, die diesem System eigen sind, und der breiten Vielfalt von Verhaltensweisen, die dem Therapeuten dabei offenstehen, um die Kommunikationsfähigkeiten im Gespräch zu vergrößern, ist es bei den unterschiedlichsten Klienten mit Erfolg angewandt worden: bei Vorschulkindern und bei Greisen, bei hospitalisierten und bei nichthospitalisierten Klienten, bei Psychotikern – von stummen Katatonikern bis zu Manisch-Depressiven in der manischen Phase, bei Charaktergestörten und bei Neurotikern, bei Klienten, deren Intelligenzniveau vom geistig Zurückgebliebenen bis zum Genie reicht, sowie bei allen wichtigen rassischen, ethnischen und nationalen Gruppen in den Vereinigten Staaten.« (ebd., S. 970)

Im Widerspruch zu dieser außerordentlich positiven Einschätzung der Möglichkeiten der Provokativen Therapie steht das Fehlen von empirischen Studien über die Wirkungen dieser Therapieform; es gibt bislang weder kontrollierte Einzelfallstudien noch Fallserien oder Gruppenuntersuchungen mit Kontroll- oder Vergleichsgruppen (vgl. auch Höfner & Schachtner 1995, S. 33).

5.8 Rational-emotive Therapie

Perfect Rationality
(Melodie: »Funiculi, Funicula«;
Musik von Luigi Denza)

»Some think the world must have a right direction,
And so do I! And so do I!
Some think that with the slightest imperfection,
They can't get by – and so do I!
For I, I have to prove I'm superhuman,
And better far than people are!
To show I have miraculous acumen
And always rate among the Great!

Perfect, perfect rationality
Is, of course, the only thing for me!
How can I ever think of being If I must live fallibly?
Rationality must be a perfect thing for me!«

Albert Ellis (1976)

Der amerikanische Psychologe Ellis (geb. 1913) entwickelte die Rational-emotive Therapie (RET) in der Mitte der fünfziger Jahre. Dieser Ansatz geht von dem Grundgedanken aus, daß neurotische Störungen nicht direkt durch äußere Ereignisse verursacht werden; vielmehr werden die Gefühle und Verhaltensweisen der Person nach Ellis durch die gedankliche Bewertung dieser Ereignisse bestimmt. Ellis (1977a, S.63–90) formuliert eine Reihe von *irrationalen Ideen*, die seiner Ansicht nach weit verbreitet sind und fast zwangsläufig neurotisierend wirken. Dazu gehören zum Beispiel die folgenden Überzeugungen:

»Die Meinung, es sei für jeden Erwachsenen absolut notwendig, von praktisch jeder anderen Person in seinem Umfeld geliebt oder anerkannt zu werden.« (ebd., S.64)

»Die Meinung, daß man sich nur dann als wertvoll empfinden dürfe, wenn man in jeder Hinsicht kompetent, tüchtig und leistungsfähig ist.« (ebd., S.66)

»Die Vorstellung, daß es schrecklich und katastrophal ist, wenn die Dinge nicht so sind, wie man sie gerne haben möchte.« (ebd., S. 72)

In der RET wird versucht, sowohl auf der kognitiven als auch auf der Verhaltensebene die starren, verabsolutierten Denk- und Verhaltensmuster in Frage zu stellen, die psychischen Problemen zugrunde liegen, und flexiblere Handlungsweisen zu fördern (Ellis & Grieger 1979; Eschenröder 1977, 1978; Keßler & Hoellen 1982); wegen der Wichtigkeit von verhaltensorientierten Aufgaben bezeichnet Ellis seinen Ansatz neuerdings als *Rational-emotive Verhaltenstherapie*.[10]

Das In-Frage-Stellen irrationaler Überzeugungen kann sowohl auf ernsthafte als auch auf humoristische Weise erfolgen. In dem Aufsatz *Fun as Psychotherapy* weist Ellis (1977 b) darauf hin, daß emotionalen Störungen die menschliche Tendenz zugrunde liegt, Ereignisse allzu ernst zu nehmen, ihre Bedeutung zu übertreiben oder zu »katastrophisieren«, wenn etwas nicht den eigenen Wünschen entspricht. Humoristische Methoden sind daher besonders geeignet, um den dysfunktionalen Charakter dieser Denkschemata aufzudecken und sie zu hinterfragen. Ellis verwendet verschiedenartige humoristische Methoden; er treibt Dinge ins Extrem (als Gegenmittel zur neurotischen Übertreibung), reduziert Ideen bis zur Absurdität, benutzt Ironie, Wortspiele, Kraftausdrücke und Slangwörter, um auf dramatische Art die eingefahrenen Denkweisen von Klienten zu unterbrechen. Die Unterscheidung zwischen der Person und ihrem Verhalten hält Ellis für besonders bedeutsam für die psychische Gesundheit. Daher versucht er deutlich zu machen, daß sich seine ironischen Bemerkungen gegen die irrationalen Gedanken oder die selbstschädigenden Handlungen eines Menschen richten, aber nicht gegen die Person selbst.

Die folgenden humoristischen Interventionen sollen die *Selbstakzeptanz* von Klienten fördern und ihnen dabei helfen, sich trotz Fehlern und Schwächen anzunehmen. Wenn ein Mitglied einer Therapiegruppe sich wegen eines Fehlers selbst verdammt, betont Ellis: »Natürlich würde niemand in dieser Gruppe jemals so einen Fehler machen! Wir alle sollten Sie besser ein Leben lang boykottieren!«

---

[10] Es gibt viele Gemeinsamkeiten zwischen RET und der kognitiv orientierten Verhaltenstherapie (vgl. Eschenröder 1997 a). Linden et al. (1993, S. 109) fanden in einer Untersuchung, daß Methoden der RET häufig im Rahmen verhaltenstherapeutischer Behandlungen eingesetzt werden.

Oder er geht ins andere Extrem und bezweifelt, ob ein so geringfügiges Fehlverhalten ausreichend ist, um weiterhin das Recht zu haben, Mitglied einer Gruppe von kompletten Versagern zu bleiben (ebd., S. 265).

Um *anti-perfektionistische Einstellungen* zu propagieren, stimmt Ellis den Klienten scheinbar zu, die glauben, keine Schwächen haben zu dürfen, und malt ihnen drastisch die schrecklichen Folgen eines fehlerhaften Verhaltens aus: »Und natürlich, wenn Sie schlecht tanzen, werden alle auf der Tanzfläche stehenbleiben und schallend lachen, sie werden nichts anderes tun, als die ganze Nacht an Sie denken, und sie werden sich immer an Ihr komisches Tanzen erinnern.« (ebd., S. 266)

Klienten, die bei beruflichen oder privaten Angelegenheiten den Wunsch nach *absoluter Sicherheit* äußern und sich dadurch blockieren, macht Ellis das folgende großzügige Angebot:

»Gut, Sie haben heute wirklich Glück! Wir haben gerade ein schön gestaltetes Zertifikat gedruckt, das Ihnen garantiert, daß Sie erreichen, was Sie wollen. Fragen Sie unten im Büro danach und wir geben es Ihnen gerne kostenlos.« (ebd., S. 268)

Weiterhin hat Ellis (1976, 1987) zu populären Melodien eine Reihe von neuen Texten geschrieben, in denen verbreitete irrationale Einstellungen in ironischer Form auf die Schippe genommen werden. Diese *rational songs* können in Gruppentherapien und Workshops eingesetzt werden, um rationale Botschaften in humoristischer Form zu vermitteln. In Einzeltherapien kann der Therapeut als *Hausaufgabe* vorschlagen, daß Klienten ein bestimmtes Lied mehrfach singen, zum Beispiel wäre für Klienten mit perfektionistischen Tendenzen *Perfect Rationality* geeignet.

Zu den verhaltensorientierten Methoden der RET mit humoristischem Charakter gehören die *schamreduzierenden Mutproben* (*shame-attacking exercises*) (Ellis 1989, S. 152 ff.; Keßler & Hoellen 1982, S. 113 f.; Schwartz 1987, S. 147 ff.). Sie sind vor allem für Klienten mit sozialen Ängsten geeignet, die sich starr an konventionellen Normen orientieren und sich auf keinen Fall blamieren oder unangenehm auffallen wollen. Bei den Übungen führt der Klient absichtlich Verhaltensweisen aus, die er als peinlich, lächerlich oder ungewöhnlich empfindet, zum Beispiel

– mit erhobenen Händen durch eine belebte Fußgängerzone gehen;

- um Geld betteln;
- in der Straßenbahn die Stationen laut ausrufen;
- die Zeitung von gestern zum Sonderpreis anbieten;
- sich in einer Drogerie über das Angebot an Präservativen beraten lassen.

Durch diese Übungen können Katastrophenerwartungen über die Reaktionen anderer Menschen überprüft werden; sozial ängstliche Menschen erleben häufig, daß andere Menschen ein ungewöhnliches Verhalten entweder ignorieren oder unerwartet milde darauf reagieren. Wenn der Klient mit Ablehnung oder spöttischen Bemerkungen anderer konfrontiert wird, kann er lernen, damit umzugehen. Der Verstoß gegen soziale Regeln löst zunächst meist starke Ängste aus; im Laufe der Übungen kann aber die Stimmung umkippen, wobei sich die Anspannung durch Lachen löst. Der Klient macht dann die Erfahrung, daß er eine Situation als amüsant oder komisch empfindet, die er noch vor kurzem als schrecklich peinlich bewertet hatte. Selbstverständlich hängt es von dem jeweiligen sozialen Kontext ab, welche Verhaltensweisen als harmlose und welche als gravierende Verstöße gegen die Regeln des menschlichen Zusammenlebens betrachtet werden (vgl. Titze 1996 a, S. 275–279). Daher sollte ein Therapeut nur solche Übungen vorschlagen, die er schon selber durchgeführt hat oder durchzuführen bereit ist (vgl. Keßler & Hoellen 1982, S. 114).

Ellis (1977 b, S. 269) nennt die folgenden Vorteile der Verwendung von Humor in der Psychotherapie:

»1. Humor kann Klienten helfen, über sich selbst zu lachen und sich dadurch mit ihren Verletzlichkeiten und ihrer Fehlbarkeit zu akzeptieren.

2. Er klärt viele der selbstschädigenden Verhaltensweisen von Klienten in einer nicht bedrohlichen, akzeptablen Weise.

3. Er liefert neue Daten und potentiell bessere Lösungen, oft in einer dramatischen, kraftvollen Art.

4. Er vermindert die Monotonie und übermäßige Ernsthaftigkeit der wiederholten didaktischen Darstellung von Punkten, die für eine effektive Therapie wesentlich erscheinen.

5. Er hilft Klienten, eine Art von objektiver Distanzierung zu entwickeln, indem sie an der humorvollen Distanzierung des Therapeuten teilnehmen.

6. Er unterbricht dramatisch und unsanft die alten dysfunktionalen

107

Gedankenmuster des Klienten und eröffnet die Möglichkeit für neue effektivere Muster des Denkens, Fühlens und Verhaltens.

7. Er hilft vielen Klienten paradoxerweise, entgegen ihren üblichen Gewohnheiten zu denken und zu handeln, und ermöglicht ihnen, viele Dinge zu tun, zum Beispiel sich angstfrei zu verhalten, die sie sich nicht zutrauten.

8. Er dient als eine Ablenkung, die zumindest zeitweise selbstabwertende und haßerzeugende Ideen unterbricht.

9. Er zeigt Menschen die Absurdität, den Realismus, die Fröhlichkeit und Erfreulichkeit des Lebens.

10. Er entlarvt wirksam menschliche Überheblichkeit, die eine eigenständige Störung darstellt!«

Humor kann daher auf der kognitiven und der emotionalen Ebene konstruktive Veränderungen bewirken und dadurch Verhaltensänderungen erleichtern.

Bernhardt (1985, S. 85) kritisiert die Verwendung von Humor in der RET als »grobschlächtig und verletzend«. Nach seiner Meinung ist »das Lächeln dem Humor wesensverwandter [...] als das Lachen« (ebd., S. 15). Verständlicherweise kann er daher mit dem manchmal recht drastischen Humor von Ellis, der die Klienten eher zu einem lauten Lachen als zu einem milden Lächeln anregt, nicht viel anfangen. Metaphorisch gesprochen könnte man zu Bernhardts Kritik sagen: Wer milde Speisen bevorzugt, wird eine scharf gewürzte Mahlzeit nicht bekömmlich finden; andere genießen dagegen gerade ein solches Essen und finden es besonders schmackhaft.

Grawe et al. (1994, S. 402–415) haben in ihrer Untersuchung über die Wirkungen verschiedener Therapiemethoden auch 17 Studien zur RET ausgewertet. Die Autoren schätzen die RET als ein wirksames Verfahren bei verschiedenen Störungen ein (zum Beispiel soziale Ängste und Unsicherheiten, neurotische Depressionen sowie andere neurotische und Persönlichkeitsstörungen). Das Hinterfragen bisheriger und das Einüben neuer Bewertungsmuster habe daher »den Stellenwert eines sehr potenten therapeutischen Vorgehens« (ebd., S. 415). Leider gibt es bisher nach unserem Wissen keine Studien, die untersuchen, ob die humoristischen Methoden der RET zur positiven Wirkung dieses Therapieansatzes beitragen.

5.9 Systemische Therapien

> *Der Psychiater redet der Ehefrau des Patienten*
> *ins Gewissen: »Ihr Mann leidet unter schweren*
> *Depressionen. Er braucht wirklich absolute*
> *Ruhe und Erholung.« »Ich weiß, Herr Doktor,*
> *aber er hört einfach nicht auf mich.« »Ausge-*
> *zeichnet«, meint der Psychiater, »das ist ein guter*
> *Anfang.«*
> B. Trenkle

Die therapeutischen Ansätze, die als *systemische Therapie, strategische Therapie* oder *Familientherapie* bezeichnet werden, gehen von der Annahme aus, daß psychische Probleme von Menschen im Kontext zwischenmenschlicher Interaktionen entstehen. Diese Probleme können gelöst werden, wenn es gelingt, die problematischen Interaktionsmuster und / oder die Bedeutungen, die ihnen von den beteiligten Personen gegeben werden, zu verändern (vgl. de Shazer 1989; Fisch et al. 1987; Madanes 1989; Watzlawick et al. 1974). Die gemeinsame Arbeit mit mehreren Familienmitgliedern wird in der systemischen Therapie häufig für sinnvoll gehalten; aber auch eine *Familientherapie ohne Familie* (Weiss & Haertel-Weiss 1991), also eine systemisch orientierte Einzeltherapie ist möglich. Die meisten systemischen Ansätze haben erkenntnistheoretisch einen konstruktivistischen Hintergrund, der besagt, daß die objektive Realität uns nicht zugänglich ist, sondern daß Menschen ein Bild der Wirklichkeit konstruieren (Watzlawick 1985).

Eine konstruktivistische Sichtweise impliziert nach Ravella (1988), daß Therapeuten bei menschlichen Problemen nicht nach der »richtigen« Lösung suchen, sondern daß sie im Dialog mit den Klienten eine Vielfalt von Lösungsmöglichkeiten entwickeln. Auch eine humoristische Betrachtungsweise der Probleme kann dabei helfen, unerwartete Lösungen zu (er)finden (vgl. Furman & Ahola 1988; Heekerenz 1992).

Cloé Madanes (1989, S. 117 – 138) beschäftigte sich ausführlich mit der Bedeutung des Humors in der Familientherapie. Sie weist darauf hin, daß es zwei verschiedene Möglichkeiten für humorvolle Interventionen gibt:

1. Der Therapeut benutzt die Sprache, um Situationen neu zu definieren und ihnen eine andere Bedeutung zu geben.
2. Der Therapeut verschreibt die Durchführung bestimmter Handlungen, um stereotyp ablaufende Interaktionssequenzen zu modifizieren.

Furman und Ahola (1988, S. 6) unterscheiden noch differenzierter zwischen verschiedenen Arten der humoristischen Kommunikation in der Therapie:

1. Anekdoten (Verwendung von Witzen, humorvollen Geschichten oder Parabeln);
2. humorvolle Kommentare, zum Beispiel unerwartete und überraschende Fragen und Bemerkungen;
3. humorvolles Ansprechen zensierter Gedanken und Gefühle;
4. humorvolles Infragestellen von Überzeugungen;
5. humorvolle Einführung neuer Erklärungen (Reframing);
6. humorvolle Phantasien;
7. humorvolle verhaltensorientierte Aufgaben.

Young (1988) unterscheidet zwischen taktischem, strategischem und systemischem Humor. Der *taktische Humor* hat vor allem die Aufgabe, die therapeutische Beziehung aufzubauen und zu festigen; der Therapeut reagiert dabei spontan auf Äußerungen der Klienten. *Strategischer Humor* ist im Gegensatz dazu geplant; die Interventionen des Therapeuten (zum Beispiel *Symptomverschreibungen*) haben die Aufgabe, das Problemverhalten des Klienten zu stören. Beim *systemischen Humor* wird der Kontext, in dem das Problemverhalten auftritt, ironisch kommentiert.

Auch Weiss und Haertel-Weiss (1991, S. 95) betonen, daß Humor für die therapeutische Beziehung förderlich sein kann. Sie weisen darauf hin, daß humorvolle Äußerungen des Therapeuten den Patienten entlasten und ihm eine Distanzierung von seinem Problem erleichtern. Um dem Patienten zu signalisieren, daß der Therapeut die Probleme des Patienten nicht für tragisch und beschämend hält, ist eine gewisse Leichtigkeit im Tonfall hilfreich:

»Je nach persönlicher Vorliebe können ganz unterschiedliche Elemente dazu benützt werden: Pointierungen, Übertreibungen, kleine Anekdoten, witzige Formulierungen oder positive Umdeutungen können in bestimmten Situationen geeignet sein, zu entschärfen und eine freundliche Distanz zu schaffen. Eine Mutter klagt in einer Therapie, daß der Ehemann und die Kinder beständig die schlechte Laune an ihr auslassen würden. Sie aber fühle sich unfähig zur Gegenwehr. Der Therapeut greift dies auf und sagt etwa: ›Sie scheinen mir ja beinahe der ›punching ball‹ der Familie zu sein. Wenn jemand sich geladen fühlt, geht er bei Ihnen vorbei und *bumm* – haut er mal kurz zu.‹ Schon geht es dem Betreffenden wieder gut.« (ebd., S. 95)

Auch ungewöhnliche Fragen können Patienten zum Lächeln anregen. Die Autoren erwähnen zum Beispiel eine Frage, die sie im Erstgespräch mit therapieerfahrenen Patienten stellen:

»Sie haben bereits einige Erfahrung mit Psychotherapeuten gesammelt, wie müßte ich mich nach Ihrer Meinung verhalten, um eine Behandlung hier zu einem schnellen und kompletten Mißerfolg werden zu lassen?« (ebd., S. 93)

Weiss und Haertel-Weiss betonen aber, daß die Grenze zwischen Humor und Zynismus nicht überschritten werden dürfe. »Der Witz darf nie auf Kosten des Patienten gehen. Therapeut und Patient sollten, bildhaft gesprochen, Seite an Seite amüsiert einen bestimmten Aspekt betrachten.« (ebd., S. 96)

Bei den systemischen Therapieansätzen spielen paradoxe Interventionen eine wichtige Rolle (vgl. Kern 1994; Loriedo & Vella 1993; Watzlawick et al. 1974; Weeks & L'Abate 1985). Zu den paradoxen Methoden gehört das *Umdeuten* von Situationen. Nach Watzlawick et al. (1974, S. 118) besteht eine Umdeutung darin, »den begrifflichen und gefühlsmäßigen Rahmen, in dem eine Sachlage erlebt und beurteilt wird, durch einen anderen zu ersetzen, der den ›Tatsachen‹ der Situation ebenso gut oder sogar besser gerecht wird, und dadurch ihre Gesamtbedeutung ändert«. Eine verwandte Methode ist das *Umetikettieren*, bei dem die Bezeichnung für eine Person, eine Eigenschaft oder eine Verhaltensweise verändert wird.

»In der paradox orientierten Literatur bedeutet das Umetikettieren fast immer, daß ein schlechtes Etikett mit einem guten vertauscht wird. Der Akzent liegt dabei auf dem Positiven, für bestimmte Absichten Sinnvollen oder auf dem Normalen des Verhaltens.« (Weeks & L'Abate 1985, S. 85)

So kann man zum Beispiel »passiv sein« auch als »die Fähigkeit, Dinge so zu akzeptieren, wie sie sind« und »widerspenstig sein«, als »seinen eigenen Weg im Leben finden« umbenennen (ebd., S. 87).

Bei *Symptomverschreibungen* erhalten einzelne, Paare oder Familien die Aufgabe, ein Symptom oder eine störende Verhaltensweise unter bestimmten Bedingungen willentlich herbeizuführen. Bei der Verschreibung werden oft kleine Variationen eingeführt, so daß sich das verschriebene Verhalten und / oder der Kontext, in dem es auftritt, vom Problemverhalten in bestimmten Aspekten unterscheidet (ebd., S. 90–99). Wenn Symptomverschreibungen wirksam sind, führen sie zu einer *Musterunterbrechung*. Der gleiche Effekt kann auch durch die Anweisung erzielt werden, in bestimmten Situationen ein ungewöhnliches, aus dem Rahmen fallendes oder »verrücktes« Verhalten durchzuführen. Durch diese *Verblüffungsmethode* können eingeschliffene Interaktionsmuster, insbesondere eskalierender Streit unterbrochen werden (vgl. de Shazer 1989, S. 167–178; Madanes 1989, S. 127–137).

Nicht alle paradoxen Interventionen haben einen humorvollen Charakter. Manchmal sind sie nur dann wirksam, wenn sie auf sehr ernste Art vermittelt werden. Nach Weeks und L'Abate (1985, S. 181) können die Reaktionen auf paradoxe Interventionen sehr unterschiedliche Formen annehmen und »sich über die gesamte Bandbreite von Gleichgültigkeit bis hin zu Humor, Verblüffung, Überraschung, Schock, Verwirrung, Ärger, Verleugnung und Verletztheit« erstrecken. Die Autoren betonen aber:

»Die von uns am häufigsten beobachteten Gefühlsreaktionen auf paradoxe Interventionen waren von Humor und Verwirrung geprägt. Beide Reaktionen scheinen anzuzeigen, daß die Intervention ihr Ziel erreicht hat. Wenn die Klienten, die wegen ihres Symptoms zumeist durcheinander oder außer Fassung sind, erst einmal über es lachen, es als absurd betrachten oder etwas Abstand von ihm gewinnen können, so hat es für sie bereits eine neue emotionale Bedeutung gewonnen.« (ebd., S. 181)

Im folgenden werden sprachliches Umdeuten, Symptomverschreibung und die Verblüffungsmethode anhand von Beispielen erläutert. Madanes (1989, S. 119 f.) schildert die humoristische Neudefinition eines Familienproblems. Ein alkoholabhängiger junger Mann weigerte sich, einen festen Job anzunehmen; er lebte bei seinen pensionierten Eltern, die sich ständig mit ihm beschäftigten und an ihm herumnörgelten. Der Therapeut, der die Gespräche mit der Familie führte, widersprach der negativen Einschätzung des Sohnes durch die Eltern:

»Der Therapeut sagte, der junge Mann sei kein Rumgammler und er habe eine Karriere, aber seine Karriere sei in unserer Kultur nicht anerkannt oder gesellschaftlich akzeptabel. Seine Karriere bestünde darin, seine Eltern zu unterhalten, ihnen etwas zu tun zu geben und ihre Aufmerksamkeit auf ihn zu leiten, statt aufeinander herumzuhacken. War er gerade wieder auf einer Sauftour? War er mit dem Gesetz in Konflikt gekommen? Hatte er eine Arbeit gefunden und sie wieder verloren? All diese Sorgen trugen zur Unterhaltung der Eltern bei und hielten seine Beziehung zu ihnen aufrecht. Er war wie der Animateur auf einer Kreuzfahrt, der die alten Leute bei Laune hielt, und er sollte für seine Arbeit eigentlich Lohn erhalten statt nur Kritik.« (ebd., S. 119)

Wie die Autorin berichtet, half diese Neudefinition sowohl dem Sohn als auch dessen Eltern, sich aus dem alten destruktiven Interaktionsmuster zu lösen; das Verhalten des jungen Mannes besserte sich und die Eltern machten zum ersten Mal seit Jahren gemeinsam Urlaub.

Weeks und L'Abate (1985, S. 94) geben ein Beispiel für eine Symptomverschreibung, durch die die Beziehung zwischen Mutter und Sohn in der Problemsituation verändert wurde:

»In einer Familie wurde von einem dreizehnjährigen Jungen verlangt, daß er sein Zimmer einmal im Monat gründlich putze. Er machte diese Arbeit jeweils recht schlampig, leugnete dies aber und war wütend und erzürnt darüber, daß seine Mutter ihn ein Lügenmaul nannte. Diese Verhaltensabfolge wurde ihnen verschrieben, allerdings mit einer wichtigen Abänderung. Der Junge wurde beauftragt, sein Zimmer zu putzen, aber einen Teil dreckig zu lassen, den er leicht reinigen könnte, wenn seine Mutter ihn bei seiner Schlamperei ›erwischen‹ würde. Die Mutter wurde angewiesen, eine Inspektion im militärischen Stil durchzuführen und nach der Inspektion zu erraten, was der Junge nicht ordentlich geputzt hatte. Dem Jungen war gesagt worden, er solle es ihr so schwer wie möglich machen, indem er irgend etwas ungeputzt ließe, das sie womöglich nie erraten würde, etwa ein wenig Schmutz in einer Ecke oder ein ungenau eingeordnetes Buch im Regal. Er wurde beauftragt, es abzustreiten, falls seine Mutter doch das Richtige erraten sollte, und ihr zu sagen, etwas anderes sei ihm aufgetragen worden, nicht zu putzen. Mit dem Einbau der Leugnung in diese Situation verschreibt der Therapeut das, was sich ohnehin abspielt, und umgeht auf diese Weise einen Machtkampf. Der Junge kann gewinnen oder sich als der Überlegene fühlen, sobald er sein Zimmer gründlich reinigt und etwas schwer Entdeckbares ungeputzt läßt.« Die Autoren erwähnen nicht, wie die Beteiligten auf die neue Situation reagierten; man kann aber vermuten, daß aus dem verbissenen Machtkampf nun eine lustige Szene wurde.

Manchmal führt die überraschende Unterbrechung eines alten Musters dazu, daß sich die Anspannung in einer kritischen Situation durch Lachen auflöst. Diese Wirkung der *Verblüffungsmethode* zeigte sich bei einer Paartherapie, über die Steve de Shazer (1992, S. 132–141) berichtet. Die Therapie wurde in einem Institut für Kurztherapie durchgeführt, wobei die Sitzungen von einem Team hinter einem Einwegspiegel beobachtet wurden. Das Ehepaar Harper war vor kurzem umgezogen, da sich die Tendenz des Mannes zur Gewalttätigkeit in der Nachbarschaft herumgesprochen hatte. Streitigkeiten, die zu Gewalttätigkeiten führten, traten häufig auf, wenn Herr Harper von der Arbeit nach Hause kam. Er war mit der unzuverlässigen Art der Haushaltsführung seiner Frau unzufrieden, und aus kleinen Anlässen entwickelte sich oft ein eskalierender Streit. In der Therapie wurde das Streitmuster genau untersucht. Es gab aber auch Hinweise auf positive Ressourcen des Ehepaares:

»Sie beschrieben ihren Umzug in die Großstadt mit einer Menge Humor, womit sie die Schwierigkeiten, die sie dabei erlebt hatten, relativierten. Sie erzählten auch, wie sie einander Streiche gespielt hatten, was ihnen beiden offenbar großen Spaß gemacht hatte.« (ebd., S. 133)

Das Team entschloß sich bei der Beratung des Falles, den Sinn für Humor, den das Ehepaar gezeigt hatte, für die Lösung der Probleme zu nutzen. Beide erhielten zum Ende der ersten Sitzung vorbereitete Zettel mit Notizen, die sie vor dem Partner geheimhalten sollten:

»1. Herr Harper wurde instruiert, er solle, wenn er bei der Rückkehr von der Arbeit auch nur im geringsten wütend wäre, durch die Hintertür ins Haus kommen oder rückwärts durch die Haustür kommen.

2. Frau Harper wurde gebeten, einen bestimmten Zeitpunkt für das Abendessen festzulegen, ganz gleich, was sie glaubte, welche Zeit

ihrem Mann jeweils recht wäre. Außerdem wurde sie gebeten, wenn sie auch nur im geringsten wütend wäre oder wenn sie glaube, wütend zu sein, entweder in der Küche oder im Badezimmer auf ihn zu warten statt an der Eingangstür.« (ebd., S. 135 f.)

In der zweiten Sitzung zeigte sich, daß die Intervention die erwartete Wirkung hatte:

»Als Herr Harper ein wenig früher, als von Frau Harper erwartet, rückwärts durch die Haustür ins Haus kam, bekam seine Frau einen Lachanfall, der bald auch auf ihn übergriff.« (ebd., S. 136)

Der Therapeut fragte das Ehepaar, ob ihnen in der vergangenen Woche weitere »verrückte Ideen« eingefallen seien, was beide bejahten. Daraufhin bat er sie, diese Streiche für sich zu behalten und sie in kritischen Situationen in die Tat umzusetzen. Im Verlauf dieses Falles wurden noch weitere Methoden angewandt, um dem Ehepaar dabei zu helfen, bei Konfliktgesprächen bestimmte Regeln einzuhalten. Entscheidend für den positiven Verlauf der Therapie war aber sicherlich, daß der Konflikt durch das Befolgen der scheinbar absurden therapeutischen Anweisungen eine humoristische Note erhielt. Es gibt auch Fälle, bei denen die Verschreibung eines ungewöhnlichen Verhaltens zu bedeutsamen Veränderungen führte, obwohl es niemals ausgeführt wurde (vgl. Madanes 1989, S. 129; Watzlawick et al. 1974, S. 156 f.). In diesen Fällen reichte anscheinend bereits der Gedanke an das veränderte Verhaltensmuster aus, um einen Wandel herbeizuführen. Weitere Beispiele für Symptomverschreibungen und andere ungewöhnliche Verhaltensverschreibungen und ihre Auswirkungen findet man unter anderem bei Haley (1978), Watzlawick et al. (1974), Weeks & L'Abate (1985) und de Shazer (1989).

Wichtige therapeutische Botschaften können manchmal besonders wirksam in Form eines *Witzes* oder einer *Anekdote* vermittelt werden. Wenn ein Familienmitglied Schwierigkeiten hat, etwas Unangenehmes direkt zu sagen, kann der Therapeut zum Beispiel die Geschichte von dem freundlichen Mann erzählen, der einen Hund kaufte. Ihm wurde gesagt, daß der Schwanz des Hundes gestutzt werden müsse. Da er aber so rücksichtsvoll war, wollte er dem Tier nicht wehtun, indem er ihm den Schwanz auf einmal abschnitt. Statt dessen schnitt er in den nächsten zwei Wochen jeweils eine Scheibe ab (Furman & Ahola 1988, S. 6). Weitere Beispiele für Witze oder Anekdoten, die therapeutische Botschaften enthalten, findet man bei Madanes

(1989, S. 117–138) und in Watzlawicks *Anleitung zum Unglücklichsein* (1983).

Zusammenfassend charakterisiert Madanes (1989, S. 137 f.) den Umgang des Therapeuten mit Humor folgendermaßen:

»Zu der humorvollen Intervention in der Therapie gehört auch ein Element der Überraschung und des Unerwarteten. Eine humorvolle neue Definition, Erklärung oder Anweisung überrascht die Familie in einer Weise, die der Intervention Stärke, Dramatik und Wirkung verleiht. Der Humor gestattet es der Kreativität des Therapeuten häufig, der Kreativität des Symptoms ebenbürtig zu sein. Um Wirkung zu erzielen, muß ein Therapeut die Fähigkeit haben, Spott zu ertragen, absurd zu erscheinen und eventuell das Gesicht zu verlieren, da das Lachen sich manchmal in unerwarteter Weise gegen den Therapeuten wendet. Humor sollte jedoch nicht mit Sarkasmus verwechselt werden. Es ist therapeutisch, *mit* dem Klienten zu lachen, aber nicht *über* den Klienten.«

5.10 Transaktionsanalyse

> *Der Mensch ist freier als alle Tiere, aber die Lebensanweisungen und die darin vorgeschriebenen Spiele machen auch ihn zum Opfer eines gewaltigen Scherzes der Kräfte der Evolution, denen niemand entrinnen kann. Trotz unserer Anstrengungen und der Illusion, wir seien uns unser selbst bewußt, sind wir nicht besser dran als ein Dichter, der mit aufwärts gerichtetem Blick und ausgestreckten Armen auf einen Regenbogen zuläuft und dabei auf einer Bananenschale oder etwas Ähnlichem ausrutscht.*
>
> Eric Berne (1974)

Die Transaktionsanalyse wurde von dem amerikanischen Psychiater Eric Berne (1910–1970) in den fünfziger Jahren entwickelt. Zur Transaktionsanalyse gehören die Strukturanalyse, die Analyse zwischenmenschlicher Transaktionen, die Analyse von Psychospielen und die

Analyse des Lebensplans. Berne (1975, S. 24 ff.) unterscheidet bei der Strukturanalyse zwischen verschiedenen Ich-Zuständen, die er *Eltern-Ich*, *Erwachsenen-Ich* und *Kindheits-Ich* nennt. Im Eltern-Ich-Zustand »fühlt, denkt, handelt, spricht und reagiert der Mensch ebenso, wie seine Eltern das getan haben, als er selbst noch klein war« (ebd., S. 24). Im Erwachsenen-Ich-Zustand schätzt ein Mensch seine Umwelt objektiv ein und wertet seine bisherigen Erfahrungen aus. Unter dem Einfluß des Kindheits-Ichs fühlt, denkt und handelt ein Mensch so, wie er dies als Kind in einem bestimmten Alter getan hat. Die Begriffe Eltern-Ich und Kindheits-Ich werden noch weiter differenziert, indem zwischen dem *fürsorglichen* und dem *kontrollierenden Eltern-Ich* sowie zwischen dem *natürlichen*, dem *angepaßten* und dem *rebellischen Kindheits-Ich* unterschieden wird (ebd., S. 24 f.).

Die Interaktionen von Menschen werden als *Transaktionen* zwischen den verschiedenen Ich-Zuständen der beteiligten Personen aufgefaßt (ebd., S. 26–33). Wenn zum Beispiel ein Ehemann seine Frau belehrt und sie seine Vorschläge trotzig ablehnt, würde dies als Transaktion zwischen dem kontrollierenden Eltern-Ich des Mannes und dem rebellischen Kindheits-Ich der Frau bezeichnet. Berne nimmt weiterhin an, daß das menschliche Verhalten durch einen vorbewußten *Lebensplan* bzw. ein *Skript* gesteuert wird, das auf Entscheidungen in der frühen Kindheit beruht (ebd., S. 41–65). Durch das Bewußtmachen von Transaktions- und Skriptmustern und darauf beruhenden destruktiven *Spielen* sollen *Neuentscheidungen* ermöglicht werden. Therapeuten und Patienten schließen häufig Verträge darüber, welche Veränderungen der Patient in einem bestimmten Zeitraum durchführen wird. Methoden der Transaktionsanalyse werden häufig mit gestalttherapeutischen Interventionen kombiniert (Petzold 1975; Goulding & Goulding 1981; Grawe et al. 1994, S. 155–159).

Berne (1975, S. 280 f.) unterscheidet verschiedene Arten des Lachens, die mit unterschiedlichen Ich-Zuständen zusammenhängen (vgl. Schlegel 1993, S. 204 f.):

1. Das spontane Lachen des Kindheits-Ich über eine belustigende Begebenheit, bei der niemand zu Schaden kommt;
2. das Lachen des Kindheits-Ich, das einem anderen einen Streich spielt oder ihn hereinlegen möchte;
3. das Lachen des Erwachsenen-Ich über eine persönlich bedeutsame Einsicht;

4. der *Galgenhumor* wird als »das stillvergnügte Erwachsenen-Ich-Lächeln eines wehmütigen Humors« interpretiert (Berne 1975, S. 280);
5. das wohlwollende Lachen des Eltern-Ich, das bestimmte Verhaltensweisen ermutigt;
6. das spöttische und bösartige Lachen des Eltern-Ich über Fehler und Mißerfolge des Kindes.

Nicht alle Arten des Lachens werden in der Transaktionsanalyse gefördert. Steiner (1982, S. 289) hält Transaktionen auf der Ebene *Lust* von Kindheits-Ich zu Kindheits-Ich in Gruppentherapien für hilfreich:

»Nach meiner Erfahrung läßt sich die Arbeit beschleunigen, wenn ich in der Gruppe die Ebene ›Lust‹ zulasse. Wenn ich ›Lust‹ zulasse, dann macht mir meine Arbeit als Therapeut mehr Spaß, und ein zufriedener (und zuweilen auch witziger) Therapeut wird seltener krank und depressiv als ein Therapeut, der in seiner Arbeit nur ernst und humorlos ist.«

Therapeuten oder Gruppenmitglieder, die nicht manchmal herzhaft lachen, sollten nach der Ansicht von Steiner überprüfen, ob sie nicht in die *Retter-Rolle* gefallen sind.

Bei *Galgen-Transaktionen* verleitet ein Gruppenmitglied die anderen und eventuell auch den Therapeuten durch den Bericht über selbstschädigende Verhaltensweisen zum Lächeln oder Lachen. Nach Steiners Konzept wird der Galgenhumor nicht wie bei Berne dem Erwachsenen-Ich zugeordnet; das Vergnügen stamme von einem bösartigen Eltern-Ich, das das Kindheits-Ich für selbstzerstörerisches Verhalten belohnt. Um das problematische Verhalten nicht weiterhin durch Streicheleinheiten zu belohnen, sollten solche Verhaltensweisen nicht durch Lächeln oder Lachen verstärkt werden:

»Ein Therapeut, der mit selbstzerstörerischen Klienten arbeitet, muß das Skript-abhängige selbstzerstörerische Verhalten genau identifizieren können; niemals darf er darüber lachen. Wenn man in einer Gruppe erklärt, was eine Galgentransaktion ist (und ihr dadurch einen Riegel vorschiebt), dann sind viele Gruppenmitglieder zunächst einmal verwirrt und betroffen. Und das Kindheits-Ich der angesprochenen Personen reagiert häufig so, als wäre der Therapeut ein Stimmungs-Killer, der auf einer Schummer-Party das Licht anknipst und die Getränke wegräumt. Galgen-Transaktionen aus der therapeutischen Arbeit herauszuhalten, heißt nicht, daß während der Arbeit Lachen verboten ist – sondern lediglich, daß Selbstzerstörung nichts Lustiges ist.« (ebd., S. 291)

Auch in der *Neuentscheidungstherapie*, einer Richtung der Transaktionsanalyse, die Mary und Robert Goulding (1981) entwickelten[11], wird zwischen positiven und negativen Aspekten des Humors unterschieden. Die Autoren schreiben über makabres Lachen und Galgenhumor:

»Destruktive Grundgebote und dazugehörige Entscheidungen kann man am Galgenhumor erkennen. Klienten lachen über Unfälle, wenn sie die Entscheidung ›Ich will mich beinahe umbringen‹ in die Tat umsetzen. Sie lachen über Geldverluste, wenn sie dem destruktiven Grundgebot ›Hab keinen Erfolg‹ gehorchen. Sie lachen darüber, daß sie nicht denken, nicht erwachsen werden, nicht kindlich sind, wenn sie nach entsprechenden Grundgeboten und Entscheidungen leben. Sobald wir makabres Lachen oder gar Galgenhumor vernehmen, sagen wir: ›Das ist für dich nicht lustig.‹ Die meisten Menschen reagieren darauf irritiert und sagen dann, ihr Lachen sei ›bloß Nervosität‹. Wir fordern sie auf, sich klarzumachen, daß sie dieses ›nervöse Lachen‹ nur im Kontext mit bestimmten Lebensproblemen zeigen.« (ebd., S. 118 f.)

Im folgenden Beispiel schildern die Autoren den therapeutischen Umgang mit einem Lachen, das ihrer Ansicht nach die Probleme des Klienten verstärkt:

»In einem Marathon[12] mit seinen Kollegen erzählte ein junger Geschäftsmann die Geschichte, wie er sein Motorboot zu Schrott fuhr, weil er einer Frau nachschaute, deren Bikini-Oberteil heruntergerutscht war. Viele Teilnehmer lachten. Mary sagte: ›Es ist nicht komisch, wenn du dein Boot zu Schrott fährst.‹ Seine Kollegen erinnerten ihn daran, daß er gerne und häufig solche Geschichten erzählte, die darauf hinausliefen, daß er zum Schaden auch noch den

---

[11] Im Gegensatz zu den theoretischen Ansichten von Berne (1974, 1975) (vgl. das Zitat von Berne am Anfang des Abschnittes über Transaktionsanalyse), betrachten Goulding und Goulding (1981) Menschen nicht als Opfer, die in der Regel einem vorprogrammierten Lebensplan folgen, sondern sie schreiben ihnen die Verantwortung für die bisherigen Entscheidungen und die Fähigkeit, neue Entscheidungen zu treffen, zu.

[12] Als *Marathon* bezeichnet man gewöhnlich ein gruppentherapeutisches Setting, das sich über mehrere Tage erstreckt und nur durch die Nachtruhe unterbrochen wird.

Spott hatte. Er weigerte sich, irgend etwas dabei zu finden, und betonte, daß seine Geschichte ›ohne jede Bedeutung‹ sei. Bob forderte ihn zu einem Experiment auf: ›Erzähle dir oder anderen in den nächsten vier Wochen keine Geschichten, in denen du dich über dich lustig machst, weil du dir Schaden zugefügt hast, und laß uns dann das Ergebnis wissen.‹ Nach sechs Monaten schrieb er: ›Ich glaube immer noch, daß die Art und Weise meiner Witze ohne jede Bedeutung ist, aber die alten Witze gefallen mir nicht mehr. Obwohl ich glaube, daß es psychologisch gesehen unwichtig ist, möchte ich doch berichten, daß ich fröhlicher war als je zuvor, und ich habe auch keine Unfälle oder Schwierigkeiten gehabt, über die man Witze machen könnte!‹« (ebd., S. 118)

Humorvolle Interventionen spielen auch bei dem Ansatz der Gouldings eine wichtige Rolle, wie das folgende Gespräch zwischen Robert Goulding (Bob) und einem Workshopteilnehmer zeigt:

»PSYCHIATER: Ich denke, ich könnte vielleicht …

BOB: Denke, könnte, vielleicht (Bob betont die ausweichenden Formulierungen).

PSYCHIATER (lacht): Ich möchte nicht mehr Sachen auf die lange Bank schieben. (Als Beispiel erwähnt er, daß er eine zur Veröffentlichung bestimmte Arbeit vor sich herschiebt.)

BOB: Wenn du nichts schreibst, was sagst du dir dann selber?

PSYCHIATER: Ich beschimpfe mich natürlich. Ich bin traurig und wütend auf mich und habe Schuldgefühle, weil ich das Schreiben aufgeschoben habe. […]

BOB: Bist du bereit, zuerst deine schlechten Gefühle aufzugeben und mit den Selbstvorwürfen aufzuhören? (Der Psychiater und die anderen Teilnehmer lachen.)

PSYCHIATER: Ja.

BOB: Gut. Bist du bereit, jedes Mal, wenn du dich fertigmachst und beschimpfst, weil du diese Arbeit nicht erledigt hast, umzuschalten und statt dessen eine sexuelle Phantasie zu haben? (Wieder lachen Patient und Zuhörer).« (ebd., S. 96 f.)

Die Aufgabe, die Bob Goulding vorschlägt, wirkt verblüffend und komisch, da auf ein unerwünschtes Verhalten (Aufschieben der Arbeit) nicht eine negative Konsequenz (Selbstbeschimpfung und Schuldgefühle), sondern etwas scheinbar ganz Unpassendes, eine sexuelle Phantasie, folgen soll. Wahrscheinlich kann aber gerade durch diese aus dem üblichen Rahmen fallende Aufgabe der Teufelskreis von Aufschieben, Selbstabwertung und negativen Gefühlen wirksam unterbrochen werden.

Kottwitz (1981) beschreibt verschiedene Möglichkeiten des Umgangs mit Widerständen in der Transaktionsanalyse. Im Rahmen einer Gruppentherapie kann die folgende Methode zur Überwindung der Widerstände angewendet werden: Patienten werden aufgefordert, bewußt die alte Rolle (zum Beispiel das hilflose kleine Mädchen) mit etwas Übertreibung vorzuspielen und zu demonstrieren, wie sie sich dadurch Vorteile verschaffen. »Die für die Vergangenheit guten Intentionen dieser Rolle werden dabei häufig auf humorvolle Weise durchsichtig, und gleichzeitig wird ihre Absurdität in der Gegenwart erkennbar« (ebd., S. 334). Da die anderen Gruppenmitglieder nun die Tricks kennen, auf die sie hereinfallen könnten, ist die Gefahr nicht mehr so groß, daß die alten Spiele unreflektiert fortgesetzt werden.

5.11 Die Kreative Aggressionstherapie

Voreilig

Ein Mensch in seinem ersten Zorn
Wirft leicht die Flinte in das Korn,
Und wenn ihm dann der Zorn verfliegt,
Die Flinte wo im Korne liegt.
Der Mensch bedarf dann mancher Finte
Zu kriegen eine neue Flinte.

Eugen Roth

Der deutsch-amerikanische Psychologe George Bach (geb. 1914) war ein Schüler des Gruppendynamikers Kurt Lewin, bevor er engen Kontakt zu Gregory Bateson, dem Begründer der Palo Alto-Gruppe, aufnahm. Bach selbst ist einer der Pioniere der Gruppentherapie (vgl. Bach 1954). Auf ihn geht auch das Konzept der *Marathon-Gruppenwochenenden* zurück (vgl. Bach 1985, S. 16). Schon am Anfang seiner Berufskarriere hatte Bach die krankmachenden Aspekte von abgewehrter Aggressivität entdeckt. Er arbeitete in dieser Zeit mit Vorschulkindern aus angepaßten Mittelstandsfamilien. Dabei fiel ihm auf, daß die um gesellschaftliche Unauffälligkeit und erzieherische Effizienz bemühten Eltern dieser Kinder ungewollt »verrücktmachende« Wirkungen ausübten (vgl. Bach & Goldberg 1993; Bach & Torbet 1991). Solche Eltern vermitteln Schuldgefühle, die zu einem anhaltend schlechten Gewissen führen. Als ewiger »Quälgeist« wird dieses schlechte Gewissen zu einem »bösen Ich«, das gerade solche Affekte in Schach hält, die für eine gesunde Selbstbehauptung notwendig sind. George Bach erklärt den entsprechenden *Modus operandi* so:

> »Wenn wir uns selbst schlecht machen, dann kommen wir anderen zuvor, denn wir verletzen uns selbst, bevor andere uns verletzen können. Indem wir uns gegen uns selbst wenden, können wir unser schlechtes Gewissen erleichtern. Wir tun Buße, weil wir gegen den Willen unserer Eltern gehandelt haben, weil wir nicht die sind, die sie sich erhofft und gewünscht hatten, und auch, weil wir vielleicht das erreicht haben, was man uns nie zugetraut hätte. Indem wir unser Ziel nicht erreichen, beweisen wir, wovor wir uns immer gefürchtet haben, nämlich, daß sie recht hatten. Indem wir uns selbst bestrafen, vermeiden wir, daß wir möglicherweise von außen bestraft werden.« (Bach & Goldberg 1993, S. 105)

In der Folge entwickelte Bach eine gruppenbezogene Therapieform, die er als *Kreative Aggressionstherapie* bezeichnet. Sie zielt darauf ab, eben jene Ursachen von Selbsthaß aufzudecken, die in den Schuld- und Schamgefühlen begründet sind, die vom »bösen Ich« ausgehen. Mit Hilfe bestimmter Aggressionsübungen soll der krankmachende Selbsthaß aufgelöst werden, so daß allmählich *Selbstachtung* entstehen kann. Im folgenden sind einige Beispiele angeführt:

Die »Virginia-Woolf«-Übung

In Anlehnung an das Stück von Edward Albee *Wer hat Angst vor Virginia Woolf?* sollen sich die Beteiligten auf ein Streitgespräch einlassen, das auch die absurdesten Übertreibungen beinhalten darf und von sarkastischen Grimassen oder drohenden Bewegungen unterstützt wird. Dabei gelten die folgenden Regeln:

1. Beiderseitiges Einverständnis mit der Durchführung.
2. Eine Abmachung darüber, daß keinerlei körperliche Gewalt angewendet wird.

3. Das Versprechen, diesen Austausch als »inoffiziell« zu betrachten. Das heißt, man darf nichts von dem Gesagten wörtlich nehmen, denn gerade, daß es dabei zu den absurdesten, grausamsten und bösartigsten Ausbrüchen kommt, kennzeichnet ein gelungenes »Virginia-Woolf«-Ritual.
4. Eine vorher festgelegte Zeitbegrenzung, auf etwa zwei Minuten, die von beiden Seiten respektiert wird und nach der das Ritual zu Ende ist. (Bach & Goldberg 1993, S. 109)

George Bach schreibt, daß die Nachwirkungen dieses Rituals von den Teilnehmern durchwegs als »wohltuend« empfunden werden:

> »Sie fühlen sich wie ›gereinigt‹ und enger als vorher mit der Person verbunden, die sie gerade beleidigt haben. Dieses Ritual hat sich auch in solchen Fällen bewährt, in denen eine Entfremdung zwischen zwei Partnern eingetreten war und sie nicht mehr die Möglichkeit fanden, miteinander zu reden, oder, wenn es doch einmal dazu kam, sie sogleich beide so gereizt wurden, daß sie sich nach kurzer Zeit nur noch anschreien konnten.« (ebd., S. 206)

Der Bataca-Kampf

Der Bataca-Kampf ist ein Ritual, das dazu dient, Ärger auf körperlichem Wege loszuwerden. Die Bataca-Schläger sind mit Stoff bezogen und haben eine Füllung aus weichem, nachgebendem Material. Das erlaubt den Kämpfern, ungehemmt aufeinander loszuschlagen. Man kann kaum stärker verletzt werden als bei einer Kissenschlacht. Auch in diesem Falle gilt ein gegenseitiges Einverständnis als Voraussetzung. Ferner sollte abgeklärt werden, inwieweit bestimmte Körperzonen aus dem Kampfbereich auszuschließen sind, etwa das Gesicht und der Genitalbereich. Außerdem sollten sich die Beteiligten auf eine Ruhezone einigen, in die sie sich flüchten können, wenn eine kurze Verschnaufpause benötigt wird. Schließlich soll auch eine Zeitbegrenzung vereinbart werden, die erfahrungsgemäß bei einer bis zu zwei Minuten liegt. Sobald das Zeichen gegeben wird, fangen die Kämpfer an, aufeinander loszuschlagen. Die Teilnehmer können vorher vereinbaren, daß sie ihre Schläge mit beleidigenden Reden begleiten wollen. George Bach schreibt:

> »Besonders Menschen, denen es schwer fällt, sich mit Worten auszudrücken und dadurch die Spannung, unter der sie leiden, zu lösen, bietet der Bataca-Kampf eine Möglichkeit, sich auf körper-

lichem Wege gefahrlos von ihrem aufgestauten Ärger zu befreien. Es ist ein zugleich spielerisches und befriedigendes Ritual, das vielen Menschen Erleichterung verschafft, die physische Aggression normalerweise völlig ablehnen oder fürchten.« (ebd., S. 223)

Standpauke mit Wiedergutmachung

Bei dieser Übung nimmt der Akteur die Rolle des *Anklägers* ein. Er bezieht sich dabei auf Kränkungen und Beleidigungen, die als besonders schwerwiegend empfunden wurden. Die *Standpauke* kann entweder gegenüber dem wirklichen Beleidiger zum Ausdruck gebracht werden oder gegenüber einer Person, die dessen Rolle spielt. Voraussetzung ist wiederum das beiderseitige Einverständnis der Durchführung. Auch in diesem Fall wird die Zeitdauer auf etwa eine Minute begrenzt. Der *Beleidiger* hört sich für die Dauer der angesetzten Zeit schweigend die Anklage an. Das heißt, er darf sich nicht rechtfertigen oder mit eigenen Vorwürfen reagieren. Nach Beendigung der Standpauke kann der *Beleidiger* ein Wiedergutmachungs-Ritual beantragen. Dabei wird eine bestimmte Buße auferlegt, die vom *Ankläger* festgesetzt wird und die vom *Beleidiger* akzeptiert werden muß. Sobald der *Ankläger* diese Buße angenommen hat, ist klargestellt, daß er die Kränkung als vergessen betrachtet und verziehen hat (ebd., S. 224).

Das sind nur einige der Übungen, die in der Kreativen Aggressionstherapie Verwendung finden. Im Prinzip geht es dabei stets um die Einübung von (aggressiven) Verhaltensweisen, die in einer »guten« Erziehung unterdrückt wurden. Dazu gehört auch ein besonderer Kommunikationsstil, der die Verwendung von »Kraftausdrücken« einbezieht. Diese Gossensprache zu verwenden fällt vielen aggressionsgehemmten Menschen erfahrungsgemäß schwer[13]. Aber diese Sprache ist nicht nur die der Aggression, sondern auch die des deftigen Humors.[14] Wir zitieren im folgenden den Auszug aus einem »Virginia-Woolf«-Ritual, in welchem der Akteur seinen jüngeren Bruder mit den folgenden Worten angriff:

»Du passives Stück Scheiße, wohnst immer noch zuhause und

[13] Vgl. dazu auch 5.7.
[14] Daher bedienen sich die Vertreter einer humorbezogenen Psychotherapie, wie etwa Albert Ellis (vgl. 5.8) und Frank Farrelly (vgl. 5.7), solcher »Kraftausdrücke« (vgl. Titze 1987).

nutzt Mutter und Vater aus, weil du meinst, jeder müßte Mitleid mit dir haben und sich um dich kümmern. Wann willst du denn mal ein Mann werden? Statt herumzusitzen, such dir lieber einen Job oder wenigstens ein Mädchen und sitz nicht ewig vor dem Fernsehapparat und stopf nicht den ganzen Tag Süßigkeiten in dich hinein. Kein Wunder, daß du dauernd müde bist. Dein Hirn verfault ja langsam – laß es mal ein bißchen durchlüften.«

Sein Bruder gab ihm zur Antwort:

»Du aufgeblasener Angeber mit deiner Weste und den Scheißschlipsen und weißen Hemden. Du glaubst, du bist der Größte, nur weil du dir in Beverly Hills als Rechtsanwalt einen Namen gemacht hast. Ich dachte, du wolltest den Leuten in den Slums und Ghettos helfen; statt dessen hast du dich auf die Seite der reichen Stinker geschlagen. Du Rebell, du. Du Idealist. Ja, ein schöner Idealist bist du mir. Ein Scheißkerl mit der schnellsten Zunge im ganzen Westen!« (Bach & Goldberg 1993, S. 223)

George Bach schreibt dazu:

»Unmittelbar nach diesem doppelten Ausbruch, bei dem beide rote Köpfe bekommen und aus voller Kehle geschrien hatten, trat ein Moment der Stille ein. Dann ertönte das spontane Gelächter aus der Gruppe, in das die beiden sogleich einstimmten. Beide empfanden ein Nachlassen der zwischen ihnen bestehenden Spannung. Sie hatten einiges ›Unaussprechliche‹ ausgesprochen, waren heil daraus hervorgegangen und konnten nun daran denken, vernünftig und ohne Zorn miteinander zu sprechen.« (ebd., S. 224)

Hier wird der Zusammenhang zwischen »ordinärer« Aggressionsäußerung, ungehemmter Lebensfreude und einem befreiten Lachen deutlich.

George Bach will die bedenkenlose Lebensfreude zu einem integrierten Bestandteil der Psychotherapie machen. Er geht davon aus, daß die »Psychotherapie der Zukunft« zunehmend Gebrauch machen wird »von spielerischen und humorvollen Wechselwirkungen zwischen dem früher ›todernsten‹ Therapeuten und dem Klienten, besonders in der Gruppentherapie« (Bach 1985, S. 19). Ausdrücklich weist er darauf hin, daß er deftigen Humor in einer spielerischen Weise bei besonders schwer deprimierten Klienten mit gutem Erfolg angewandt hat. Und er fährt fort: »Ein Patient, besonders in schwerer Depression, der fähig ist, über seine Krisensituation nicht nur zu weinen, sondern auch zu lachen, hat in meiner Erfahrung eine günstige Prognose. Also weg mit der ernsten, leidvollen Miene des traditionellen Therapeuten! Spielen und lachen sollten ihm auch selbst gut tun« (ebd., S. 20).

5.12 Allgemeine Überlegungen zu Humor und Lachen in der Psychotherapie

> *Man hatte einen Elefanten zur Ausstellung bei Nacht in einen dunklen Raum gebracht. Die Menschen strömten in Scharen herbei. Da es dunkel war, konnten die Besucher den Elefanten nicht sehen, und so versuchten sie, seine Gestalt durch Betasten zu erfassen. Da der Elefant groß war, konnte jeder Besucher nur einen Teil des Tieres greifen und es nach seinem Tastbefund beschreiben. Einer der Besucher, der ein Bein des Elefanten erwischt hatte, erklärte, daß der Elefant wie eine starke Säule sei; ein zweiter, der die Stoßzähne berührte, beschrieb den Elefanten als spitzen Gegenstand; ein dritter, der das Ohr des Tieres ergriff, meinte, er sei einem Fächer nicht unähnlich; der vierte, der über den Rücken des Elefanten strich, behauptete, daß der Elefant so gerade und flach sei wie eine Liege.*
>
> Mowlana (persischer Dichter)

Die verschiedenen Therapieansätze betonen unterschiedliche Aspekte des psychotherapeutischen Prozesses. In dieser Arbeit untersuchen wir in bewußter Einseitigkeit die Bedeutung von Humor, Heiterkeit und Lachen in der Psychotherapie. Bei der Sichtung der Literatur zu diesem Themenbereich für die verschiedenen Therapieformen waren wir überrascht, wie viele Autoren Beobachtungen und theoretische Überlegungen zum Thema Humor beigetragen haben. Da Humor offenbar im Rahmen ganz unterschiedlicher psychotherapeutischer Systeme eingesetzt werden kann, könnte es sich um einen *allgemeinen Wirkfaktor* der Psychotherapie handeln.

In diesem Abschnitt sollen zunächst verschiedene Möglichkeiten der Klassifikation von humoristischen Interventionen besprochen werden. Anschließend werden wir den Stand der Forschung über die Auswirkungen von Humor in der Psychotherapie referieren. Da es zu diesem Thema aber leider nur ganz wenig zu referieren gibt, hoffen wir, daß sich die Forschung mit diesem noch kaum bestellten, aber möglicherweise fruchtbaren Feld intensiver beschäftigen wird.

Im Abschnitt über systemische Therapieformen (vgl. 5.9) wurden bereits verschiedene Möglichkeiten der Klassifikation von humorvollen therapeutischen Interventionen besprochen.

Salameh (1986, S. 166) nennt vier grundlegende Techniken, um humoristische Wirkungen zu erzielen, nämlich *Übertreibung*, *Inkongruenz*, *Untertreibung* und *Umkehrung* bzw. *Paradoxie*. Der Autor stellt dann zwölf verschiedene therapeutische Humortechniken dar (ebd., S. 167 f.):

Therapeutische Humortechniken:

Humortechnik	Definition	Fallbeispiel
Überraschung	Belanglose Vorfälle werden überraschend thematisiert, um therapeutische Botschaften zu übermitteln.	Preßlufthammergeräusche vor dem Praxisgebäude. Ein Klient spricht gerade von seiner dominanten Chefin. Therapeut: »Ihre Chefin spricht gerade *jetzt* zu Ihnen!«
Maßlosigkeit	Offensichtliche Übertreibung/Untertreibung im Hinblick auf Größe, Proportion, Zeit, Anzahl, Art und Qualität von Gefühlen und Verhaltensweisen.	Therapeut zu einem Klienten, der sein desolates Eheleben romantisch verklärt, während er sich gleichzeitig weigert, konstruktive Konsequenzen in Betracht zu ziehen: »Ich könnte Ihnen schon helfen. Aber ich denke, das würde Ihnen sowieso nichts bringen. Sie wissen ja:

Humortechnik	Definition	Fallbeispiel
		Märtyrer kommen *immer* in den Himmel!« Ein Therapeut erklärt einem zwanghaften Elternpaar während einer familientherapeutischen Sitzung: »Ich verkenne durchaus nicht Ihre erzieherischen Leistungen. Insbesondere bewundere ich, wie tadellos Sie in Ihrer Familie für Zucht und Ordnung sorgen. Allerdings muß ich gestehen, einige Lebensbereiche zu kennen, in denen die Disziplin noch weiter vorangetrieben wurde. Ich denke da zum Beispiel an die Strafkolonie auf der Teufelsinsel. Oder an das Wachsfigurenkabinett. Oder an den Wachwechsel vor dem Buckingham-Palast. Oder auch an ein Interview mit der englischen Königin-Mutter.«
Absurdität	Alles, was albern, unlogisch, unsinnig, verrückt, irrational oder verdreht ist.	Ein junger Geschäftsmann verbringt außergewöhnlich viel Zeit im Büro oder auf Reisen. Er erwähnt, seine Frau habe sich über sein zunehmendes Desinteresse an gemeinsamen sexuellen Kontakten beklagt. Darauf der Therapeut: »Maßhalten sollte man nie übertreiben!« Eine streng katholische Klientin mißverstand die Gebote religiösen Lebens insofern, als sie sich ständig

Humortechnik	Definition	Fallbeispiel
		irgendwelcher Vergehen bezichtigte. Zumeist hatte sie diese aber nicht einmal im Ansatz begangen. Der Therapeut erklärte: »Sind Sie sich überhaupt der Tatsache bewußt, daß Sie, als verheiratete Frau, exkommuniziert werden müssen, da Sie wider das *11.* Gebot gesündigt haben?«
Die Conditio humana	Sie bezieht sich auf Lebensumstände, mit denen die meisten Menschen konfrontiert sind. Der Therapeut betrachtet sie aus einem humoristischen Blickwinkel, aus dem heraus ihre Bedeutung relativiert erscheint.	Therapeut zu einer perfektionistischen Klientin, die sich unnötig Sorgen macht, ob sie bei der Offenlegung ihrer Gefühle »total ehrlich« sei: »Wie die Bibel schon sagt, ist es sehr schwierig, durchgehend ehrlich zu sein. Wenn Sie aber eine Ausnahme sein wollen, sollten Sie dann mit dem Umstand, daß Sie eine Schwindlerin sind, nicht wenigstens ehrlich umgehen?«
Inkongruenz (Bisoziation, Paradoxie)	Verknüpfung von zwei gewöhnlich nicht zusammenpassenden Sachverhalten (Ideen, Gefühle, Situationen, Objekte usw.).	Ein negativistischer Klient reagiert auf die Deutungen des Therapeuten gerne mit der Floskel: »Mit diesem Gedankengang hatte ich mich schon längst angefreundet!« Der Therapeut: »Angefreundet ja. Aber Sie sind damit noch nicht ins Bett gegangen!«

Humortechnik	Definition	Fallbeispiel
Konfrontation, Bestätigung	Diese Art von Humor konfrontiert den Klienten mit seinen fehlangepaßten bzw. selbstschädigenden Verhaltensmustern. Gleichzeitig wird das personale Selbstwertgefühl bestärkt, und zwar unter der Annahme, daß ein konfrontativ provokativer Humor (vgl. 5.7) erst dann zur Wirkung kommen sollte, wenn er eine ermutigende Komponente mit einschließt.	Ein Klient wird während einer gruppentherapeutischen Sitzung von anderen Teilnehmern mit seinem Zwangsverhalten (Schnauben durch die Nase) konfrontiert. Dagegen setzt er sich vehement zur Wehr, indem er auf sein biologisches Recht, »klar zu atmen«, verweist. Therapeut: »Wir alle haben gemerkt, daß Sie sehr viel Kraft und Hingabe besitzen. Aber es ist gar nicht nötig, das alles durch die Nase rauszublasen!«
Wortspiel	Verwendung von Doppeldeutigkeiten, Bonmots, Schlagertexten, Anspielungen, gängigen Zitaten und Sprichwörtern zum Zwecke der Übermittlung von therapeutisch relevanten Botschaften.	Therapeut zu einer Klientin, die dazu neigt, sich gerade das vorzuenthalten, was sie eigentlich will: »Sie wissen, daß Oscar Wilde einmal gesagt hat, ich kann allem widerstehen, nur nicht der Versuchung!« Therapeut zu einer Klientin, die angesichts verlockender Lebenssituationen einen Rückzieher macht, weil sie kein Risiko auf sich nehmen möchte: »Wenn ich zwischen zwei Übeln zu wählen habe, ziehe ich grundsätzlich dasjenige vor, das ich noch nicht ausprobiert habe.« Therapeut zu einem Familienvater, der mit seinen aggressiven Kindern nicht zurechtkommt: »Sie können sich entweder durch konsequenten Rückzug

Humortechnik	Definition	Fallbeispiel
		entziehen oder endlich damit beginnen, Ihre Kinder zu erziehen!« »Depression ist nichts anderes als verringerte Toleranz gegenüber euphorischen Gefühlen.« »Der Tod ist die Art und Weise, wie einem die Natur sagt, kürzer zu treten.«
Imitation, Spiegelung	Humorvolles Imitieren von stereotypen Äußerungen des Klienten, die auf fehlangepaßte Verhaltensmuster zurückzuführen sind.	Ein Klient gibt stets dann einen charakteristischen Zischlaut von sich, wenn er über traurige bzw. ihn »verletzende« Sachverhalte spricht. Er vermittelt damit den Eindruck, als ob er diese Gefühle unterdrücken wollte. Der Therapeut macht diesen Zischlaut immer dann nach, wenn die entsprechenden Themen angesprochen werden. Allmählich gelingt es dem Klienten, betreffende Gefühle bewußter zu spüren und in ihrer Bedeutung zu erkennen.
Relativierung	Bestimmte Ereignisse werden relativiert, indem sie in einen erweiterten Bezugsrahmen gestellt werden. Dadurch können sie ihre verabsolutierte Erhabenheit verlieren. Mittels einer Relativierung wird die folgende therapeutische Botschaft mitgeteilt: »Nichts ist so ernst, wie wir befürchten! Auch sind die	Ein Klient berichtet über seinen frustrierenden Kampf mit seinen Gewichtsproblemen, obwohl ihm sein Arzt versichert hatte, er habe nur 2–3 Pfund Übergewicht. Der Therapeut: »Nun, ich habe gleich gemerkt, daß seit der letzten Woche Ihre Nase etwas schlanker geworden ist!«

Humortechnik	Definition	Fallbeispiel
	Dinge nicht so nutzlos, wie wir hoffen« (Jankelevitch 1964).	
Der tragisch-komische »Dreh«	Hier handelt es sich um eine delikate Humortechnik, die beinahe eine chirurgische Präzision erfordert, um die selbstschädigende tragische Energie des Klienten in die heilsame komische Energie zu transformieren. Es beginnt mit einer zeitlich gut abgestimmten (impliziten oder expliziten) Beigesellung der tragischen und komischen Komponenten eines dargestellten Sachverhalts. Das Resultat ist eine synthetisierende Aussöhnung dieser Inkongruenz (3.3), die sich in der Humorreaktion (Lachen) unmittelbar äußert.	Eine Klientin reagiert mit Weinen und depressiver Verstimmtheit auf jegliche Umweltbelastung. Während einer therapeutischen Sitzung fühlt sie sich neuerlich angespannt und weint wieder. Der Therapeut entgegnet: »Ich vermute, Sie versuchen sich jetzt zu entspannen?« Das Weinen der Klientin schlägt sofort um in ein frenetisches Gelächter. »Das ist das, was ich wirklich gut kann: gut weinen!« Der Therapeut: »Vielleicht können Sie sich durch Weinen wirklich gut entspannen!« Die Klientin lacht noch mehr. Der Therapeut fragt sie mit naivem Gesichtsausdruck nach dem Grund. Die Klientin: »Ich denke, daß es neben dem Weinen noch andere Möglichkeiten gibt, meine Gefühle zu zeigen. Das ist es doch, was Sie mir klarmachen wollten?« Hierüber wird im weiteren Verlauf intensiv gesprochen.
Körperhumor	Der Körper als Ganzes oder auch nur bestimmte Körperpartien werden eingesetzt, um nonverbal zu reflektieren, wie bestimmte	Ein Klient macht stets dann eine kennzeichnende Handbewegung, wenn er seiner Enttäuschung über das Verhalten anderer Men-

Humortechnik	Definition	Fallbeispiel
	fehlangepaßte Manierismen auf die Umgebung wirken. Dadurch wird die Löschung derartiger Muster angeregt.	schen Ausdruck verleihen will. Der Therapeut vollführt eben diese Handbewegung immer dann, wenn der Klient mit dem Verhalten des Therapeuten unzufrieden ist.

Salameh (1986, S. 159 f.) weist besonders deutlich auf die Unterschiede zwischen *therapeutischem* und *destruktivem Humor* hin: Durch *destruktiven Humor* macht der Therapeut seinen Gefühlen von Wut und Verärgerung Luft und ist den Auswirkungen dieser Äußerungen beim Patienten gegenüber unsensibel. Dies führt bei Patienten zu Verletztheit und Mißtrauen. Der sarkastische Humor hat einen »bitteren Nachgeschmack«; er beeinträchtigt die therapeutische Beziehung und stört den therapeutischen Prozeß. Im Gegensatz dazu steht der *therapeutische Humor* im Einklang mit den Bedürfnissen des Patienten und fördert eine offene und freimütige therapeutische Beziehung. Er hilft dabei, Probleme aus einer anderen, weniger ernsten Perspektive zu betrachten, und regt den Prozeß der Selbsterkenntnis auf spielerische Art an. Therapeutisch bedeutsame Interventionen werden auf ungewöhnliche Art präsentiert und können wichtige Erkenntnisse erleichtern (vgl. Titze et al. 1994, S. 208 ff.).

Mahrer und Gervaize (1984) befassen sich mit der Bedeutung von lautem, herzhaftem Lachen *(strong laughter)* in der Psychotherapie. Auf der Grundlage dieser Arbeit formulierten Gervaize, Mahrer und Markow (1985) acht therapeutische Methoden, die lautes Lachen bei Patienten fördern:

1. *Angeleitetes interpersonales Risikoverhalten:* Der Therapeut leitet den Patienten an, sich die Ausführung eines riskanten interpersonalen Verhaltens konkret vorzustellen. Dieses Verhalten ist für den Patienten bedrohlich, ungewöhnlich oder untypisch.

2. *Beschreibung eines riskanten Verhaltens des Patienten oder einer anderen Person:* Der Therapeut beschreibt im Detail ein riskantes Verhalten.

3. *Lächerliche Erklärung oder Beschreibung des Patienten:* Erklärun-

gen oder Interpretationen des Therapeuten sind unrealistisch, übertrieben oder absurd.

4. *Instruktion, ein affektgeladenes Verhalten mit erhöhter Intensität durchzuführen:* Der Therapeut gibt die Anweisung, affektiv geladene Verhaltensweisen zu wiederholen und in ihrer Intensität zu steigern.

5. *Stellvertretende Durchführung eines riskanten Verhaltens für den Patienten:* Der Therapeut führt ein riskantes Verhalten stellvertretend für den Patienten aus.

6. *Instruktion zur Darstellung einer anderen Person oder Wesenheit:* Der Patient soll eine andere Person, einen Körperteil oder einen Sachverhalt darstellen.

7. *Deutliche Freude über das Risikoverhalten des Patienten:* Der Therapeut zeigt deutlich seine Freude oder Begeisterung über ein Risikoverhalten des Patienten.

8. *Angeleitetes Risikoverhalten gegenüber dem Therapeuten:* Der Patient wird dazu angeregt, dem Therapeuten gegenüber ein riskantes Verhalten zu zeigen.

Um herauszufinden, ob diese therapeutischen Verhaltensweisen lautes Lachen provozieren, führten Gervaize et al. (1985) die folgende Untersuchung durch: Aus Tonaufnahmen von 280 Therapiesitzungen verschiedener Therapeuten wurden 60 Beispiele für lautes Lachen von Patienten, 30 Beispiele für gemäßigtes Lachen und 30 Beispiele ohne Lachen ausgewählt. Die letzte Therapeutenäußerung vor dem lauten Lachen gehörte in 73 Prozent zu den acht Kategorien, die die Autoren postuliert hatten, bei gemäßigtem Lachen dagegen nur in 10 Prozent und bei Nicht-Lachen in drei Prozent. Auch die zweit- und drittletzte Therapeutenäußerung vor dem lauten Lachen fiel häufig in eine der acht Kategorien.[15]

Lautes Lachen tritt demnach oft unter den folgenden Bedingungen auf: Ein Patient beschäftigt sich mit einem emotional bedeutsamen Thema, zum Beispiel einem blockierten, vermiedenen oder tabuisierten Verhalten. Der Therapeut regt den Patienten dazu an, *riskante* Gefühle und Verhaltensweisen deutlicher zu erleben, sie auszuspre-

---

[15] Leider machen die Autoren keine Angaben darüber, welche therapeutischen Äußerungen in den restlichen 27 Prozent der Fälle das laute Lachen auslösen. Auch die Frage, wodurch gemäßigtes Lachen ausgelöst wird, untersuchen sie nicht.

chen oder im Rollenspiel darzustellen. Die gesteigerte Intensität des Erlebens und die Übertreibung von Befürchtungen in einer Atmosphäre, in der *riskantes* Verhalten ermutigt und enthusiastisch begrüßt wird, lösen dann oft ein lautes Lachen aus (ebd., S. 72).[16]

So interessant die Arbeit von Gervaize et al. (1985) für die Mikroanalyse der therapeutischen Interaktion ist, so sagt sie doch nichts darüber aus, ob das Lachen für einen Erfolg der Therapie förderlich ist. Für die mögliche heilsame Wirkung des therapeutischen Humors sprechen sowohl die Forschungsergebnisse über die Wirkungen von Lächeln und Lachen (vgl. 2) als auch Fallstudien und anekdotische Berichte aus Therapien. Wir wollen nun die wenigen empirischen Untersuchungen über die Auswirkungen von Humor in der Therapie referieren und auf offene Fragen hinweisen.

Es gibt eine ganze Reihe von Fragen, die die psychotherapeutische Prozeßforschung untersuchen könnte:

1. *Gibt es Zusammenhänge zwischen dem Humor des Therapeuten und dem Therapieerfolg?*

Sowohl hilfreicher als auch destruktiver Humor könnten von neutralen Beobachtern nach Videoaufnahmen von Therapiesitzungen eingeschätzt werden und Zusammenhänge mit den Ergebnissen der Therapie überprüft werden. Auch Patienten könnten nach Therapiesitzungen Art und Ausmaß humorvoller Äußerungen des Therapeuten und die eigene emotionale Reaktion darauf einschätzen. Salameh (1986, S. 159 f.) hat eine fünfstufige *Humor Rating Scale* entwickelt, bei der die niedrigste Stufe *destruktiven Humor* und die höchste Stufe *besonders hilfreichen Humor* repräsentiert (vgl. Titze et al. 1994, S. 208 f.). Nach unserem Wissen gibt es aber bisher keine Studien, in denen Forschungen mit Hilfe dieser Skala durchgeführt wurden. Vielleicht wäre es auch günstiger, das Ausmaß von hilfreichem und destruktivem Humor unabhängig voneinander einzuschätzen.

In einer Studie von Alexander et al. (1976; zit. nach Heekerenz 1992) zur *Funktionalen Familientherapie* wurden delinquente Jugendliche und deren Familien behandelt. Durch unabhängige Beobachter

---

[16] In den Abschnitten über Rational-emotive Therapie (5.8), Verhaltenstherapie (5.4) und über Systemische Therapien (5.9) wurde bereits darauf hingewiesen, daß Lachen oft auch im Zusammenhang mit der Durchführung angstauslösender und ungewöhnlicher Verhaltensweisen außerhalb des Therapieraums auftritt.

wurden Therapeutenvariablen eingeschätzt und mit einem Kriterium für den Therapieerfolg korreliert. Am deutlichsten hing die Variable Humor mit dem Erfolg der Therapie zusammen; das Ausmaß des Humors korrelierte positiv mit anderen beziehungsstiftenden Variablen wie Selbstöffnung und Wärme des Therapeuten.

2. *Welche Zusammenhänge gibt es zwischen dem Sinn für Humor von Patienten und den Ergebnissen der Therapie?*
Sinn für Humor ist nach Ruch (1995) kein eindimensionales Merkmal, sondern ein Merkmalskomplex, der mit Hilfe von Fragebögen eingeschätzt werden kann. Insbesondere ein Teilaspekt des Sinns für Humor, die *gelassen-heitere Haltung gegenüber widrigen Lebensumständen* ist wahrscheinlich für den therapeutischen Prozeß förderlich.

Martin und Lefcourt (1983) berichten über drei Studien, in denen sie untersuchten, ob bei Studenten der Sinn für Humor einen Einfluß auf die Beziehung zwischen negativen Lebensereignissen und Stimmungen hat. In allen drei Studien fanden sie einen moderierenden Effekt des Sinns für Humor, das heißt bei Personen mit höheren Humorwerten fanden sie schwächere Korrelationen zwischen negativen Lebensereignissen und gegenwärtiger Stimmung. Anscheinend hilft Sinn für Humor dabei, konstruktiv mit belastenden Ereignissen umzugehen. Daher erscheint es durchaus sinnvoll, Humor als eine Bewältigungsmethode für schwierige Situationen in der Therapie zu fördern.

Die von Frank Farrelly begründete Provokative Therapie (vgl. Farrelly & Brandsma 1986; Farrelly & Matthews 1983; Höfner & Schachtner 1995) beruht weitgehend auf der humorvollen Provokation des Patienten durch den Therapeuten. Insofern könnten nachgewiesene positive Wirkungen der Provokativen Therapie vor allem auf den angemessenen Einsatz von therapeutischem Humor zurückgeführt werden. Leider gibt es aber bisher keine einzige empirische Studie zur Provokativen Therapie. Eine positive Wirkung von Humor und Lachen in der Psychotherapie kann bisher nur aufgrund von klinischen Erfahrungen angenommen werden. Dennoch möchten wir einige Thesen zum Humor in der Psychotherapie formulieren:

1. Humorvolle Äußerungen von Patienten, die dabei helfen, ein Problem zu bewältigen, sollten vom Therapeuten beachtet und verstärkt werden. Vom Therapeuten ausgehender wohlwollender

Humor kann die Atmosphäre in der Therapie auflockern und die therapeutische Beziehung verbessern.

2. Auf der kognitiven Ebene kann eine humoristische Sichtweise zur Veränderung der Bedeutung von Ereignissen und zu einer distanzierteren Betrachtung von Problemen führen.

3. Die veränderte Sichtweise führt auf der emotionalen Ebene zu einer positiven Umstimmung. Durch die physiologische Wirkung des Lachens können zusätzlich vorhandene Spannungen abgebaut werden.

4. Die durch therapeutischen Humor veränderte Sichtweise und die Verminderung negativer Emotionen erleichtern es Patienten, mit neuen Verhaltensweisen zu experimentieren.

5. Humoristische Äußerungen des Therapeuten, die vom Patienten als sarkastisch, abwertend oder unpassend erlebt werden, stören die therapeutische Beziehung und führen im ungünstigsten Fall zu negativen Therapieergebnissen.

6. Der angemessene Einsatz von Humor in der Psychotherapie ist auch für die Psychohygiene des Therapeuten gut und kann als eine vorbeugende Maßnahme gegen ein »Burnout« betrachtet werden.

6 Humor in der Medizin (Gerhard Kittel*)

Humor ist die individuelle Fähigkeit, auch bei körperlichen und seelischen Belastungen oder Krankheiten, den Leidensdruck durch Scherz lächelnd zu lindern. – Er ist der lustvolle Trieb zu und an Späßen, selbst in der Not.

Therapeutischer Humor läßt sich in den einzelnen medizinischen Fachgebieten mit unterschiedlicher Effizienz einsetzen. Für operativ orientierte Fächer besitzt er naturgemäß nicht die hohe Bedeutung wie für konservative, wesentlich stärker auf das Gespräch angewiesene. Namentlich in der Neurologie, Psychiatrie und Inneren Medizin ergeben sich bisher zu wenig genutzte, die Behandlung unterstützende, gelotologische Felder. Auch bei der jeder Operation vorausgehenden Aufklärung kann der Patient durch ein freundliches und von seiner Grundhaltung abhängiges Gespräch mit geeigneten Scherzen zugänglicher werden.

Die moderne Medizin bedient sich immer häufiger kompliziertester Apparaturen. Oft ist die Hinwendung zum Patienten so gering, daß das persönliche Gespräch des Arztes mit dem Patienten viel zu kurz kommt. Ein überforderter, dem Patienten zu ernst gegenübersitzender Mediziner, tut sich meist schwer, die Anamnese und die eigentlichen Ursachen mancher Leiden, vor allem bei »verstecktem« psychischem Hintergrund zu ermitteln, was sich negativ auf die Behandlung auswirken kann. Sofern »überlaufene« Arztpraxen zu schnellen Diagnosen zwingen, lassen sich Ursachen und Wirkungen bestimmter Krankheiten kaum differenzieren, auch ein Grund für schlechte therapeutische Ergebnisse. Jeder Arzt sollte sich die Zeit nehmen, die Grundstimmung seiner Patienten genau zu erfassen.

* Prof. Dr. med. Gerhard Kittel, ehem. Vorstand der phoniatrischen und pädaudiologischen Abteilung der Univ. HNO-Klinik Erlangen.

6.1 Humor bei (somato)psychischen Störungen

Humor ist, auch bei depressiver Grund-
stimmung lachen oder lächeln zu können.

Psychische Probleme, ebenso wie diverse psychosomatische Beschwerden sind häufig Ausdruck einer depressiven Grundhaltung.
Kommt zur allgemeinen Ernsthaftigkeit ein akuter, situationsbeding-
ter Streß, können permanente Störungen entstehen, die nicht durch
ein paar Pülverchen oder Tabletten zu beseitigen sind. Hier ist eine alternative Behandlung gefragt mit dem Ziel, eine gestörte Grundhaltung durch therapeutischen Humor auszugleichen. Auch als Prophy-
laxe gegen Stressorenwirkungen kann Humor geeignet erscheinen.

Bei psychischen Folgestörungen organischer Krankheiten sollte es
ebenfalls weder bei der Diagnostik noch in der Therapie zu ernst oder
gar hektisch zugehen. Der »Halbgott in Weiß« muß menschlich werden; ansonsten bleibt er den Patienten entrückt, insbesondere jenen,
die zu depressiven Verstimmungen neigen. Ein guter Kontakt ist am
ehesten durch ein freundliches Wort, durch einen netten Scherz, selten allerdings durch einen »überzogenen« Witz zu erreichen. Die jeweiligen Worte sollten der Situation angepaßt sein. Eine dunkle
Miene beim Arzt erzeugt finstere Gedanken beim Patienten. Mit
Scherzen und Späßen ist manchem Patienten mehr geholfen als mit ir-
gendwelchen Pillen oder Placebopräparaten. Die permanente Verord-
nung bestimmter Psychopharmaka sollte begrenzt sein. Zwar können
adäquate Medikamente für die Dauer ihrer Einnahme die Psyche auf-
hellen, doch besteht bei Langzeitleiden die Gefahr von medikamen-
tenbedingten Nebenwirkungen und abhängigmachender Gewöh-
nung bis zur Sucht. Obgleich Psychopharmaka indiziert sein können,
sind sie oft überflüssig.

6.2 Gelotologische Begleittherapie in der Phoniatrie

Bestimmte Alternativbehandlungen können die therapeutische Dauereffizienz begünstigen, Sekundärstörungen reduzieren und das Absetzen von Medikamenten erleichtern.

Therapeutischer Humor läßt sich auf verschiedene Weise den Patienten näherbringen. In prosaischer Form, als Spaß, Witz oder in lyrisch-feinsinnigen Scherzversen. Die Wahl hängt von der Grundeinstellung der Patienten ab und sollte auch die Art der Leiden berücksichtigen.

Nicht alle Menschen vertragen lauten, deftigen Humor. Wenn für die Therapie rhythmische Elemente von Bedeutung sind, empfehlen sich vor allem lyrische Scherzgedichte als »Medizin«.

Von den verschiedenen Möglichkeiten gelotologischen Einsatzes kann die Balbuties-Therapie (Behandlung Stotternder) als paradigmatisch und prototypisch gelten. Bei all ihren Formen werden gemäß einer früheren Umfrage (Schilling 1965) wenig Medikamente verordnet. Allenfalls bei unruhigen, stark erethischen Kindern können milde pflanzliche Sedativa verabreicht werden. Auch moderne Psychopharmaka werden kaum eingesetzt, zumal medikamentöse Kaschierungen nicht an die »Wurzeln« vieler Störungen reichen.[1]

6.2.1 Narko-hypno-gelotologische Methode (nach Kittel)

Dieses Verfahren bedient sich einer Hypnose, die nicht mit einer Narkose zu verwechseln ist. Die Patienten bleiben ansprechbar, sind jedoch leicht suggerierbar. Sie wissen nach Rückruf in ihren »Normalzustand« genau, was gesprochen und suggeriert wurde. Suggestionen bis Tiefensuggestionen bewirken gerade in Kombination mit den unten beschriebenen Therapieelementen den günstigen Behandlungseffekt. Die Patienten werden über das Vorgehen und den Sinn des Verfahrens zuvor detailliert aufgeklärt, auch um gelegentlich vorhandene Aversionen gegen Hypnosen abzubauen.

Narko-Hypnose hat gegenüber der üblichen Hetero-Hypnose den

---

[1] Haldol (zentral wirkendes Neuroleptikum) hatte zwar auch einen deutlich positiven Effekt, doch war die Dosierungsspanne zwischen Wirkungseintritt und dem Auftreten von Nebenwirkungen, die in risusartigen Verzerrungen des Gesichtes bestanden, viel zu gering. Nur vorübergehend wurde es unterstützend eingesetzt.

Vorteil eines schnellen Wirkungseintritts. Sie läßt sich auch bei schwer Suggerierbaren leicht durchführen. Die Methode erlaubt selbst die Anwendung von in nicht hypnotischem oder hypnoidem Zustand kontraindizierten Therapieelementen nutzbringend einzubauen. Sie macht außerdem den Dauereinsatz von Medikamenten in verschiedenen Darreichungsformen überflüssig. Die Hypnose ist, wie auch die nicht medikamentös bedingte Anwendung hypnoider Zustände, nur die Behandlungsgrundlage, jedoch nicht schon die eigentliche Therapie. Sie kann als ein Analogon zu einer Narkose im Sinne einer Basis für chirurgische Eingriffe sehr verschiedener Art angesehen werden. Auch dabei kommt es darauf an, »wer was wie macht«, also auf den Therapeuten selbst, der dem zu Behandelnden stets mit lockerer bis scherzhafter Haltung begegnen sollte.

Derzeit steht allerdings das Idealmittel für die Hypnoseeinleitung (*Cito-Eunarcon*) nicht zur Verfügung, obwohl bei seiner schnellen Ausscheidung keine Nebenwirkungen bekannt sind. Für die Einstellung der Produktion durch die Industrie war lediglich der zu geringe Absatz maßgebend.

Bei eigener Anwendung wurde eine drei- bis vierwöchige individuelle, komplexe, stationäre Einzeltherapie bevorzugt. Mit einem intravenös zu verabreichenden und gut steuerbaren Hypnotikum können jederzeit auch ambulante Auffrischbehandlungen oder erneute Therapiezyklen mit nicht stotterfrei gewordenen Patienten durchgeführt und erneut positive Ergebnisse erreicht werden.

Unter narko-hypnotischen Bedingungen ist zwar auch Psychoanalyse gut möglich, doch erwies sie sich als nicht erforderlich, da sie bei der Regulierung des biokybernetischen Sprech-Sprach-Systems keine Vorteile gegenüber der »verdeckenden« Therapie bringt.

Die Bedeutung von Äther, in dem intravenös zu verabreichende Hypnotika gelöst sein können, ist bisher nicht hinlänglich geklärt. Aus den Erfahrungen bei früheren Narkoseeinleitungen mittels Chloräthyl und Äther ist jedoch der dabei stattfindende Zwang zu verlangsamtem Sprechen bekannt. Auch nach eigenen Beobachtungen blieben in der Einleitungsphase einer Narkose mittels Chloräthyl zuvor Stotternde nicht mehr hängen, obgleich sie doch präoperativ hätten eher erregt sein müssen.

6.3 Komplexbehandlung der Balbuties (Stottern): Lyrische Scherze als Medizin

Humor ist das wirksamste Elixier gegen Trübsinn.

Im Rahmen der Ersttherapie einer komplexen Behandlung erfolgen Anamnese und Aufklärungsgespräch in freundlich-suggestiver, oft schon scherzhafter Atmosphäre unter hypnotischen oder hypnoiden Bedingungen. Hierbei lassen sich Persuasion und provozierte Katharsis im Sinne eines vertieften Sich-Aussprechens vorteilhafter gestalten.

In der Literatur wurden nahezu 200 Behandlungsmethoden für *Balbuties* (Stottern) angegeben, vor allem kombinierte Methoden. Manche Verfahren stellen nur Modifikationen anderer dar. In jüngerer Zeit kamen wenig neue Gesichtspunkte hinzu. Noch nicht ausführlich beschrieben wurde allerdings die eingebrachte Neuerung des therapeutischen Humors in die Komplexbehandlung. Dennoch bestehen langjährige Erfahrungen (vgl. Kittel 1962). Mit dieser Methode können auch nichthypnotisch arbeitende Therapeuten verhältnismäßig günstige Ergebnisse dann erzielen, wenn sie wenigstens hypnoide Zustände erzeugen.

Alleine in der Bundesrepublik Deutschland gibt es mehrere Tausend hilfesuchende *Balbuties (Dysphemie)*-Patienten mit sehr unterschiedlichen Schweregraden, die in Extremfällen von völliger Verstummung gefolgt sind. Gerade dabei kann diese Methode hilfreich sein.

Mit der hier beschriebenen Methode, auch mit autogenem Training, in das problemlos lyrische Scherzgedichte eingebracht werden können, lassen sich so bei einer Reihe anderer Leiden ebenfalls Verbesserungen des Therapieeffektes erreichen.

Erfahrungen führten zu der Erkenntnis, daß besonders beim Nachsprechen, Lesen und ständigen Deklamieren von jambischen, eher etwas hintergründigen Scherzgedichten der Redefluß erleichtert werden kann. Begonnen wird immer mit sogenanntem Reihensprechen und mit gesangsähnlicher Sprache. Schon bei der Erstbehandlung ist Wert auf verlangsamtes, vokalisierendes, melodisierendes und rhythmisierendes Sprechen zu legen. Vokalisieren und Melodisieren beim Sprechen, das so gesangsähnlich wird, läßt sich aus einer Erkenntnis, die bereits Hippokrates hatte, ableiten: Stotternde bleiben beim Singen durchweg nicht hängen.

Bei Redeflußstörungen (*Fluency-Syndromen*) scheint die »innere Uhr« falsch zu gehen, so daß die Patienten erst einmal auf den »Normaluhrablauf« einzustellen sind. Während dies unter nicht hypnotischen, zumindest nicht hypnoiden Bedingungen schwierig sein kann, und Metronome, wie auch andere apparative Einstellmethoden (*Lee-Verfahren*), kaum praktische Anwendung finden, gelingt die Umstellung mittels narkohypnotischer, suggestiver Einwirkungen erfreulich gut und nachhaltiger.

Beim Stottern als einer Sprech-Sprach-Rhythmusstörung sind die zerebralen Taktgeberzellen (*Clocks*) bzw. deren nervale Überträgersysteme gestört. Deshalb ist schwer zu verstehen, weshalb therapeutisch kaum am Rhythmus angesetzt wurde. Das Rhythmisieren, vor allem beim Sprechen scherzhafter Gedichte mit regelmäßigen Betonungen, Abflachungen und dem nachfolgenden Übergang auf prosaisches Sprechen, bringt bei sorgfältig ausgewählten Späßen, die zu keinem falschen *Ich-Bezug* führen dürfen, wesentliche Vorteile. Nicht wenige geeignete Verse finden sich bei Kittel (1996). Mehrere von ihnen kamen schon seit Mitte der sechziger Jahre zur therapeutischen Anwendung.

Irrtum

Aus Narkose aufgewacht,
sagt erstaunt der Fahrer Clark:
Lieber Doktor, in der Nacht,
wuchs Ihr Bart unheimlich stark.
Nein, mein noch verwirrter Mann,
täuschst dich auf die schlimme Art,
hier ich dir nur sagen kann,
immer war so lang mein Bart,
denn du kamst bei Petrus an.

Richtige Medizin

Herr Doktor, Ihre Medizin
gab meinem Leben wieder Sinn,
verschrieben Sie doch meiner Frau
ein Mittelchen, das traf genau
den Wirkungsort mit bestem Zweck.
Des Weibes Heiserkeit ist weg,
die Stimme war mir nicht genehm,
doch nun ist Richtiges geschehn:
Mit Krächzen ist's jetzt gottlob aus,
die Frau bringt keinen Ton mehr raus.

Das gute Mittelchen

Herr Dingsbums rief beim Hausarzt an,
weil nachts er fast nicht schlafen kann.
Des Doktors Antwort blieb nicht aus:
»Ich schreibe ein Rezept heraus,
für die Potenz ein gutes Mittel,
pro Woche nehmen Sie ein Drittel.«
Herr Dingsbums sagt dem Doktor prompt,
daß davon doch der Schlaf nicht kommt;
ganz recht der Arzt ohn' Unterlaß,
doch macht das Wachsein viel mehr Spaß.

Nach jeder Behandlung bekommen die Patienten ein bei den Übungen mehrmals gut gesprochenes, eintrainiertes Scherzgedicht mit auf die Station oder bei ambulanter Therapie mit nach Hause. Solche Gedichte sind dann auch unter einem sogenannten posthypnotischen Auftrag mehrmals täglich, wie schon in der therapeutischen Situation, flüssig zu sprechen. Bei jeder Therapieeinheit erhalten die Patienten auch den posthypnotischen Auftrag, die Behandlungsergebnisse sofort auf der Straße umzusetzen und unter Rückkehr zur Normalsprache fremde Menschen mit verschiedenen Fragen anzusprechen. Kontrollfragen ergaben fast immer positive Erlebnisse, auch beim freien Sprechen. Der therapeutische, ins Rahmenprogramm eingebrachte Humor kann naturgemäß allein noch keine Heilung bringen, hat aber unter hypnotischen oder hypnoiden Voraussetzungen in der beschriebenen Form besonders dann einen günstigen Einfluß, wenn man den Patienten klarmacht, daß auch Humor ein heilsames Element sein kann.

6.4 Therapieergebnisse

Lächeln geht nicht durch die Kehle,
doch erfreulich in die Seele.

Die Vorteile dieser Behandlungsmethode lassen sich auch dann erkennen, wenn das Leiden eine überwiegend organische Ursache hat und ein psychisches Fehlverhalten im wesentlichen Folge des balbutiesbedingten Leidensdruckes ist.

Während vor Einführung der Methode nur bei knapp sechs Prozent der Erwachsenen stotterfreies Sprechen erzielt werden konnte, stieg die bei fast 400 Patienten ermittelte Quote flüssig Sprechender auf etwas mehr als 30 Prozent. Wesentlich war auch, daß die meisten nicht geheilten Patienten nicht mehr so häufig hängenblieben wie vor der Therapie. Die Behandlungsergebnisse werden allerdings von individuellen Modifikationen, dem Penetranzverhältnis, dem Miteinbringen von Therapieteilen aus anderen Verfahren und der humoristischen Grundhaltung des Therapeuten mitgeprägt. Wer selbst keinen ausreichenden Humor besitzt, eignet sich für eine solche Psychotherapie weniger.

Die Ergebnisse nach Hypnosen ohne entsprechende Rahmenprogramme wurden in der Literatur sehr unterschiedlich bewertet. Zwar befürworteten nicht wenige Autoren (Appelt 1927; Heese 1962; Führing & Lettmayer 1958) ausdrücklich das suggestive Lösen von Minderwertigkeitsgefühlen Redeflußgestörter wegen der Diskrepanz zwischen Wollen und Können, doch fehlten bei refraktären Fällen (Stockvis 1955) geeignete Rahmenprogramme, oder die Therapie fand unter falschen Voraussetzungen statt. Freud mußte schlechte Ergebnisse haben, führte er doch Stottern nur auf verdrängte, prägenitale Lustbewegungen, die er therapeutisch anzugehen versuchte, zurück. Auch die Befürworter der Neopsychoanalyse (vgl. Dührssen 1954) haben weder geeignete Konzepte noch gelotologische Elemente eingebracht. Die in Hypnose erreichten guten Behandlungserfolge Levbargs (1939) dürften auf entsprechender Patientenselektion und einer Rahmentherapie beruht haben.

Über Behandlungsergebnisse bei Kindern ist hier nicht zu berichten, zumal vor Beendigung der Pubertät wegen der zuvor bestehenden relativ hohen Spontanheilungsquote und den im Kindesalter schwierigeren Bedingungen bei intravenös zu verabreichenden Narko-Hypnotika keine entsprechende Therapie durchgeführt wird. Außerdem haben Kinder noch ein geringeres Verständnis für rhythmische Scherze.

6.5 Ausblick

Die beschriebene Behandlungsmethode dürfte auch geeignet sein für andere primär psychische oder organische Leiden mit wesentlichem, sekundärem Leidensdruck.

Sofern Heilungsergebnisse hinter den Erwartungen zurückbleiben, läßt sich eine zu starke Dominanz organischer Ursachen verantwortlich machen. Diese ist allerdings vor dem Behandlungsbeginn mancher Leiden, auch des Stotterns, kaum klar zu erkennen.

Bei Spasmodischer Dysphonie, die nach der Literatur lange Zeit als rein psychogen angesehen wurde (Berendes 1987), konnte aufgrund eigener negativer Behandlungsergebnisse mittels der Methode auf organische Ursachen geschlossen werden. Die neuerdings erfreulichen Behandlungsergebnisse mittels Botulinum-Toxin bestätigen diese Annahme.

Künftige Untersuchungen bei Redeflußstörungen sollten nach den Erkenntnissen an Zwillingen auf verbesserte zentrale Diagnostikverfahren und auf das Auffinden eines oder mehrerer »Stotterergene« gerichtet sein, zumal sich für Nachfolgegenerationen therapeutische Konsequenzen ergeben könnten. Bis dahin dürfte es jedoch noch ein weiter Weg sein, so daß psychotherapeutische Maßnahmen und die beschriebene Methode auch weiterhin als Vorzugsbehandlung anzusehen sind.

7 Humor in der Krankenpflege

> *Tragik und Humor sind ja keine Gegensätze*
> *oder sind vielmehr nur darum Gegensätze, weil*
> *die eine den andern so unerbittlich fordert.*
> Hermann Hesse

Therapeutischer Humor ist erst seit den achtziger Jahren Gegenstand der theoretischen und praktischen Ausbildung von Pflegepersonal in den Vereinigten Staaten (Robinson 1995, S. 13). Im Jahre 1982 gründeten einige Krankenschwestern die Fachgesellschaft *Nurses for Laughter*, die inzwischen weit über tausend Mitglieder hat. Sie gibt eine eigene Zeitschrift heraus und führt regelmäßig Konferenzen durch. Vor einigen Jahren riefen amerikanische Krankenschwestern die *American Association for Therapeutic Humor* ins Leben. Auch diese Fachgesellschaft umfaßt eine große Anzahl von Mitgliedern. Im Jahre 1991 wurde das *Journal of Nursing Jocularity* begründet. Dieses Magazin wird von Krankenschwestern herausgegeben und publiziert. Außerdem erscheinen Jahr für Jahr zunehmend mehr Fachartikel in verschiedenen Zeitschriften zum Thema *Humor in der Krankenpflege*.

(Therapeutischer) Humor in der Krankenpflege hat vor allem Bedeutung als implizite Form der Kommunikation (Robinson 1995, S. 15). Es geht darum, mit Hilfe witziger, scherzhafter oder (selbst)ironisierender Bemerkungen auf *indirekte* Weise Botschaften zu vermitteln, die die Qualität der Beziehung zum Patienten in positiver Weise beeinflussen können. Iren Bischofberger (1994, S. 9) versteht den Humor als eine *Coping-Strategie*: Eine konsequent humorvolle Einstellung ermöglicht es den Angehörigen des Pflegepersonals, auf ernste Themen in einer entspannten, nicht bedrohlichen Weise einzugehen. Robinson (1994) betont, daß dies einerseits zu einer Verringerung von Angst, Streß und Spannung führt, andererseits aber auch die Gruppenkohäsion im therapeutischen Team fördert. Damit fällt dem (therapeutischen) Humor auch die Bedeutung einer Präventivmaßnahme im Hinblick auf das *Burn out-Syndrom* zu. Auch in diesem Zusammenhang wird das Lachen als ein »soziales Schmiermittel« verstanden, das es ermöglicht, eine positive, von Heiterkeit geprägte Gesprächsatmosphäre zu schaffen. Gullickson (1995, S.21) weist in diesem Zusammenhang auf die Bedeutung einer humorvollen Authentizität (*self-disclosure*) hin, die die professionellen Rollenzwänge relativiert: »Wenn ich vorhabe, etwas Humorvolles mit einem Patienten zu tun, erzähle ich ihm gewöhnlich etwas über meine Familie oder mich selbst.« Dies schafft die Basis für ein gemeinsames Lachen, das die Autorin als »eine Sprache der Nähe« versteht, die »Intimität und Verbindung herstellt« (ebd., S.23).

Therapeutischer Humor hat sich vor allem in der Notfallmedizin bewährt. Hier geht es ebenso um die Konfrontation mit dem Tod und dem Sterben wie mit sozialen Härtefällen (zum Beispiel Armut, Mißhandlung von Kindern und alten Menschen). Das führt nicht selten zu einer starken Belastung des Pflegepersonals, das mit einer depressiv-abweisenden Abwehrhaltung reagieren kann. Wenn in eine solche Atmosphäre Humor einfließt, ergeben sich unerwartete, überraschende und inkongruente Wirkungen. Kuhlman (1988) beschreibt den therapeutischen Humor deshalb als einen Bewältigungsmechanismus im »Dunstkreis des Schafotts« (ebd., S.1086). Von besonderer Bedeutung ist dabei ein »schwarzer« (Galgen-)Humor. Dieser Humor erlaubt es den Angehörigen des Pflegepersonals, sich von einer »todernsten« Situation zu distanzieren und mögliche Ängste, Depressionen oder psychische Erschöpfungszustände erfolgreich zu kompensieren (Rosenberg 1995, S.43).

7.1 Humorbezogenes Material

> *Seid guten Muts, was liegt daran! Wie vieles ist noch möglich! Lernt über euch selber lachen, wie man lachen muß!*
> Friedrich Nietzsche

Ein wichtiges humorbezogenes Hilfsmittel im Krankenhausbetrieb sind die *Gelächterwagen*. Diese wurden von Bea Ammidown (vgl. 1993) als Reaktion auf den Erfahrungsbericht von Norman Cousins (1981) konzipiert. Vor etwa zwanzig Jahren begann sie, lustige Bücher und Tonbandkassetten in einem kleinen Servicewagen in die Krankenzimmer einer Kinderklinik zu fahren. Sie las den kleinen Patienten spaßige Geschichten vor und hörte sich mit ihnen zusammen die Kassetten an. Später kamen noch entsprechende Videofilme dazu. Regelmäßig brachte sie dadurch die zum Teil schwerkranken Kinder zum Lachen. Die daraus resultierende positive Gemütsverfassung entlastete nicht nur das Klinikpersonal, sondern hatte auch nachweisbar therapeutische Wirkungen.

Das überforderte Pflegepersonal findet in der Regel kaum Zeit für die Arbeit mit dem Gelächterwagen, daher wurde in den USA eine Organisation für freiwillige Humorberater ins Leben gerufen: die *HumoRX, Inc. / Laugh Wagons*. Ihr Ziel ist, in allen amerikanischen Krankenhäusern aktiv zu werden. Die hier organisierten Helfer begeben sich stundenweise in Krankenhäuser, wo sie die Gelächterwagen betreuen. Viele von ihnen nehmen auch regelmäßig an Clown-Kursen teil. Ein ähnlicher Einsatz erfolgt im Rahmen des *Humor Cart Program*, das ebenfalls landesweite Verbreitung gefunden hat. Es wird nicht nur bei kranken Kindern eingesetzt, sondern auch bei Erwachsenen, zum Beispiel in Pflegeheimen und selbst bei der Betreuung von Alzheimer-Patienten. Eine der Aufgaben dieser Humorberater besteht darin, lustige Geschichten zu erzählen. Auch dies wird im Rahmen spezieller Schulungen geübt. Bei kleinen Kindern sind auch Stegreifspiele mit Handpuppen sehr beliebt.

Mittlerweile hat sich gezeigt, wie mit diesen finanziell wenig aufwendigen Mitteln die Verweildauer der Patienten im Krankenhaus verkürzt werden kann. Deshalb wird der therapeutische Humor, wie Bea Ammidown (1993) bemerkt, auch als ein sehr wirksames Mittel gegen die Kostenexplosion im Gesundheitswesen angesehen. Es läßt sich vermuten, daß ein einziger Humorberater viele Schwestern nachhaltig entlasten kann. Und wenn ein Arzt Patienten behandelt, die entspannt wirken, wird er auch seine eigene Arbeit viel weniger als Belastung empfinden.

Ein interessantes Projekt versucht in diesem Zusammenhang eine Gruppe von Ärzten, Sozialpädagogen und Krankenschwestern zu verwirklichen. Initiator ist der bewußte Exzentriker Patch Adams (1993), der diesem Projekt den Namen *Gesundheit Institute* gab. Behandelt wurden in diesem »verrückten Krankenhaus« (ebd., S. 69) seit etwa 20 Jahren Tausende von Kranken, und zwar unentgeltlich. Die Heilmethoden fußen auf einer ganzheitlichen Betrachtungsweise und sind konsequent humorbezogen. Patch Adams' Berufskleidung ist ein Clownskostüm. So ist es durchaus möglich, daß er einem moribunden Patienten als verkleideter Engel mit einer Harfe gegenübertritt, um ihn so auf das Jenseits einzustimmen (ebd., S. 80 ff.). Dies geschieht freilich nicht spontan und unüberlegt: »Zuallererst muß eine Atmosphäre des Vertrauens und der Liebe geschaffen werden, denn spontaner Humor kann verletzend wirken« (ebd., S. 68). Die Arbeit des *Gesundheit Institute* ist inzwischen nicht nur in den Vereinigten Staaten allgemein bekannt geworden. Von ihr ging eine entscheidende Anregung für weitere humorzentrierte Initiativen in allen Teilen der Welt aus.

7.1.1 Humorberater

> *Humor, ein Kristall, der nur in tiefen*
> *und dauernden Schmerzen wächst.*
> Hermann Hesse

Gibson (1995, S. 116 ff.) beschreibt in diesem Zusammenhang ein spezifisches *Humor-Programm*. Er macht zunächst auf die Bedeutung freiwilliger Helfer aufmerksam, die als nicht professionelle *Humorberater* stundenweise in Krankenhäusern arbeiten. In den Vereinigten Staaten haben sich diese freiwilligen Helfer zumeist in Vereinen organisiert, die sich eine eigene Satzung geben, verschiedene Funktionen definieren (zum Beispiel Verwaltung, Finanzen) und die sich mit den jeweiligen Klinikleitungen in Verbindung setzen.

Die Humorberater arbeiten mit lustigen Cartoons, Postern, Lachsäcken, Videofilmen, Tonbandkassetten und Büchern. Grundlage ihrer Aktivitäten ist ein gewisser Vorrat an Lesestoff (Bücher, Comichefte, Magazine). Jeder einzelne Humorberater verfügt über eine *Überraschungsbox* (Korb), die mit Clownsnasen, Masken, Puppen, Kartenspielen, oszillierenden Ulkbrillen usw. gefüllt ist. Bei den regelmäßigen Zusammenkünften des Vereins werden die neuesten Witze erzählt, so daß jeder einzelne Humorberater diese weitererzählen kann. Das gleiche gilt für lustige und satirische Geschichten, die im Stile orientalischer Märchenerzähler am Krankenbett Heiterkeit vermitteln. Wenn es die finanziellen Mittel erlauben, werden anläßlich von sozialen Abenden oder anderen öffentlichen Veranstaltungen zuweilen professionelle Spaßmacher (Clowns, Kabarettisten, Jongleure usw.) eingeladen.

Ein besonderes Anliegen der Humorberater ist es, die jeweiligen Klinikleitungen dazu zu bringen, ihnen einen eigenen Raum zur Verfügung zu stellen. Hier wird das entsprechende *Gelächterzimmer* eingerichtet, in dem das humoristische Material deponiert wird.[1]

Kaye Herth (1984) entwickelte einen Fragebogen, der es den Angehörigen des Pflegepersonals wie auch den freiwilligen Humorberatern ermöglicht, den Patienten das Thema Humor näherzubringen:

Wann haben Sie zum letzten Mal richtig gut gelacht?

Was bringt Sie zum Lachen?

Wie oft lachen Sie?

Wie fühlen Sie sich, wenn Sie lachen?

Welche Bedeutung hatte Humor in Ihrer Familie, in der Sie aufgewachsen sind?

Stellen Sie sich vor, Sie wären ein Komödiant. Welcher möchten Sie sein und weshalb?

Wann haben Sie das letzte Mal gespielt?

Was könnten Sie heute tun, damit Sie sich zum Lachen bringen?

Wenn es Ihnen gelänge, mehr Spielfreude und Lachen in Ihr Leben zu bringen, wie würden Sie sich dann fühlen?

Finden Sie, daß Humor eine Quelle der Entspannung ist?

Wenn Sie in der nächsten Zeit lachen, notieren Sie sich bitte, was Sie zum Lachen gebracht hat.

7.2 Humor in der Behandlung hospitalisierter Kinder

Eine körperliche Erkrankung beeinträchtigt immer auch das psychische Wohlempfinden. Das Gefühl, physisch geschwächt und von anderen abhängig zu sein, ist für viele Erwachsene ein belastendes Moment. Für Kinder kann das traumatisierende Auswirkungen haben,

---

[1] Ein typisches Gelächterzimmer beinhaltet eine Humorbibliothek, eine Auswahl humorvoller Videofilme und Tonbandkassetten, tragbare Tonbandgeräte, ein Videogerät, Clown-Utensilien (Kostüme, Nasen, Scherzbrille, Make-up, Musikinstrumente usw.). Ferner enthält das Gelächterzimmer eine Sammlung lustiger Spiele und Cartoon-Bände, Fotoalben und dergleichen mehr.

und zwar insbesondere dann, wenn sie hospitalisiert werden. In der fremden Umgebung eines Krankenhauses erleben sich Kinder häufig als ohnmächtige Opfer von schmerzhaften medizinischen Prozeduren, deren Sinn sie nicht verstehen. Diese bedrohlichen Eingriffe lassen häufig panikartige Gefühle von Kontrollverlust, Selbstauflösung und Depersonalisation aufkommen (Boettcher 1995, S. 248). D'Antonio (1989, S. 157) vergleicht die Hospitalisation deshalb mit dem Besuch eines unbekannten Planeten: Alles, was dort vorgefunden wird, wirkt bedrohlich fremd. Auch das Krankenhauspersonal wird gewöhnlich als Teil dieser fremden Welt wahrgenommen. Die Beziehungsherstellung zu Ärzten und Krankenschwestern mißlingt oft schon deshalb, weil dieser Personenkreis Angst hervorruft und psychophysiologische Spannungen (*Streß*) auslöst. In gewisser Hinsicht sind sie sogar mit Mißhandlern zu vergleichen (ebd., S. 160).

Hospitalisierte Kinder erleben eine bedrohliche Welt. Sie ziehen sich zurück, sie verlernen, fröhlich und unbeschwert zu sein. Sie sind nicht fähig zu lachen (Malone 1966). Wenn ein Kind von Angst und Streß überwältigt ist, verliert es die Fähigkeit zu spielen. Dies kann zu einer verhängnisvollen Deprivation führen. Nicht spielen zu können, sollte den Betreuern des kranken Kindes in der gleichen Weise Anlaß zu Besorgnis geben, wie Nahrungsverweigerung oder chronische Schlaflosigkeit (Bolig 1984). D'Antonio (1989, S. 164) empfiehlt daher eine gezielte Beobachtung kindlichen Spielverhaltens im Krankenhaus. Dies beinhaltet zeitliche Aspekte, die Art des Spielens, die entsprechenden Spielsachen, die Thematik und Zielrichtung des Spiels sowie die affektive Gestimmtheit des spielenden Kindes.

Der Zusammenhang von Spiel und Humor ist sehr eng (vgl. Fry 1964, S. 6). Im erheiternden Spiel kann sich das kranke Kind von den Auswirkungen seines Leidens distanzieren. Dies kann als eine wichtige Strategie der Streßbewältigung verstanden werden. D'Antonio (1989, S. 167) bemerkt, daß eine humorvolle Kommunikation mit dem kranken Kind gewöhnlich bei diesem Reaktionen von Amüsement (Lächeln, Kichern und Gelächter) hervorruft. Dies bezieht sich auf Wortspiele, Witze, spaßige Bemerkungen, Verwendung von Cartoons, Clownsspielen sowie von belustigenden Handlungen. Eingeleitet werden diese humorvollen Kommunikationen durch Bemerkungen wie die folgenden: »Ich will dir mal eine Geschichte erzählen«, oder: »Wollen wir Doktor und Krankenschwester spielen?« Danach kann in einer zwanglos spielerischen Weise auf verschiedenste Probleme Bezug genommen werden (zum Beispiel die Krankheit des Kindes, seine Aufmerksamkeit und Einsichtsfähigkeit oder das Krankenhausmilieu).

Hospitalisierte Kinder neigen von sich aus dazu, nach spaßigen Ereignissen Ausschau zu halten. Denn sie spüren, daß ihnen das Lachen gut tut, daß es ihre Schmerzen lindern hilft. Donna Smith (1986, S. 187) führt dies unter anderem auf die Ausschüttung von schmerzlindernden Hormonen (*Endorphine*) sowie den spannungslösenden Effekt des Lachens im Bereich der Muskulatur (vgl. 2.1) zurück. Gerade die Krankenschwester hat viele Möglichkeiten, um ein Kind zum Lachen zu bringen. Sie kann mit diesem über lustige Fernsehsendungen oder Kinofilme sprechen oder es nach seinem Lieblingswitz fragen. Die Krankenschwester kann dem kranken Kind vor allem lustige Geschichten erzählen und bestimmte Ereignisse aus der Welt des Krankenhauses humorvoll interpretieren oder auch ins Absurde ziehen. Sie kann sich mit dem Kind zusammen lustige Comic-Hefte und Cartoonbände anschauen oder in witzigen Büchern lesen. Sie kann auch Handpuppen verwenden, um bestimmte lustige Ereignisse szenisch darzustellen. Dadurch kann die streßbedingte Belastung des kranken Kindes beträchtlich reduziert werden.

Der achtjährige Mark kam wegen eines chirurgischen Eingriffs am offenen Herzen in stationäre Behandlung. Er erzählte einer Krankenschwester, daß er einmal ein Feuerwehrmann werden wollte, um »Feuer zu löschen«. Die Schwester entgegnete darauf, daß Feuerwehrleute ganz schnell einsatzbereit sein müßten. Zuweilen hätten sie nicht einmal Zeit, »sich die Unterhosen über den Po zu ziehen«. Dies bewirkte, daß der Junge (der sich so sehr vor dem chirurgischen Eingriff fürchtete) zwei Minuten lang schallend lachte (D'Antonio 1989, S. 167).

Auch sarkastische Bemerkungen über Respektspersonen (Lehrer, Ärzte, Krankenschwestern) oder körperliche Veränderungen nach Operationen können auf das kranke Kind erheiternd wirken (ebd.).

7.3 Humorkoordinatoren und Krankenhausclowns (*Clowndoktoren*)

In letzter Zeit wird in den Medien viel von den sogenannten Clowndoktoren bzw. Krankenhausclowns berichtet. Besonders in den Vereinigten Staaten spielen diese professionellen Humorpraktiker bei der stationären Behandlung kranker Kinder inzwischen eine bedeutende Rolle[2].

Das Hinzuziehen eines Krankenhausclowns führt bei einem kranken Kind in aller Regel zu einem signifikanten Abbau von Angstgefühlen (Long 1987). Der Clown präsentiert sich als eine ebenso spaßige wie mächtige Identifikationsfigur für das Kind. Er *darf* das tun, was das kranke Kind in seiner beängstigenden Hilflosigkeit von sich aus nicht zu tun wagt: sich über eine bedrohliche Welt lustig zu machen – und sich damit von jenem Schrecken zu distanzieren, den die befremdlichen Objekte eines Krankenhauses auslösen.

Die zentrale Funktion des Krankenhausclowns besteht darin, das kranke Kind aus der bedrohlichen Welt einer anonymen und kalten Technologie in die warme Heimeligkeit der konkreten Spielwelt dieses Kindes zurückzuführen. Deshalb geht der Krankenhausclown grundsätzlich spielerisch mit dem kranken Kind um. Die Tatsache, daß die meisten Kinder an »Doktorspielen« interessiert sind, erleichtert dieses Anliegen von vornherein. Dabei können selbst die bedrohlichsten Aspekte in humorvoller Weise »entschärft« werden. Selbst bei moribunden Kindern können Spiele oder Geschichten mit Themen wie etwa »Der Wolf, der Kinder durch Chemotherapie tot machen wollte« zu einer beträchtlichen psychischen Entlastung beitragen (vgl. Boettcher 1995, S. 252; Krietemeyer & Heinery 1992).

Am *Maryland's Hospital for Children*, das der Universität von Bal-

---

[2] In den USA gibt es seit mehreren Jahren Fortbildungskurse für Pädiater und Krankenschwestern. Besonders bekannt ist die *Clown Care Unit* des New Yorker *Big Apple Circus* (35 West 35th Str., New York, NY 10001, USA). Die *Fondation de France* und das französische Gesundheitsministerium fördern einen Modellversuch an Pariser Kinderkrankenhäusern, in denen sogenannte Lachärzte, also Krankenhausclowns, kranke Kinder betreuen. Auch in der Schweiz gibt es eine entsprechende Initiative: Im Andenken an ihre an Krebs verstorbene Mutter Théodora riefen ihre Söhne André und Jean Poulie, zwei professionelle Clowns, in der Schweiz die *Fondation Théodora* ins Leben. Seit 1993 wirken hier insgesamt zehn Humorspezialisten als *MediClowns* in verschiedenen Kinderspitälern. Einer ähnlichen Zielsetzung hat sich der Wiesbadener Verein *Die Clown Doktoren e. V.* verschrieben (Am Wiesenhang 8, D-65207 Wiesbaden).

timore angeschlossen ist, wurde ein spezielles Humorprogramm eingeführt (vgl. Goldblum-Carlton 1994). Zunächst wurde die Stelle eines *Humorkoordinators* geschaffen. Seine Aufgabe ist es, den Ärzten und den Angehörigen des Pflegepersonals Wege aufzuzeigen, wie sich therapeutisch wirksamer Humor einsetzen läßt. Zum Beispiel verwendet er einen »Reflexhammer«, der bei Betätigung einen lustig quietschenden Laut von sich gibt. Oder er zeigt, wie man asthmakranke Kinder dazu bringt, tief ein- und auszuatmen, indem man sie Seifenblasen pusten läßt. Um Kindern die Angst vor Spritzen zu nehmen, werden im Badezimmer der Klinik lustige Spritzwettbewerbe durchgeführt. Die Flüssigkeit, die dabei verwendet wird, ist Cola!

Jeder Angehörige des Pflegepersonals soll zwei oder drei tolle Zauberkunststücke beherrschen. Der Humorkoordinator bringt ihnen diese Kunststücke bei. Verwendet werden in diesem Zusammenhang auch magische Brillen, die überdimensional wirken oder fluoreszierende Augen aufgemalt haben. Alle medizinischen Untersuchungen sollen einen spielerischen Charakter haben. Die Clownsnase ist dabei ein unerläßliches Requisit.

Da Kinder oft Angst vor dem weißen Kittel haben, empfiehlt der Humorkoordinator, beim Betreten des Untersuchungsraums den Kittel über dem Arm zu tragen. Dann soll der Arzt versuchen, sich diesen Kittel in einer möglichst umständlichen und komischen Weise überzuziehen, indem er sich in clownesker Weise dreht und windet.

Eine zentrale Aufgabe des Humorkoordinators besteht darin, das Krankenhauspersonal zu einer umfassenden Einstellungsänderung anzuregen. Ärzte und Krankenschwestern sollen offener, lockerer und spielerischer werden. Vor allem sollen sie lernen, Spaß an der Arbeit mit ihren kleinen Patienten zu haben. Dies läßt sich am besten dadurch erreichen, daß die Rolle eines »Minimalclowns« (Fried & Keller 1991) übernommen wird. Dadurch geht nach Meinung der Initiatoren die Professionalität keineswegs verloren. Was aber dazugewonnen wird, ist ein Stück Menschlichkeit.

Regelmäßig werden auch gezielte Lachübungen durchgeführt, die insbesondere für asthmakranke Kinder segensreich sind. Auch nach einem chirurgischen Eingriff wird ein Kind vom Lachen profitieren können. Denn als eine Folge des Stilliegens sammeln sich häufig Sekrete und Fremdstoffe im respiratorischen Trakt an, die in der Folge eines Reflexlachens beseitigt werden.

Auch an dieser Klinik werden *Gelächterwagen* (vgl. 7.1) eingesetzt, um die hospitalisierten Kinder und deren Angehörige humorvoll zu zerstreuen. Da Menschen im allgemeinen insbesondere dann herzhaft zu lachen pflegen, wenn sie in Gesellschaft anderer sind, wird gezielt versucht, weniger kranke Kinder in die Zimmer von schwerer erkrankten, bettlägerigen Altersgenossen zu bringen.

8 Humor in der Behandlung von alten Menschen

> *Bei der Beerdigung eines Komödianten sind viele betagte Kollegen anwesend. Während der Trauerfeier fragt einer von ihnen seinen Nachbarn: »Wie alt bist du, Charlie«? – »Neunzig«, antwortet der Veteran: »Lohnt sich kaum, nach Hause zu gehen, was?«*
> Erman B. Palmer

Der Alterungsprozeß geht gewöhnlich mit vielen Unannehmlichkeiten einher. Neben den spezifischen Folgen körperlicher Abbauprozesse und der gehäuften Anfälligkeit für Erkrankungen wird der alternde Mensch mit zusätzlichen Problemen konfrontiert. Wir leben in einer Zeit, in der jugendliche Fitneß und Attraktivität geradezu idealisiert werden. Der alternde Mensch sieht sich angesichts dieser Idealnorm beständig narzißtischen Kränkungen ausgesetzt, was zum Beispiel in der gängigen Floskel zum Ausdruck kommt: »Da siehst du aber ganz schön alt aus ...« Damit kann das Altern leicht zu einem Prozeß werden, der in einen Zustand zunehmender biologischer und psychologischer »Minderwertigkeit« hineinführt.

Frankl hat den Humor als Ausdruck der geistigen Fähigkeit des Menschen ausgewiesen, *aktiv* wertend Stellung zu dem zu beziehen, womit dieser Mensch von seinen äußeren Lebensumständen her konfrontiert wird. Dabei gibt es grundsätzlich zwei Möglichkeiten: Entweder stelle ich mich in einer passiven Weise auf meine Umwelt ein, oder ich nehme eine aktive Bewertung vor. Beispiele dafür sind der von Freud (1927 / 1982 b, S. 213) angeführte »Galgenhumor« oder auch Frankls »komischer Pessimismus«: Danach kann ein Mensch selbst den widrigsten, »gefährlichsten« Lebensumständen, »nicht nur ins Gesicht blicken, sondern auch ins Gesicht lachen« (Frankl 1984, S. 63). In Übereinstimmung mit der *Inkongruenztheorie* (vgl. 4.4) kann dies als ein Hinweis dafür gesehen werden, daß der Humor die Möglichkeit besitzt, einen festgesetzten Bezugsrahmen zu übersteigen (*transzendieren*) und so die Voraussetzung zu schaffen, überraschend neue Perspektiven einzunehmen. Weber und Cameron (1978, S. 75) schreiben in diesem Zusammenhang:

»Ein Mensch, der humorvoll auf die Realitäten des Altwerdens reagieren kann, kann mit der sogenannten Tragödie des Alterns leben, ohne ihr das letzte Wort zu lassen. Im Lachen wird der falsche Zwang, ›jung bleiben‹ zu müssen, aufgehoben, und man gewinnt gleichzeitig die Freiheit, auf das Leben mit einem ›transzendenten Lächeln‹ zu blicken.«

In diesem Zusammenhang ist es interessant zu erfahren, welche Witze von älteren Menschen bevorzugt werden. Palmore (1986, S. 112) berichtet über Untersuchungen an Amerikanern, die älter als 70 Jahre waren. Diese Untersuchungen zeigen, daß eine gewisse Selbstironisierung besonders geschätzt wird. Dies zeigt das folgende Beispiel:

Eine alte Frau wohnte im oberen Geschoß eines Mehrfamilienhauses. Nachdem sie einen Beinbruch erlitten hatte, wurde sie von ihrem Arzt eindringlich gebeten, das Treppensteigen nach Möglichkeit zu vermeiden. Als dieser ihr nach geraumer Zeit den Gips abgenommen hatte, fragte sie ihn: »Darf ich nun wieder Treppensteigen?« Und als der Arzt ihr dies erlaubt hatte, gab sie sich erleichtert: »Wunderbar, ich habe wirklich überhaupt keine Lust mehr, dauernd am Abflußrohr auf und nieder zu klettern!« Palmore 1986, S. 114)

Daneben werden sexuelle Themen (nach wie vor!) geschätzt, frei nach dem Motto: »Solange es Leben gibt, gibt es auch Sex!« In diesem Zusammenhang kommt es häufig zu einer stellvertretenden Identifikation mit sexuellen Aktivitäten jüngerer Menschen. Die entsprechenden Witze helfen jene »tragisch-komische Aussöhnung« (Salameh 1986, S. 162 ff.) mit Lebensumständen herzustellen, die – objektiv gesehen – defizitär sind, aus der Perspektive des Humors aber ohne Belang zu sein scheinen. Dies bringt auch der folgende Witz zum Ausdruck:

Ein betagtes Ehepaar kommt zum Sexualtherapeuten. Die alte Dame klagt: »Herr Doktor, beim Geschlechtsverkehr wird es mir abwechselnd heiß und kalt!« Der Therapeut findet dafür keine Erklärung. Als er den Ehemann darauf anspricht, erwidert dieser: »Das ist ganz einfach. Wir haben zweimal im Jahr Geschlechtsverkehr: Einmal im Sommer, da wird es ihr heiß. Und einmal im Winter, da wird es ihr kalt.«

8.1 Humor in Gerontologie und Gerontopsychiatrie

> *Ich besitze die beste Brille der Welt.*
> *Mein Gebiß sitzt und drückt kein bißchen.*
> *Mein Hörgerät ist o. k. Und ebenso mein Toupet.*
> *Aber ich werde mit Sicherheit den Verstand*
> *verlieren.*
> Lucille Nahemow

Nach Rolf D. Hirsch (1992 a, S. 178) wird das körperliche und seelische Wohlbefinden Älterer durch verschiedene Faktoren (zum Beispiel erhöhte Krankheitsanfälligkeit, Tendenz zur Chronizität von Erkrankungen, Abbau kognitiver Fähigkeiten, Verringerung oder Veränderung sozialer Kompetenzen) beeinträchtigt. Entsprechende Möglichkeiten einer therapeutischen und rehabilitativen Hilfe werden häufig aber nicht ausreichend genutzt. Für viele professionelle Helfer ist nämlich nach wie vor ein eher defizitäres Altersbild bestimmend. Diese negative Sichtweise wird häufig auch von den Betroffenen selbst geteilt, die sich dann als überflüssig und wertlos vorkommen. Der Mehrzahl der Älteren gelingt es allerdings, insbesondere wenn keine körperlichen Einschränkungen bestehen, »ihr Leben bis zum Tod eigenständig, eigenverantwortlich und aktiv zu gestalten. Mancher kann sich mit Witz und Humor der zunehmend bedrohlicher werdenden Welt entziehen« (ebd., S. 179).

Einige ältere Menschen haben einen gut entwickelten Sinn für Humor (Hirsch 1990). Dies könnte Folge jenes lebenslangen geistigen Reifungsprozesses sein, der schließlich zu einer Weisheit führt, die die Widrigkeiten des Lebens zu relativieren vermag. Dadurch eröffnen sich dem Therapeuten wichtige Ansatzpunkte. Er kann mit Hilfe von humorvollen Deutungen gezielt jene »Trotzmacht des Geistes« aktivieren, die nach Frankl (1946 / 1975 a, S. 187) nicht allein zu einer »heroischen«, sondern eben auch »ironisierenden« Distanzierung von einer schwer erträglichen Lebenssituation beiträgt. Einige ältere Patienten, die Angst haben, nicht ernst genommen zu werden, können humorvoll gemeinte Äußerungen des Therapeuten allerdings als Kränkung empfinden. Dabei kann es zu einer Wiederbelebung (Retraumatisierung) früherer Schamerlebnisse kommen. Dieser Zusammenhang muß dem Therapeuten bewußt sein, damit er den entsprechenden lebensgeschichtlichen Zusammenhang herstellen kann. Hirsch (1992 a, S. 180 f.) erläutert dies an einem Beispiel:

>»Ein 70jähriger Patient klagt über eine Vielzahl von Beschwerden. Keine der durchgeführten Untersuchungen ergab einen pathologischen Befund. Als er zunehmend depressiv wurde und klagte, jetzt auch nicht mehr denken zu können, kam er zur stationären psychotherapeutischen Behandlung. Da kein Test irgendeinen Hinweis auf Einschränkung der Hirnleistung ergab, sagte der etwas genervte Therapeut zum Patienten: ›Wenn Sie sagen, nicht mehr denken zu können, ist das genauso, wie wenn ich sage, ich bin der Kaiser von China.‹

Als der Patient schließlich entlassen wurde, kam er zur weiteren Behandlung zu mir. Dort erzählte er diese Geschichte. Er war ärgerlich und schimpfte über diese ›schmarrige‹ Bemerkung des Therapeuten. In weiteren Gesprächen erfuhr ich, daß er immer schon sehr empfindlich gewesen wäre, wie seine Mutter. Er habe zeitlebens viele Schmerzen gehabt und war häufig beim Arzt gewesen, der nichts habe finden können; wie bei seiner Mutter, die sich schließlich aus Verzweiflung erhängt hätte. Er habe diesen Mut nicht, sei aber zunehmend verzweifelt, da ihn niemand mehr ernst nehme und seine Angehörigen – ähnlich wie der Therapeut in der Klinik – sich über ihn lustig machten. Schon als Kind habe er darunter gelitten, nicht ernst genommen zu werden. Habe er über etwas geklagt, hätte sein Vater gelacht und ihn zur Mutter geschickt. Ihr habe er seine Schmerzen schlecht mitteilen können, da diese selbst so viele gehabt hätte. Seine Beschwerden zu unterdrücken, sei ihm nur während der Arbeit gelungen.

So galt es in der Behandlung über lange Zeit, die Vielzahl seiner Beschwerden nicht abzutun, sondern sie aufzugreifen und [...] seine innere Verletztheit begreifen zu lernen.«

Demnach sollten humorvolle Interventionen grundsätzlich erst dann zur Anwendung kommen, wenn die Angst, ausgelacht zu werden (Gelotophobie; vgl. 4.2.3), bearbeitet und das Ich deutlich gestärkt ist. Hirsch (1992 a, S. 186 f.) führt einen älteren Patienten an, der unter vielen Beschwerden litt.

Dieser Mann erklärte bei einer bestimmten Gelegenheit: »Ich habe mindestens 20 Krankheiten.«

Darauf der Therapeut: »Haben Sie diese denn so genau gezählt?«
Der Patient mußte spontan lachen, wurde dann aber wieder ernst.
Er rechtfertigte sich indirekt, indem er erklärte: »Natürlich habe ich
sie nicht gezählt. Ich meine doch nur, daß ich unter vielen Krankheiten leide.« Dann verstummte er.

Der Therapeut fühlte, daß seine Bemerkung eher aggressiv getönt
war, so daß sich der Patient nicht ernst genommen fühlte. Wieder einmal war er verlacht worden.

Derselbe Patient meinte in einer anderen Behandlungsstunde:
»Am liebsten würde ich sterben. Da wäre alles vorbei.«

Der Therapeut antwortete: »Meinen Sie, im Himmel wird es Ihnen
bessergehen?«

Jetzt mußte der Patient schallend lachen! Dann lächelte er verschmitzt und antwortete: »Das will ich doch hoffen.« Diesmal hatte
ihn der Humor des Therapeuten erreicht! Er wirkte erleichtert. Die
Angst vor dem Sterben begann sich zu verringern.

Gespräche mit depressiven Patienten führen häufig ins Leere, wenn
der Therapeut auf den defätistisch argumentierenden Patienten
»ernsthaft« eingeht. Denn die festgefahrenen negativen Überzeugungen, die das depressive Denken weitgehend bestimmen, lassen sich
mit rationalisierenden Gegenargumenten gewöhnlich kaum erschüt-
tern. Doch sobald der paradoxe Weg einer humorvollen Gesprächsführung eingeschlagen wird, kann diesem Denken der »Wind aus den
Segeln« genommen werden. Hirsch (1992 b, S. 24) erläutert dies an
einem Beispiel:

»Eine 70jährige depressive Patientin klagt immer wieder darüber,
daß sie zu nichts mehr fähig wäre, nichts wert sei, nichts mehr
könne: ›Alles mache ich falsch, Herr Doktor.‹ Auf meine Antwort
›Da müssen Sie ja eine ganz außergewöhnliche Person sein. Ich
habe noch nie jemand kennengelernt, der immer alles falsch macht‹,
blickt sie auf, lächelt und muß dann lachen. Der Bann ist gebrochen, und sie beginnt über ein sehr traumatisches Erlebnis in der
Kindheit zu berichten. Die Patientin kam jetzt zum ersten Mal aus
ihrer depressiven Starrheit hervor.«

Allerdings sind solche Lockerungseffekte, wie Hirsch (1992 a,
S. 187) bemerkt, »ähnlich wie bei den meisten humorvollen Szenen in
einer Behandlung, nur von kurzer Dauer. Den Sinn für Humor zu
wecken und zu stärken, bedarf kontinuierlicher Bemühungen.«

8.1.1 Humorvolle Gesprächsführung mit alten Menschen

Jeder Tag, an dem du nicht lächelst,
ist ein verlorener Tag.
Charles Chaplin

Die Sozialpädagogin Lila Green (1995) leitet seit Jahren am *American College of Health Care Administrators* Seminare über eine humorvolle Gesprächsführung mit alten Menschen. Sie schreibt, daß schon zu Beginn eines entsprechenden therapeutischen Gesprächs auf die Verwendung humorvoller Formulierungen geachtet werden sollte. So sollte nicht einfach die Frage gestellt werden: »Wie geht es Ihnen?« Viel sinnvoller sei es zu fragen: »Welcher Teil von Ihnen fühlt sich heute am besten?« Eine andere Frage lautet: »Wenn Sie für einen einzigen Tag noch einmal Kind sein könnten, wie würden Sie diesen Tag verbringen? Mit welchen Spielen oder Spielsachen würden Sie sich beschäftigen?« Damit kann die Aufmerksamkeit ganz zwanglos auf andere Aspekte zentriert werden als die alltäglichen Beschwerden des Alters. Weitere entsprechende Fragen können lauten:

»Wenn Sie eine Million zum Verschenken hätten, wem und zu welchem Zweck würden Sie dieses Geld geben?«

»Wenn man im Zoo Menschen ausstellen würde, welche, die Sie kennen, wären dann für Tiere, die als Besucher kämen, am komischsten?«

»Stellen Sie sich vor, man würde einen Film über Sie drehen. Welchen Schauspieler würden Sie auswählen, damit er Sie spielt? (Wer wäre am wenigsten geeignet, Sie darzustellen?)«

Bettlägerigen Patienten kann die Frage gestellt werden: »Wenn Sie es einrichten könnten, alles zu sehen, was sich draußen abspielt, was würden Sie am liebsten sehen wollen?«

Im weiteren Gesprächsverlauf werden die Patienten gefragt, was sie lieber wollen: selbst einen Witz erzählen oder einen solchen hören. Außerdem werden sie gefragt, wer bzw. was sie am ehesten zum Lachen (oder zum Lächeln) bringen kann. Weitere Fragen sind:

»Welche Rolle spielte der Humor in Ihrer Familie?«

»Haben Sie eine lustige Lieblingsgeschichte?«

»Welche lustigen Fernsehsendungen schauen Sie sich am liebsten an?«

Bei der Betreuung von Alzheimer-Patienten sollten die gemeinsamen Aktivitäten möglichst einfach sein (zum Beispiel gemeinsames Erbsenpalen). Auch das Mitbringen von Haustieren oder kleinen Kindern kann sehr sinnvoll sein: »Es ist schwer, mit einem dreijährigen Kind zusammen zu sein und nicht zu lachen« (Green 1995, S. 8).

Von Bedeutung ist auch die Arbeit mit lustigem Bildmaterial. So werden Cartoons und spaßige Poster in den Krankenzimmern angebracht. Auch alle möglichen Scherzartikel werden verwendet. Denn die Absicht ist, gerontologische Patienten in eben jene *spielfreudige* Stimmung zu bringen, die auch bei Kindern die Voraussetzung schafft, mit Alltagsproblemen leichter umzugehen. Rolf D. Hirsch (1992 b, S. 24) schreibt in diesem Zusammenhang:

»Humor wird auch gefördert durch gesellige Veranstaltungen, Tanz, Lieder, Spielstunden, Zirkusbesuche (kein Zirkus ohne Clown), Vorführen humorvoller Spielfilme, Komödien u. ä. Sagt der Volksmund ›mit Musik geht alles besser‹, so sind es gerade lustige Volkslieder, Älteren meist noch bekannt, die zum Beispiel eine Stationsrunde zu einem gemeinsamen entspannenden Erlebnis werden läßt, welches ›nachklingt‹. Das Vorführen von Sketchen oder das Vortragen von humorvollen Gedichten sollten innerhalb von geselligen Nachmittagen in keinem Stationskonzept fehlen.«

Green (1995, S. 9) erwähnt, daß die betreuenden Krankenschwestern motiviert wurden, sich lustig zu kleiden (zum Beispiel T-Shirts mit lustigen Sprüchen anzuziehen). Den behandelnden Ärzten wurde empfohlen, ihr Äußeres ebenfalls humorvoll zu akzentuieren (zum Beispiel sich eine Micki-Maus-Krawatte umzubinden). Grundsätzlich wurden alle Mitarbeiter dazu angeregt, möglichst häufig zu lächeln, nach dem Motto: »Nehmen Sie Ihre Arbeit ernst, aber sich selbst nehmen Sie bitte nicht so ernst.«

8.1.2 Humorerfahrungen in einer Angehörigengruppe

> *Wenn wir frustriert werden oder erschöpft sind,*
> *können wir entweder weinen oder lachen.*
> *Ich persönlich ziehe das Lachen vor,*
> *weil ich mir hinterher nicht die Nase putzen*
> *muß.*
>
> Kurt Vonnegut

Die körperliche und/oder geistige Hinfälligkeit eines alten Menschen kann für die Angehörigen zu einer großen Belastung werden. Dies betrifft insbesondere ältere Menschen, die sich etwa um ihren kranken Partner kümmern müssen. Carolyn Aust (1995) berichtet in diesem Zusammenhang über eine wegweisende Initiative, die seit 1992 im *Senior Life Center* im *St. Mary's Hospital* in Western Colorado (USA) erprobt wird. Es wurde eine Angehörigengruppe zusammengestellt, die sich einmal im Monat zusammenfindet. In dieser Gruppe wird auch humorbezogen gearbeitet. Witze, die den Alterungsprozeß thematisieren, werden gezielt erzählt, wie zum Beispiel der folgende:

Ein alter Mann geht zum Doktor, weil er Probleme mit seinem Knie hat. Der Doktor meint: »Wie soll ich es Ihnen erklären, mein Freund – das Alter hat uns alle im Würgegriff! Auch Sie sind eben ein wenig verbraucht, weil Sie halt schon ziemlich alt sind.«

Der alte Mann entgegnet: »Schon richtig, aber eins ist komisch: Das andere Knie ist genauso alt, aber noch ganz gut in Schuß.« (ebd., S.158)

Die humorbezogene Arbeit in dieser Gruppe ist strukturiert. So einigte man sich auf die folgenden Prämissen:

1. Menschen sind verschiedenartig – nicht allen macht das gleiche Spaß.
2. Humor sollte angemessen sein.
3. Humor sollte zeitlich begrenzt sein.
4. Humor sollte taktvoll sein.
5. Es ist in Ordnung, wenn jemand nicht mehr lachen kann.
6. Es ist in Ordnung, wenn jemand die Pointe eines Witzes nicht versteht.
7. Humor kann riskante Auswirkungen haben.

8. Ein jeder von uns hat seine guten und schlechten Tage – das ist in Ordnung.
9. Humor ist ökonomisch.
10. Jeder kennt irgendeine lustige Geschichte.
11. Sich dumm zu fühlen, kann lustig sein.
12. Es ist okay, Selbstgespräche zu führen – das ist lustig.
13. Wenn wir zusammen lachen, wollen wir niemanden herabsetzen (auch uns selbst nicht). Wir wollen nicht aggressiv und sarkastisch sein, sondern einfühlsam.
14. Humor ist, wie die Niedergeschlagenheit auch, eine Frage der Entscheidung.

In jede Gruppensitzung sollen die Teilnehmer lustige Erfahrungen einbringen. Dies bezieht sich vor allem auf Ereignisse aus dem Alltagsleben, wie etwa

- sich lustige Kino- und Videofilme anschauen;
- ausschließlich spaßige Fernsehshows einschalten;
- sich eine Sammlung von Witzen und lustigen Sprüchen zulegen;
- in der Tageszeitung Cartoons ausschneiden und in ein Heft kleben;
- eine Liste von humorvollen Büchern erstellen, die noch gelesen werden sollen;
- lustige Begebenheiten aus dem Familienleben aufschreiben;
- den Ehrgeiz entwickeln, versteckten Humor in Nachrichtensendungen ausfindig zu machen;
- lustige Fotos und Aufkleber sammeln;
- sich entscheiden zu lachen, anstatt zu weinen, wenn der Gatte sich sein Haar mit der Zahnbürste kämmt;
- sich der volkstümlichen Weisheiten der Großmutter erinnern.

Mit Hilfe dieser einfachen Anregungen gelang es, in den Gruppensitzungen eine heitere Atmosphäre zu schaffen, die von immer wiederkehrendem Lachen erfüllt war. Spontane witzige Bemerkungen machten die Runde. So bemerkte ein betagter Herr: »Ich bin so alt wie meine Zunge und etwas älter als meine Zähne.« Eine Dame, die ihren an Alzheimer erkrankten Ehemann pflegte, berichtete trocken: »Endlich habe ich etwas Positives am Alzheimer gefunden. Mein Mann versteckte die Ostereier der Enkelkinder. Und dann machte es ihm genauso großen Spaß, nach diesen zu suchen!« Die Gruppenteilnehmer lassen sich von solchen Bemerkungen schnell anstecken. Sie lachen gemeinsam, und sie lachen auch in ihren Familien, so daß die

Widrigkeiten des Alltagslebens leichter zu ertragen sind. Auf diese Weise kann ein emotionaler Ausgleich zu einer Welt hergestellt werden, die von Schuldgefühlen, Isolation, Einsamkeit, Schmerz und Kummer erfüllt ist.

9 Humor in der Heilpädagogik

Humor ist eine gute Gabe
Von der Wiege bis zum Grabe
Thomas Erlbach

Auch in der therapeutischen Arbeit mit Kindern spielt Humor eine wichtige Rolle. In Kapitel 5 hatten wir bereits einige Beispiele angeführt: Eine Kinderanalyse, über die Yorukoglu (1993) berichtete; der Umgang Alfred Adlers (1930 / 1974 b) mit einem kleinen Mädchen, das seine Familie tyrannisierte (vgl. 5.2), sowie der Bericht von Weeks und L'Abate (1985) über eine Symptomverschreibung bei einem Konflikt zwischen Mutter und Sohn (vgl. 5.9). In Kapitel 7.2 wurde die Rolle des Humors in der Behandlung hospitalisierter Kinder dargestellt. Im vorliegenden Kapitel gehen wir nun auf die Bedeutung des Humors in der heilpädagogischen und pädiatrischen Behandlung ein.

Ein behindertes Kind ist bereichsweise stets weniger kompetent als andere Kinder. Damit befindet es sich in einer »besonderen« Situation. Denn aufgrund seines spezifischen Stigmas wird es (vor allem von Gleichaltrigen) als »blöd«, »komisch«, »merkwürdig« usw. typisiert – und damit der Lächerlichkeit preisgegeben. Auch von Erwachsenen wird es auf eine Sonderrolle festgelegt, wenn diese das behinderte Kind als »arm«, »eigenbrötlerisch« und als »sonderbar« auffassen. Insbesondere dann, wenn dieses Kind zum Spottobjekt für andere Kinder geworden ist, wird es bei seinen Bezugspersonen in der Regel verstärkte Zuwendung finden, so daß ihm ein besonderes Ausmaß an Fürsorge und Mitleid zukommt. Damit gelangt das behinderte Kind ungewollt in die Rolle eines inkompetenten »Sonderlings«, dessen Identität durch ein körperliches oder geistiges Gebrechen (defizitär) definiert wird. So befindet sich das inkompetente Kind häufig in einem doppelten Dilemma: Es ist einerseits durch sein spezifisches Handicap behindert; andererseits erfährt es eine umfassende Rollenzuschreibung als inkompetenter Behinderter. Und gerade dadurch wird es einem kontinuierlichen Prozeß der Entmutigung ausgesetzt! Während andere Kinder, nicht selten auch herzlose Erwachsene, grinsend oder lachend auf seine normabweichende Andersartigkeit reagieren, versuchen seine mitleidigen bzw. »verantwortungsvollen« Bezugspersonen ihm eine nicht selten übermäßige Hilfestellung zu geben.

Auf beide Arten wird dem behinderten Kind eine identische Botschaft vermittelt: Es wird nicht *als (kompetente) Person* ernst genommen, es wird vielmehr – wie Kobi (1980, S. 80) schreibt – auf *seinen* »Defekt«, seine Normabweichung reduziert. Dies kann zur Folge haben, daß das behinderte Kind allmählich dazu übergeht, den Kern seiner Identitätsbestimmung um eben diesen Defekt herum aufzubauen, so daß es sich schließlich »nur« noch als einen inkompetenten und hilfsbedürftigen, also nicht vollwertigen Menschen erlebt. Wer sich aber selbst so definiert, wird kaum die Motivation haben, sein eigenes Leben aktiv anzupacken, sich Ziele zu setzen, für die es zu kämpfen gilt – egal, wie groß die Hindernisse sein mögen, die dabei zu bewältigen sind. Nur die letztgenannte Einstellung läßt sich als *mutig* bezeichnen. Sie ist Voraussetzung dafür, sich den Anforderungen und Aufgaben des sozialen Lebens stellen zu können, was auch bedeutet, sich innerhalb der Gemeinschaft im Hinblick auf eigene Bedürfnisse und Rechte behaupten zu können. Diese Fähigkeit zur Selbstbehauptung fehlt vielen behinderten Kindern. Sie erleben sich selbst in einer häufig beschämenden Weise als *machtlos*. Denn *Macht* bezieht sich bei einem Kind zunächst vor allem auf die Möglichkeit uneingeschränkter Kompetenz. Dieses Bewußtsein geht gewöhnlich mit lustvollen Gefühlen einher, die ihrerseits eine Humorreaktion auslösen können. Kindern, die sich als inkompetent bzw. machtlos erleben, fehlt zumeist jener heitere Gesichtsausdruck, den wir von gesunden Kindern her kennen.

Im Sinne der Aggressionshypothese (4.2) wird die Humorreaktion dann ausgelöst, wenn es um die – nicht selten riskante – Abweichung von sozial gebotenen Normen geht. Dieses Trotzen ist nach Ringel (1973, S. 80) ein »Artmerkmal des Menschen«. Es ist eine durchaus *konstruktive* »Grundkraft des Lebens, ohne die menschliches Handeln, Auseinandersetzung, Vorwärtsentwicklung nicht möglich wären« (ebd.). Viele behinderte Kinder verfügen nicht (mehr) über diese natürliche »Trotzmacht« (Frankl).

Somit besteht die Zielsetzung therapeutischen Humors immer auch darin, ein entmutigtes Kind zu den verschütteten Quellen seiner ursprünglichen Aggressivität zurückzuführen. Eine Heilpädagogin berichtete über die folgende Erfahrung mit einem behinderten Kind:

Iris ist stets ein Sorgenkind gewesen. Gleich nach der Geburt war sie infolge einer Milcheiweißallergie monatelang im Krankenhaus. Später fiel sie durch ein scheues, antisoziales Verhalten auf. Iris ist sechs Jahre alt, näßt immer noch ein und traut sich nicht viel zu. Bei Spaziergängen muß sie von der Erzieherin auf dem Arm getragen werden, weil sie nach kurzer Wegstrecke »nicht mehr kann«. Dies trägt ihr den Spott anderer Kinder ein.

Bei einer längeren Wanderung, auf der unter anderem ein Berg zu erklimmen war, nahm eine Erzieherin Iris »konspirativ« (vgl. 5.2.2.1) beiseite und erklärte ihr folgendes: »Ich kenne mich hier aus, die anderen nicht. Wenn wir beide denen jetzt weglaufen, verirren die sich und kriegen eine fürchterliche Angst. Dann müssen sie weinen. Kommst du mit?« Darauf setzte sich Iris freudestrahlend derart in Bewegung, daß die Erzieherin kaum mithalten konnte. Sie liefen den Berg so schnell hoch, daß der Abstand zu den anderen immer größer wurde. Kichernd fragte die ansonsten so stille und ernste Iris immer wieder: »Haben die jetzt Angst?« – Worauf die Erzieherin antwortete: »Die haben nicht nur Angst, die schämen sich jetzt auch ganz schrecklich, weil *sie nicht mehr können*! Und ich selber kann jetzt auch nicht mehr. Bitte bleib stehen, damit ich mich ausruhen kann.« Dies war für Iris das Startsignal, den Rest der Strecke im Laufschritt zu bewältigen. Während die Erzieherin keuchend hinter ihr her lief und sie anflehte: »Bitte bleib stehen, ich kann nicht mehr«, schüttete sich Iris vor Lachen aus! (Titze 1993, S. 314 f.)

Eine entsprechende Aggressionsproblematik ist auch bei der funktionellen Enkopresis (Einkoten) zu beobachten. Oft sind es durchaus intelligente Kinder, sehr häufig Jungen, die – bei gleichzeitigen Lernproblemen und sozialen Schwierigkeiten – einkoten und dadurch einerseits auf Ablehnung stoßen, andererseits aber auch zum Gespött Gleichaltriger werden.

Michael ist elf Jahre alt, stark kurzsichtig und, da er leicht lispelt, auch sprechbehindert. Er kommt aus einem sozial schwachen Elternhaus. Sein Vater ist alkoholabhängig. Seine ichschwache, völlig überforderte Mutter war nie in der Lage, sich den Gewalttätigkeiten des Vaters zu entziehen bzw. ihre Kinder (Michael hat noch drei Schwestern) zuverlässig zu beschützen. Obwohl Michael eher überdurchschnittlich intelligent ist, besucht er eine Sonderschule, wo er wegen seines negativistischen Verhaltens als Problemkind gilt. Im Hinblick auf seine kreativen Fähigkeiten, insbesondere seine große zeichnerische Begabung, sind seine Lehrer allerdings voll des Lobes.

Dieses Können greift der Therapeut, zu dem Michael auf Veranlassung des Schulleiters bereitwillig geht, gezielt auf. Nach Belieben stehen Michael Buntstifte, Papierbögen, Pinsel und Farbe zur Verfügung. Da er Elefanten am liebsten malt, fragt ihn der Therapeut, was ein Elefant wohl alles machen könnte.

Antwort: »Der kann alles kaputtmachen!«

Auf die Frage, ob er denn selbst ein Elefant sein möchte, nickt Michael begeistert. Der Therapeut fordert ihn nun auf, alles zu malen, was ein Elefant sonst noch machen könnte.

»Der kann schnell rennen.«

»Das können andere, kleinere Tiere auch. Was kann der Elefant viel, viel besser machen?«

Michael überlegt, dann erklärt er: »Der kann viel, viel mehr essen als andere Tiere, weil er doch so dick ist ...«

»Und wenn er soviel ißt, was kann er dann auch noch viel, viel besser?« (Der Therapeut hält sich die Nase mit Daumen und Zeigefinger zu.)

Michael grinst verschmitzt: »Der kann ganz viel kacken!«

Darauf der Therapeut: »Da müssen die anderen Tiere aber schauen, daß sie da nicht 'reintreten, da kommen die doch nicht mehr raus, da müssen die aufpassen, daß es ihnen nicht schlecht wird. Meinst du, du kannst so einen ganz großen Haufen malen?«

Michael ist sofort Feuer und Flamme. Er malt alle möglichen Arten von Elefantenkacke. Der Therapeut hält sich dabei die Nase zu und fleht Michael an: »Nicht noch so einen Haufen, da ist bald das ganze Zimmer voll, und ich muß ersticken!«

Nun schlägt der Therapeut vor, »kackende Elefanten« zu spielen. Er läßt dabei die *konspirative Formel* (vgl. 5.2.2.1) einfließen: »Eins mußt du mir unbedingt versprechen. Sag' um Gottes willen niemand, daß ich mit dir dieses Spiel gespielt habe. Wenn du das weitererzählst, würde man *mich* auslachen. Und davor habe *ich* Angst. Die anderen sollen nicht wissen, daß *ich* so was mache, weil *ich* doch vernünftig sein soll!«

Danach wird ein Szenario festgelegt, das im Urwald beginnt. Beide, Michael und der Therapeut, gehen mit gebeugten Oberkörpern und wuchtigen Schritten herum und trompeten wie Elefanten. Sie rufen sich gegenseitig zu, auf wen sie gerade stoßen: auf gefährliche Neger mit Speeren, auf Großwildjäger oder auf Tarzan. Abwechselnd spielen sie deren Rollen (indem der Speer geschwungen, das Gewehr angelegt oder das Buschmesser gezückt wird). Dabei wird laut gebrüllt, bedrohliche Grimassen werden geschnitten, denn es soll ja gefährlich und aggressiv zugehen! Derjenige, der gerade den Elefanten spielt, soll dabei nichts anderes machen, als sich lachend – denn anders geht es beim besten Willen nicht – vor dem »Angreifer« aufzubauen, diesem den Rücken zuzukehren – und mit aller Kraft zu drücken! Dabei wird gerufen: »Jetzt mache ich gleich einen ganz großen Elefantenhaufen, damit kacke ich dich zu, und du mußt ersticken!« Der »Angreifer« hält sich darauf die Nase zu und rennt weg, indem er bittet: »Hör auf zu kacken, ich kann nicht mehr! Das stinkt ja fürchterlich!« (Titze 1993, S. 315 f.).

Hier wurde versucht, (inkompetente) Verhaltensweisen, die häufig als *negativistisch, (verhaltens)gestört* oder gar *pathologisch* beurteilt werden mögen, in das Gesamtbild eines Kindes zu integrieren, das sich insgeheim durchaus *trotzig* zu behaupten weiß. Indem die entsprechende Aggressivität augenzwinkernd angenommen wurde, ließ sich in einer spielerischen und humorvollen Weise diese trotzige Kompetenz konsequent ermutigen.

Die Ärztin Renate Klöppel verwendet in ihrer heilpädagogischen Gruppenarbeit mit verhaltensgestörten Kindern die komische *Geschichte vom Herrn Gegenteil*, mit folgender Thematik:

»Gestern begegnete mir ein Mann, der lief mit aufgespanntem Regenschirm durch die Stadt, obwohl es doch gar nicht geregnet hat. Das wäre noch gar nicht so komisch gewesen, aber der Mann hatte nur eine Badehose an, keinen Mantel, keine Schuhe, gar nichts außer der Badehose. Das hat mich so gewundert, daß ich hinter dem Mann hergegangen bin. Da habe ich gemerkt, daß er auch sonst das Gegenteil von dem machte, was andere Menschen taten. Wenn er über die Straße ging, guckte er nach rechts, dann nach links, und dann ging er los, obwohl ein Auto kam, das glücklicherweise gerade noch bremsen konnte. Schließlich kam er zu einem Supermarkt, in den er hineinging. Da sah ich, daß er aus seiner Tasche ein Pfund Mehl nahm und es ins Regal stellte und genauso ein Stück Butter, eine Dose Erbsen und zum Schluß noch eine Tafel Schokolade. Dann ging er wieder raus, und ihr werdet es euch schon denken, er ging nicht wie die anderen Menschen, sondern er ging immer rückwärts, und dann kam das Erstaunliche: Er holte aus seiner Tasche ein Paar Rollschuhe und schnallte sie sich – ihr werdet es kaum glauben – an die Hände, und husch, schneller als ich laufen konnte, sauste er mit den Rollschuhen an den Händen davon.« (Klöppel & Vliex 1992, S. 168)

Eine Leitfigur könnte in diesem Zusammenhang auch jener »freche Lausbub« sein, den Frankl (1946/1975 a, S. 187) beispielhaft anführt:

Der Junge war zu spät in die Schule gekommen und entschuldigte sich folgendermaßen: »Auf der Straße ist so ein arges Glatteis – wann immer ich einen Schritt vorwärts gemacht hab, bin ich zwei Schritte rückwärts gerutscht.«

Woraufhin der Lehrer triumphierte: »Wenn dem wirklich so gewesen wäre – wie hättest du dann überhaupt zur Schule kommen können?«

»Ganz einfach: ich hab mich umgedreht und bin nach Haus gegangen ...«

Wenn ein entmutigtes Kind bewußt zu trotzen lernt, wird es allmählich auch an die Quellen seines natürlichen Könnens gelangen. Dabei kann es in lustvoller Weise aggressive Verhaltensweisen erproben, die es ihm ermöglichen, sich im täglichen Leben in einer Weise zu behaupten, die nicht komisch oder lächerlich ist, sondern einfach *Spaß macht*! So wird die Voraussetzung geschaffen, Probleme in einer kompetenten, also *machtvollen* Weise anzupacken.

10 Die Verwendung von Humor in der pädiatrischen Zahnbehandlung

Der Humor sorgt dafür, daß die Bösartigkeit des Lebens uns nicht ganz und gar überwältigt.
Charles Chaplin

Nevo und Shapira (1989) berichten über ein Pilotprojekt, das an der Jerusalemer *Hadassah School of Dental Medicine* durchgeführt wurde. An diesem Projekt waren zehn Spezialisten für pädiatrische Zahnbehandlung beteiligt. Schon im Empfangsraum wurden die Kinder von einer freundlichen Sprechstundenhilfe in Obhut genommen, die sie ins Wartezimmer begleitete. Dort lagen lustige Bücher, Spiele, Cartoons und Spielsachen bereit. Sobald ein Kind an der Reihe war, wurde es von einem freundlichen Zahnarzt lachend an die Hand genommen. Dieser verwickelte es in ein Gespräch voller lustiger Bemerkungen über die letzten Ferien, die aktuelle Haarmode oder einen bekannten Fernsehstar. Über diese einfache Gesprächstechnik lassen sich wichtige Voraussetzungen für eine spielhafte und nicht bedrohliche Behandlungssituation schaffen. Die Zahnärzte wandten in der Folge die erstmals von Adelson (1959) beschriebene Technik des *Erzählens, Zeigens und Tuns* an: Zunächst wurde dem Kind erklärt, was der Zahnarzt tun würde (*Erzählen*). Dann wurde das dentale Instrumentarium vorgeführt (*Zeigen*). Unmittelbar danach begann die Zahnbehandlung (*Tun*). Der Zahnarzt bediente sich dabei bewußt einer einfachen Sprache, die auf bildreichen Begriffen aufbaut. Dabei soll es zu einer spaßigen *Bisoziation* (Koestler) der konkreten Spielwelt des Kindes mit der beängstigenden Welt der medizinischen Technik kommen. Dies zeigt die folgende Tabelle:[1]

---

[1] Für terminologische Hinweise sind wir Frau Dr. med. dent. Ingrid Weinmann-Teufel sehr dankbar.

Zahnärztliche Terminologie	Humorbezogene Terminologie
Der Behandlungsstuhl	Flugzeug, Raumschiff, Lift, Schiffschaukel – »Flieg mit dem Stuhl ›auf‹ und ›ab‹«
Das Öffnen des Mundes	»Sperr' deinen Mund auf wie ein Löwe!«
OP-Leuchte	»Wir brauchen das Licht, weil dein Mund keine Fenster hat.«
Anästhetika zur Betäubung	»Orangensaft oder Marmelade, um deine Backen oder dein Zahnfleisch zu betäuben.« »Ich habe da Pudding in drei Geschmacksrichtungen: Orange, Banane oder Himbeer. Wofür entscheidest du dich?«
Lokalanästhesie	»Die Zähne werden jetzt schlafen. Aber du bleibst wach, um zu helfen.« – »Die Zähne trinken aus einer Flasche. Trinkt nicht so schnell!« (Personifikation der Zähne)
Wenn ein paar Tropfen in den Mund gelangen, schmeckt es schrecklich	Der Zahnarzt macht verschiedene lustige Geräusche wie »itsch … fitsch.« Diese Geräusche lenken die Aufmerksamkeit ab. Das Wort »Spritze« soll nie erwähnt werden.
Großer Spiegel	»Nimm den Spiegel und schau nach, ob du immer noch hübsch bist.« »Es sieht lustig aus, aber du siehst immer noch klasse aus!« »Siehst du braunschwarze Flecken mit einem großen Loch? Dort leben *Karius und Baktus.*«
Schutzhandschuhe	Regenmantel
Absaugrohr (Laute Sauggeräusche)	Staubsauger
Luftspritze	Lustiges pff-pff!
Niedertouriger Bohrer	Traktor, Bulldozer.
Hochtouriger Bohrer	Feuerwehrschlauch.
Speichelabzieher	Eine Ente, die trinkt; eine Pumpe.
Loch im Zahn	*Karius und Baktus.*

Zahnärztliche Terminologie	Humorbezogene Terminologie
Füllungsmaterial	Eine Pfanne zum Backen.
Füllen	Einen Kuchen backen: »Hast du auch einen silberfarbigen Teig zum Spielen in deinem Kindergarten?«
Zange	»Wie ein Papagei mit zwei Flügeln, die Schraube ist das Auge des Papageis. Der Papagei sucht sich etwas zum Essen.« »Das sind Finger aus Metall! Kannst du deine Zähne mit deinen Fingern auch herausziehen?«
Röntgen-Zubehör	Zahnkamera: »Ich mache Fotos von deinen Zähnen, um zu sehen, wie hübsch sie aussehen.« »Die Kamera sieht groß und lustig aus. Sie hat einen großen Kopf, der rauf und runter geht, wie ein Löffelbagger. Sie macht einen großen Krach und schöne Bilder.«
Matrize (tut manchmal weh)	»Gürtel für den Zahn«

Gerade Vorschulkinder lassen sich gerne auf Phantasiespiele ein. Auch wenn sie wissen, daß der Behandlungsstuhl kein Flugzeug ist, macht ihnen diese Vorstellung dennoch viel Spaß.

In diesem Zusammenhang machen die Autoren darauf aufmerksam, wie wichtig es für den Zahnarzt ist, sich auf die kindliche Sprachwelt einzulassen. Sie empfehlen, in das Behandlungsgespräch lustige Reime oder Rätsel einfließen zu lassen. Dadurch kann das Kind erfolgreich abgelenkt werden. Ferner werden absurde Formulierungen und Übertreibungen empfohlen, die der Realität nicht entsprechen. Zum Beispiel kann der Zahnarzt erklären, daß es jetzt fürchterlich weh tut (obwohl das Kind in Wirklichkeit überhaupt keine Schmerzen verspürt). Oder: »Ich habe einen fünf Kilogramm schweren Hammer, mit dem ich ganz fest drauf schlage!« (In Wirklichkeit hält er ein kleines Instrument in der Hand.)[2]

---

[2] Es ist wichtig, die entsprechenden humorvollen Äußerungen nicht auf den kleinen Patienten selbst zu beziehen, sondern auf das zahnärztliche Zubehör, die Mutter, die Helferin oder den Zahnarzt selbst.

Schließlich sollen Bezüge zu populären Fernsehsendungen oder Büchern hergestellt werden, zum Beispiel zu *Karius und Baktus* (ein humorvolles Cartoon-Buch, das zwei Helden beschreibt, die karieserzeugende Bakterien repräsentieren).

11 Anregungen zur Förderung humorvoller Einstellungen und Verhaltensweisen

In den letzten Kapiteln haben wir geschildert, wie therapeutischer Humor in der Psychotherapie und bei der Behandlung und Pflege körperlich kranker Menschen eingesetzt werden kann. Vielleicht haben Sie sich bei der Lektüre daran erinnert, daß Sie in der Vergangenheit in verschiedenen therapeutischen Situationen spontan mit humorvollen Bemerkungen oder mit Lachen reagiert haben. Dann wird es Ihnen sicher leichtfallen, Anregungen aus diesem Buch aufzugreifen, um Ihren Sinn für Humor weiterzuentwickeln. Nach Seminaren über Humor in der Psychotherapie sagten Teilnehmer manchmal, sie hätten bisher therapeutische Episoden, die mit Humor und Lachen verbunden waren, mit etwas schlechtem Gewissen betrachtet, da dies keine »richtige Therapie« sei; nun könnten sie Humor mit gutem Gewissen in der Therapie verwenden.

Manchmal werden wir auch gefragt: »Kann man eine humorvolle Einstellung eigentlich erlernen?« Diese Frage kann man natürlich unterschiedlich beantworten, zum Beispiel mit entschiedener Ablehnung: »Nein, das ist eine Gabe Gottes. Sinn für Humor hat man oder man hat ihn nicht!« (Eine kleine Trainingsaufgabe: Formulieren Sie zwei weitere humorvoll-provokative Antworten auf die Frage, ob man Humor lernen könne.) Eine ernsthafte Antwort könnte dagegen lauten: »Wenn Sie gerne lernen möchten, Humor zu entwickeln, und wenn Sie bereit sind, dafür etwas Zeit und Energie aufzuwenden, dann sind die Chancen gut, daß Sie Fortschritte machen. Manchen Menschen fällt dies ausgesprochen leicht, andere brauchen etwas mehr Geduld und Ausdauer.«

Wir möchten nun einige Vorschläge machen, was Sie tun können, um Ihren Sinn für Humor zu entwickeln. Suchen Sie sich unter diesen Anregungen diejenigen heraus, die Ihnen intuitiv als sinnvoll erscheinen.

1. Beobachten Sie zwei Wochen lang, worüber Sie selbst und andere Menschen sich amüsieren, und schreiben Sie täglich Ihre Beobachtungen auf! Diese Aufgabe mag zunächst sehr simpel erscheinen. Wenn Sie sie aber konsequent durchführen, verändert sich der Fo-

kus Ihrer Aufmerksamkeit. Sie werden bewußt wahrnehmen, wann und wie Sie selbst und Ihre Mitmenschen lächeln, schmunzeln, grinsen, sich verhalten oder lachen. Sie werden auch beobachten, wodurch die Erheiterung hervorgerufen wird: Achten Sie auf die Worte, den Tonfall, die Mimik und die Gesten, mit denen eine komische Geschichte oder ein Witz erzählt wird. Oder sind es unfreiwillig komische Situationen (zum Beispiel Versprecher oder ungeschickte Verhaltensweisen), die Belustigung hervorrufen? Sie können sich bei Ihren Beobachtungen auch auf einen bestimmten Bereich (zum Beispiel beruflicher Umgang mit anderen Menschen) konzentrieren, der Ihnen besonders wichtig ist.

2. Sammeln Sie witzige Sprüche, Redewendungen, Reime, Witze oder Anekdoten, die eine Lebensweisheit oder eine Einsicht enthalten, in einem Heft, einem Ringbuch oder im Computer. Hier drei Beispiele für kurze Sprüche:
»Wer nachtragend ist, hat viel zu schleppen.«
»Mitleid bekommt man geschenkt, Neid muß man sich verdienen.« (Robert Lembke)
»Wer sich ärgert, büßt für die Sünden anderer.« (Konrad Adenauer)
Weitere Beispiele finden Sie, wenn Sie in diesem Buch zurückblättern.

3. Versetzen Sie sich in einen entspannten Zustand und stellen Sie sich vergangene Situationen aus Kindheit, Jugend und Erwachsenenalter vor, in denen Sie herzhaft gelacht haben oder in denen Sie locker, spielerisch und humorvoll reagiert haben (vgl. Salameh 1995, S. 345–350).

4. Nehmen Sie sich ein kleines oder ein mittelgroßes eigenes Problem vor. Beschreiben Sie zunächst ernsthaft, was Sie stört oder belastet. Beispiel: »Ich komme mit meinen schriftlichen Arbeiten nicht gut voran. Die unerledigten Aufgaben liegen vor mir und belasten mich.«
Nun versuchen Sie, dieses Problem maßlos zu übertreiben und zu dramatisieren. Machen Sie aus einem Maulwurfshügel einen Berg oder aus einem Furz einen Donnerschlag! Übertreiben Sie nicht nur mit Worten, sondern auch mimisch und gestisch, stellen Sie das Problem so dar wie ein miserabler Schauspieler, der daraus eine Schmierenkomödie macht. (Wenn Sie an Ihrem Arbeitsplatz

von anderen Menschen beobachtet werden, empfiehlt es sich allerdings, nur in Gedanken zu übertreiben.)

Beispiel: »Die unerledigten Aufgaben liegen vor mir wie ein Berg. Nein – viel schlimmer, wie ein Gebirge, wie der Himalaja! Ein Himalaja unbearbeiteter Akten, die auf mich einstürzen und mich erschlagen. Und wenn ich doch überleben sollte, dann komme ich nur im Schneckentempo voran. Man wird mir nicht erlauben, pünktlich in Pension zu gehen, ich muß noch jahrelang das unerledigte Aktengebirge abarbeiten!« Wenn Ihnen die humoristische Übertreibung bei kleinen oder mittleren Problemen geholfen hat, darüber ein wenig zu schmunzeln und ein Stück inneren Abstand zu gewinnen, können Sie auch versuchen, diese Methode bei einem gravierenden eigenen Problem auszuprobieren.

5. Wenn Sie therapeutisch oder beratend tätig sind, dann überlegen Sie, bei welchen Personen und in welchen Situationen eine lockere Bemerkung oder eine humoristische Sichtweise hilfreich für die Verbesserung der Beziehung oder die Lösung eines Problems sein könnten.[1] Achten Sie darauf, daß der Humor auf einer wohlwollenden Einstellung beruht. Wenn Sie ärgerlich oder gereizt sind, besteht die Gefahr, daß humorvolle Äußerungen zynisch oder sarkastisch wirken und die Beziehung verschlechtern. Achten Sie auf das verbale und nichtverbale Feedback Ihres Gesprächspartners, wenn Sie eine humoristische Bemerkung machen. Gestehen Sie sich aber auch gelegentliche Fehler beim Gebrauch von Therapeutischem Humor zu; es heißt zwar, daß Lachen die beste Medizin ist, aber auch diese Medizin versagt manchmal oder hat Nebenwirkungen.

6. Vielleicht haben Sie Kolleginnen und Kollegen, die ebenfalls daran interessiert sind, die Anwendung von Therapeutischem Humor zu üben. Im Sinne eines Brainstorming, bei dem Kritik streng verboten ist, können Sie in einer *kreativen Phase* Ideen sammeln, wie ein Problem humorvoll bewältigt werden kann. Auch »verrückte« und abwegige Ideen sind in dieser Phase zugelassen. In einer *kritischen Phase* der Auswertung können Sie dann gemeinsam überle-

---

[1] Die hier gemachten Vorschläge lassen sich sinngemäß auch auf andere berufliche Tätigkeiten (zum Beispiel Unterricht, Management, Verkauf) übertragen. Wir vertrauen hier auf die Kreativität unserer Leserinnen und Leser.

gen, welche Ideen in ursprünglicher oder abgewandelter Form für die Problemlösung nützlich sind.

7. Da Humor und Lachen soziale Phänomene sind, können sie am besten im Rahmen einer Gruppe gefördert werden. Kurse über Humor in der Therapie, über *Provokative Therapie* oder über paradoxe Therapiemethoden bieten die Gelegenheit, am Beispiel des Kursleiters[2] und durch eigene Übungen Erfahrungen zu sammeln.

Wir würden uns freuen, wenn Ihnen dieses Kapitel einige Anregungen geben könnte, um Ihren Sinn für Humor im Beruf und im Privatleben zu entwickeln.[3]

Wenn Sie mit diesen Anregungen arbeiten möchten – oder besser gesagt, wenn Sie damit spielen möchten, dann wünschen wir Ihnen viel Spaß und auch ein klein wenig Frustrationstoleranz!

---

[2] Wenn der Kursleiter schlecht ist, können Sie zumindest lernen, wie man es nicht machen sollte.

[3] Das Humor Immersion Training von Salameh (s. Anhang zu Titze [1996a] und das *8-Step Humor Development Program* von McGhee (1994a; 1994b) enthalten viele weitere Vorschläge, um den Sinn für Humor zu entwickeln.

Literaturverzeichnis

Adamaszek, R. (1985): *Trieb und Subjekt*. Bern–Frankfurt, Lang.

– (1991): Lachen und Therapie. *Integrative Therapie*, 17, 279–299.

Adams, P. (mit Mylander, M.) (1993): *Gesundheit!* Rochester, VT, Healing Arts Press. (Deutsche Übersetzung [1997]: *GESUNDHEIT!* Oberursel, Zwölf & Zwölf.)

Adelson, H. K. (1959): Child patient training. *Fortnightly Review of the Chicago Dental Society*, 38 (7–9), 27–34.

Adler, A. (1927/1966): *Menschenkenntnis*. Frankfurt am Main, Fischer Taschenbuch.

– (1927/1982): Zusammenhänge zwischen Witz und Neurose. In: *Psychotherapie und Erziehung*, Band 1, Frankfurt am Main, Fischer Taschenbuch, 178–181.

– (1928/1974): *Die Technik der Individualpsychologie. Teil 1*. Frankfurt am Main, Fischer Taschenbuch.

– (1928/1982): Kurze Bemerkungen über Vernunft, Intelligenz und Schwachsinn. In: *Psychotherapie und Erziehung. Ausgewählte Aufsätze. Band 2*. Frankfurt am Main, Fischer Taschenbuch, 224–231.

– (1929/1981): *Neurosen. Zur Diagnose und Behandlung*. Frankfurt am Main, Fischer Taschenbuch.

– (1928/1974a): *Die Technik der Individualpsychologie. Teil 2*. Frankfurt am Main, Fischer Taschenbuch.

– (1930/1974b): *Praxis und Theorie der Individualpsychologie*. Frankfurt am Main, Fischer Taschenbuch.

– (1930/1976): *Kindererziehung*. Frankfurt am Main, Fischer Taschenbuch.

– (1933/1973): *Der Sinn des Lebens*. Frankfurt am Main, Fischer Taschenbuch.

Allen, T. W. (1971): Adlerian interview strategies for behavior change. *Counseling Psychologist*, 3, 40–48.

Ammidown, B. (1993): Laugh wagons. *Humor & Health Letter*, 2 (6), 8–11.

Anderson, S. & Messick, S. (1974): Social competence in young children. *Developmental Psychology*, 10, 282–293.

Ansbacher, H. & Ansbacher, R. (Hg.) (1993): *Alfred Adlers Individualpsychologie*. München, Reinhardt.

Appelt, A. (1927): Fortschritte in der Stotterbehandlung. In: Adler, A. & Furtmüller, C. (Hg.), *Heilen und Bilden*. München, Bergmann.

Aristoteles (o. J.): *Poetik*. Leipzig, Reclam.

Ascher, M. L. (1980): Paradoxical intention. An experimental investigation. In: Goldstein, A. & Foa, E. D. (Hg.), *Handbook of Behavioral Interventions*. New York, Academic Press.

Aust, C. H. (1955): Humor in the aging society. In: Buxman, A. & LeMoine, A. (Hg.), *Nursing Perspectives on Humor*. Staten Island, Power Publications, 155–161.

Bach, G. (1954): *Intensive Group Psychotherapy*. New York, Ronald Press.

Bach, G. & Torbet, C. (1991): *Ich liebe mich, ich hasse mich.* Reinbek, Rowohlt.

Bach, G. R. & Goldberg, H. (1993): *Keine Angst vor Aggression.* Frankfurt am Main, Fischer Taschenbuch.

Bach, G. R. (1985): Quo vadis? Spekulationen über die Zukunft der Psychotherapie. In: Petzold, H. & Scharfe, H. (Hg.), *Kreative Aggression.* Paderborn, Junfermann, 9–22.

Bader, M. J. (1993): The analyst's use of humor. *Psychoanalytic Quarterly,* 62, 23–51.

Bariaud, F. (1989): Age differences in children's humor. In: McGhee, P. E. (Hg.), *Humor and Children's Development.* New York, The Haworth Press, 15–45.

Bateson, G., Jackson, D. D., Haley, J., Weakland, J. et al. (1956/1969): *Schizophrenie und Familie.* Frankfurt am Main, Suhrkamp.

Baudelaire, C. (1922/o. J.): Über das Wesen des Lachens und besonders über das Komische in der Kunst. In: *Ausgewählte Werke – Die Blumen des Bösen.* München, Georg Müller.

Beck, A. T., Rush, J. H., Shaw, B. F. & Emery, G. (1981): *Kognitive Therapie der Depression.* München, Urban & Schwarzenberg.

Berendes, J. (1987): *Einführung in die Sprach- und Stimmheilkunde.* Berlin – Heidelberg, Springer.

Bergler, E. (1937): A clinical contribution to the psychogenesis of humor. *Psychoanalytic Review,* 24, 34–53.

Bergson, H. (1921): *Das Lachen.* Jena, Diederichs.

Berk, L. S. (1994): New discoveries in psychoneuroimmunology. *Humor & Health Letter,* 3 (6), 1–8.

– (1996): The laughter-immune connection: New discoveries. *Humor & Health Journal,* 5 (5), 1–5.

Berk, L. S., Tan, S. & Fry, W. F. (1989): Neuroendocrine and stress hormone changes during mirthful laughter. *American Journal of the Medical Sciences,* 98, 390–396.

Berk, L. S. et al. (1991): Immune system changes during humor associated laughter. *Clinical Research,* 39, 124 A.

Berlyne, D. E. (1969): Laughter, humor and play. In: Lindzey, G. & Aronson, E. (Hg.), *Handbook of Social Psychology,* Vol. 3. Reading, Addison-Wesley.

Berne, E. (1974): *Spielarten und Spielregeln der Liebe.* Reinbek, Rowohlt.

– (1975): *Was sagen Sie, nachdem Sie ›Guten Tag‹ gesagt haben?* München, Kindler.

Bernhardt, J. A. (1981): Alfred Adler und der Humor. *Miteinander leben lernen,* 6, 13–17.

– (1985): *Humor in der Psychotherapie.* Weinheim, Beltz.

Bierbach, C. (1988): »Chi non caca un kilo-zahlt 20 Mark Strafe!« Witze von Kindern zwischen zwei Kulturen. In: Kotthoff, H. (Hg.), *Das Gelächter der Geschlechter.* Frankfurt am Main, Fischer Taschenbuch, 232–263.

Bischofberger, I. (1994): »Achtung! Humor kann Ihrer Krankheit schaden.« *Krankenpflege,* 9, 8–12.

– (1996): SBK-Interessengruppe »Pflege und HIV / Aids.« *Referat gehalten an der Fortbildung vom 21. Mai in Fribourg.*

Blankenburg, W. (1974): Hysterie in anthropologischer Sicht. *Praxis der Psychotherapie,* 19, 262–273.

– (1990): Wirkfaktoren paradoxen Vorgehens in der Psychotherapie. In: Lang, H. (Hg.), *Wirkfaktoren der Psychotherapie.* Berlin – Heidelberg, Springer.

Bloomfield, J. (1980): Humour in psychotherapy and analysis. *International Journal of Social Psychiatry,* 26, 135–141.

Blum, A. (1984): Humor und Witz. *Daseinsanalyse,* 1, 216–230.

Blumenberg, H. (1976): Der Sturz der Protophilosophen. Zur Komik der reinen Theorie – anhand einer Rezeptionsgeschichte der Thales-Anekdote. In: Preisendanz, W. & Warning, R. (Hg.), *Das Komische.* München, Fink, 13–64.

Blumenfeld, E. & Alpern, L. (1994): *Humor at Work.* Atlanta, Georgia, Peachtree Publishers.

Boettcher, J. H. (1995): Children and humor. In: K. Buxman & A. LeMoine (Hg.), *Nursing Perspectives on Humor.* New York, Power Publications, 239–257.

Bokun, B. (1987): *Wer lacht lebt länger.* Genf, Ariston.

Bolig, E. (1984): Play in hospital settings. In: Yawkey, T. D. & Pellegrini, A. D. (Hg.), *Child's Play: Development and Applied.* Hillsdale, Erlbaum, 323–343.

Borneman, E. (1980): *Unsere Kinder im Spiegel ihrer Lieder, Reime, Verse und Rätsel.* Band 1. Frankfurt am Main, Ullstein.

– (1980): *Die Umwelt des Kindes im Spiegel seiner »verbotenen« Lieder, Reime, Verse und Rätsel.* Band 2. Frankfurt am Main, Ullstein.

– (1981): *Die Welt der Erwachsenen in den »verbotenen« Reimen deutschsprachiger Stadtkinder.* Band 3. Frankfurt am Main, Ullstein.

Bowlby, J. (1958): The nature of the child's tie to the mother. *International Journal of Psycho-Analysis,* 39, 350–373.

– (1975): *Bindung.* München, Kindler.

Bradshaw, J. (1992): *Das Kind in uns.* München, Droemer-Knaur.

Brome, V. E. (1969): *Sigmund Freud und sein Kreis.* München, List.

Broucek, F. J. (1979): Efficacy in infancy. *International Journal of Psychoanalysis,* 60, 312–324.

Brunner, R. & Titze, M. (Hg.) (1995): *Wörterbuch der Individualpsychologie.* München, Reinhardt.

Charney, M. (1995): Woody Allen's non sequiturs. *Humor,* 8, 339–348.

Collodi, C. (1990): *Pinocchios Abenteuer – Le Avventure di Pinocchio.* Frankfurt am Main, Frankfurter Verlagsanstalt.

Connolly, J. A. & Doyle, A. (1984): Relation of social fantasy to social competence in preschoolers. *Developmental Psychology,* 20, 797–806.

Cooper, L. (1922): *An Aristotelian Theory of Comedy.* New York, Harcourt.

Coser, R. (1959): The social functions of laughter. *Human Relations,* 12, 171–182.

– (1960): Laughter and colleagues. *Psychiatry,* 23, 81–89.

Cousins, N. (1981): *Der Arzt in uns selbst.* Reinbek, Rowohlt.

Cox, H. (1972): *The Feast of Fools.* New York–London, Harper & Row.

Crile, J. W. (1916): *Man as an Adaptive Mechanism.* New York, Macmillan.

D'Antonio, I. (1989): The use of humor with children in hospital settings. In: McGhee, P. E. (Hg.), *Humor and Children's Development*, New York – London, The Haworth Press, 157–169.

Dantzig, M. van (1940): Syllable-tapping, a new method for the help of stammerers. *Journal of Speech Disorders*, 5, 127.

Darwin, Ch. (1872 / 1989): The expression of emotions in man and animals. In: Barret, P. H. & Freeman, R. D. (Hg.), *The Works of Charles Darwin, Vol. 23*, London, Pickering.

De Shazer, S. (1989): *Wege der erfolgreichen Kurztherapie.* Stuttgart, Klett-Cotta.

– (1992): *Muster familientherapeutischer Kurzzeit-Therapie.* Paderborn, Junfermann.

Delage, Y. (1919): Sur la nature du comique. *La Revue du Mois*, 20, 337–354.

Dillon, K. M., Mindiff, B. & Baker, K. H. (1986): Positive emotional states and enhancement of the immune system. *International Journal of Psychiatry in Medicine*, 15, 13–18.

Dinslage, A. (1990): *Gestalttherapie.* Mannhein, PAL.

Dreikurs, R. (1932): Einige wirksame Faktoren in der Psychotherapie. *Internationale Zeitschrift für Individualpsychologie*, 10, 161–176.

– (1972): *Soziale Gleichwertigkeit.* Stuttgart, Klett.

Dreikurs, R., Shulman, B. H. & Mosak, H. H. (1984): *Multiple Psychotherapy.* Chicago, Alfred Adler Institute.

Dührssen, A. (1954*): Psychogene Erkrankungen bei Kindern und Jugendlichen.* Göttingen, Med. Psychologie-Verlag.

Dumas, G. (1923): *Traité de Psychologie I.* Paris, Alcan.

Eco, U. (1982): *Der Name der Rose.* München, Hanser.

Eibl-Eibesfeldt, I. (1967): *Grundriß der Vergleichenden Verhaltensforschung.* München, Piper.

– (1972): *Liebe und Haß.* München, Piper.

Ekman P. (1988): *Gesichtsausdruck und Gefühl.* Paderborn, Junfermann.

Ekman, P. & Friesen, W. V. (1982): Measuring facial movement with the Facial Action Coding System. In: Ekman, P. (Hg.), *Emotion in the Human Face.* Cambridge, Cambridge University Press.

Ekman, P. & Rosenberg, E. L. (Hg.) (1998): *The Facial Window: Measuring the Face to learn about Emotion, Interaction, Psychopathology, and Health.* Oxford, Oxford University Press.

Ellis, A. (1976): *A Garland of Rational Songs.* New York, Institute for Rational Living.

– (1977a): *Die Rational-emotive Therapie.* München, Pfeiffer.

– (1977b): Fun as psychotherapy. In: Ellis, A. & Grieger, R. (Hg.), *Handbook of Rational-emotive Therapy.* New York, Springer, S. 262–270.

– (1987): The use of rational humorous songs in psychotherapy. In: Fry, W. F. & Salameh, W. A. (Hg.), *Handbook of Humor and Psychotherapy.* Sarasota, Professional Resource Exchange, S. 265–285.

- (1989): *Training der Gefühle.* München, mvg.
Ellis, A. & Grieger, R. (Hg.) (1979): *Praxis der Rational-emotiven Therapie.* München, Urban & Schwarzenberg.
Erikson, E. (1971): *Identität und Lebenszyklus.* Frankfurt am Main, Suhrkamp.
- (1992): *Kindheit und Gesellschaft.* Stuttgart, Klett-Cotta.
Eschenröder, C. (1977a): Die rational-emotionale Therapie von Albert Ellis – ein kognitiver Ansatz der Verhaltensmodifikation. *Sonderheft I der »Mitteilungen der DGVT«*, 123–132.
- (1977b): Theorie und Praxis der rational-emotionalen Therapie. *Integrative Therapie*, 3, 91–106.
- (1978): Die Rolle des Therapeuten und die therapeutische Beziehung in der rational-emotiven Therapie. *Integrative Therapie*, 4, 168–181.
- (1989): *Hier irrte Freud. Zur Kritik der psychoanalytischen Theorie und Praxis.* München, Piper.
Farrelly, F. & Brandsma, J. N. (1986): *Provokative Therapie.* Berlin, Springer.
Farrelly, F. & Matthews, S.(1983): Provokative Therapie. In: Corsini, R. J. (Hg.), *Handbuch der Psychotherapie.* Zweiter Band. Weinheim, Beltz, S.956–977.
Fay, A. (1978): Klinische Anmerkungen zur paradoxen Therapie. In: Lazarus, A. A. (Hg.), *Multimodale Verhaltenstherapie.* Frankfurt am Main, Fachbuchhandlung für Psychologie.
Fernau-Horn, H. (1958*): Rhythmus als therapeutischer Faktor bei Sprachgehemmten.* Stuttgart, Hippokrates.
Finck, W. (1982): *Stich-Worte zum Vor-, Nach- und Zuschlagen.* München, Herbig.
Fischer-Fabian, S.(1992): *Lachen ohne Grenzen.* Bergisch Gladbach, Lübbe.
Flugel, J. C. (1954): Humor and laughter. In: Lindzey, G. (Hg.), *Handbook of Social Psychology, Vol. VII*, Reading-London, Addison-Wesley, 709–736.
Foot, H. C. & Chapman, A. J. (1976): The social responsiveness of young children in humorous situations. In: Chapman, H. C. & Foot A. J. (Hg.), *Humour and Laughter. Theory, Research and Applications.* London, Wiley, 187–214.
Forabosco, G. (1992): Cognitive aspects of the humor process: The concept of incongruity. *Humor*, 5, 45–68.
Ford, M. E. (1960): Social cognition and social competence in adolescence. *Developmental Psychology*, 18, 323–340.
Frankl, V. E. (1939): Zur medikamentösen Unterstützung der Psychotherapie bei Neurosen. *Schweizer Archiv für Neurologie und Psychotherapie*, 43, 26–29.
- (1946 / 1975 a): *Ärztliche Seelsorge.* München, Kindler.
- (1947 / 1978): ... *trotzdem Ja zum Leben sagen. Ein Psychologe erlebt das Konzentrationslager.* München, Kösel.
- (1956 / 1975 b): *Theorie und Therapie der Neurosen.* München, Reinhardt.
- (1959): Grundriß der Existenzanalyse. In: v. Gebsattel, F., Schultz, H. J. & Frankl, V. E. (Hg.), *Handbuch der Neurosenlehre und Psychotherapie*, Band III. München, Urban & Schwarzenberg.
- (1984): *Der leidende Mensch. Anthropologische Grundlagen der Psychotherapie.* Bern, Huber.

– (1987): *Logotherapie und Existenzanalyse.* München, Piper.

Freud, S. (1905/1982a): *Der Witz und seine Beziehung zum Unbewußten.* Studienausgabe. Band IV. Frankfurt am Main, Fischer Taschenbuch, 9–220.

– (1927/1982b): *Der Humor.* In: Studienausgabe. Band IV. Frankfurt am Main, Fischer Taschenbuch, 277–282.

Fried, A. & Keller, J. (1991): *Humor und Identität.* Frankfurt am Main, Haag + Herchen.

Frings, W. (1996): *Humor in der Psychoanalyse.* Stuttgart, Kohlhammer.

Fröschels, E. (1961): New viewpoints on stuttering. *Folia Phoniatrica,* 13, 187–198.

Fry, W. F. (1964): *Sweet Madness. A Study of Humor.* Palo Alto, Pacific Books.

– (1989): Humor, physiology, and the aging process. In: Nahemow, L., McCluskey-Fawcett & McGhee, P. E. (Hg.), *Humor and Aging.* New York, Academic Press, 81–98.

– (1993): Medical Perspectives on Humor. *Humor & Health Letter,* 2 (1), 1–4.

Fry, W. F. & Salameh, W. A. (Hg.) (1993): *Advances in Humor and Psychotherapy.* Sarasota, Professional Resource Exchange.

Führing, M. & O. Lettmayer (1958): *Die Sprachfehler des Kindes und ihre Beseitigung.* Wien, Österr. Bundesverlag.

Fuhrmann, M. (1976): Lizenzen und Tabus des Lachens – Zur soziologischen Grammatik der hellenistisch-römischen Komödie. In: Preisendanz, W. & Warning, R. (Hg.), *Das Komische.* München, Fink, 65–101.

Furman, B. & Ahola, T. (1988): The use of humour in brief therapy. *Journal of Strategic and Systemic Therapies,* 7, 3–20.

Gardner, M. (1985): GOTCHA. *Paradoxien für den Homo Ludens.* München, Hugendubel.

Garland, R. (1991): *Making Work Fun.* San Diego, CA, Shamrock Press.

Garvey, C. (1977): *Play.* Cambridge, MAS., Harvard University Press.

Gervaize, P. A., Mahrer, A. R. & Markow, R. (1985): Therapeutic laughter: What therapists do to promote strong laughter in patients. *Psychotherapy in Private Practice,* 3, 65–74.

Gerz, H. D. (1966): Über 7jährige Erfahrungen mit der logotherapeutischen Technik der paradoxen Intention. *Zeitschrift für Psychotherapie und Medizinische Psychologie,* 16, 25–33.

Giangrande, G. (1963): The origin of comedy. *Eranos,* 61, 1–24.

Gibson (1995): *Laughter: The Universal Language.* Ozona, FL, Pegasus.

Gilligan, C. (1982): *In a Different Voice.* Cambridge, Harvard University Press.

Goldblum-Carlton, J. (1994): Humorizing medicine. *Humor & Health Letter,* 3 (5), 8–10.

Gomez, E. A., Gomez, G. E. & O'Connell, W. E. (1994): Adler, natural high, and other humanistic psychotherapies. *Individual Psychology,* 50 (3), 288–296.

Goulding, M. M. & Goulding, R. L. (1981): *Neuentscheidung. Ein Modell der Psychotherapie.* Stuttgart, Klett-Cotta.

Grawe, K., Donati, R. & Bernauer, F. (1984): *Psychotherapie im Wandel. Von der Konfession zur Profession.* Göttingen, Hogrefe.

Green, L. (1995): Don't retire your sense of humor. *Humor & Health Letter*, 4 (2), 8–10.

Greenburg, D. & Jacobs, M. (1966): *How to Make Yourself Miserable*. New York, Random House.

Greenwald, H. (1987): The humor decision. In: Fry, W. F. & Salameh, W. A. (Hg.), *Handbook of Humor and Psychotherapy*. Sarasota, FL, Professional Resource Exchange, 41–54.

Gregg, A., Miller, M. & Linton, E. (1929): Laughter situations as an indication of social responsiveness in young children. In: Thomas, D. S.(Hg.), *Some New Techniques for Studying Social Behavior*. New York, Teacher's College.

Gregory, J. C. (1924): *The Nature of Laughter*. London, Kegan Paul.

Groos, K. (1892): *Einleitung in die Aesthetik*. Gießen, Richter'sche Buchhandlung.

Grotjahn, M. (1974): *Vom Sinn des Lachens*. München, Kindler.

Gruner, C. (1979): *Understanding Laughter*. Chicago, Nelson-Hall.

Gullickson, C. (1995): Listening beyond the laughter: Communication through the use of humor. In: Buxman, K. & LeMoine, A. (Hg.), *Nursing Perspectives on Humor*. Staten Island, Power Publications, 19–25.

Hain, P. (1996): Humor als therapeutische Intervention. *Hypnose und Kognition*, 13, 251–256.

Haley, J. (1978): *Die Psychotherapie Milton Ericksons*. München, Pfeiffer.

Hand, I. & Lamontagne, Y. (1974): L'intention paradoxale et techniques comportementales similaires en psychotherapie a court terme. *Canadian Psychiatric Association Journal*, 19, 501–507.

Hand, I., Lamontagne, Y. & Marks, I. M. (1974): Group exposure (flooding) in vivo for agoraphobics. *British Journal of Psychiatry*, 124, 588–602.

Harman, R. L. (1982): Humor and gestalt therapy. In: Smith, E. W. L. (Hg.), *Gestalt Voices*. Norwood, New Jersey, Ablex, S. 189–191.

Hayworth, D. (1928): The social origins and functions of laughter. *Psychological Review*, 35, 367–384.

Hecker, E. (1873): *Die Physiologie und Psychologie des Lachens und des Komischen*. Berlin, Dümmler.

Heekerenz, H. P. (1992): Humor in der Familientherapie – Zum Stand der Diskussion. *Praxis der Kinderpsychologie und Kinderpsychiatrie*, 41, 25–30.

Heese, G. (1962): *Zur Verhütung und Behandlung des Stotterns*. Berlin, Marhold.

Helmers, H. (1965): *Sprache und Humor des Kindes*. Stuttgart, Klett.

Herth, K. (1984): Laughter. *Journal of Nursing*, 84, 991 f.

Hertzler, J. O. (1970): *Laughter: A Sociological Analysis*. New York, Exposition Press.

Hesse, H. (1927/1961): *Der Steppenwolf*. Frankfurt am Main, Suhrkamp.

Hirsch, E. C. (1985): *Der Witzableiter*. Hamburg, Hoffmann und Campe.

Hirsch, R. D. (1990): Aspekte der Psychotherapie. In: Hirsch, R. D. (Hg.), *Psychotherapie im Alter*. Bern, Huber, 29–32.

– (1992 a): Aspekte des Humors in der Übertragung und Gegenübertragung. In:

Radebold, H. (Hg.), Psychoanalyse und Altern. *Kasseler Gerontologische Schriften*, 14, 170–192.

– (1992b): Humor als Therapie in Geriatrie und Gerontopsychiatrie. *Geriatrie-Praxis*, 4, 22ff.

Hobbes, T. (1651 / 1980): *Leviathan*. Stuttgart, Reclam.

Hodgkinson, L. (1991): *Smile Therapy.* London, Macdonald Optima.

Höfner, E. & Schachtner, H. U. (1995): *Das wäre doch gelacht! Humor und Provokation in der Therapie*. Reinbek, Rowohlt.

Holden, R. W. (1992): *Laughter – The Best Medicine*. London, Thorsons / Harper-Collins.

Hügli, A. (1980): Das Lächerliche. In: Ritter, J. & Gründer, K. (Hg.), *Historisches Wörterbuch der Philosophie*, Band 5, 1–8.

Ietswaart, W. L. (1988): Humor and the psychoanalyst. *Zeitschrift für Psychoanalytische Theorie und Praxis*, 3, 187–198.

Kallen, H. M. (1911): The aesthetic principle in comedy. *American Journal of Psychology*, 22, 137–157.

Kamper D. & Wulf, Ch. (Hg.) (1986): *Lachen – Gelächter – Lächeln*. Frankfurt am Main, Syndikat.

Kanfer, F. & H., Phillips, J. S. (1975): *Lerntheoretische Grundlagen der Verhaltenstherapie*. München, Kindler.

Kant, I. (1790 / 1976): *Kritik der Urteilskraft*. Stuttgart, Reclam.

Kästner, E. (1969): Gedanken über das Lachen. In: *Gesammelte Schriften für Erwachsene. Vermischte Beiträge III*. München, Knaur, 290–302.

Kaufman, G. (1985): *The Power of Caring*. Cambridge, MAS, Schenkman Books.

Kausen, R. (Hg.) (1979): Mut zur Unvollkommenheit. München, Rex.

Keith-Spiegel, P. (1972): Early conceptions of humor: Varieties and issues. In: Goldstein, J. H. & McGhee, P. E. (Hg.), *The Psychology of Humor.* New York, Academic Press, 3–39.

Kellermann, P. F. (1981): Widerstand im Psychodrama. In: H. Petzold (Hg.), *Widerstand. Ein strittiges Konzept in der Psychotherapie*. Paderborn, Junfermann, 385–405.

Kern, H. J. (1994): Paradoxe Interventionen: Erklärungsversuche und Kategorisierungen. *Praxis der Kinderpsychologie und Kinderpsychiatrie*, 43, 9–16.

Keßler, B. H. & Hoellen, B. (1982): *Rational-emotive Therapie in der Klinischen Praxis*. Weinheim, Beltz.

Kittel, G. (1972): Hypnosebehandlung bei Stottern. *Tagungsbericht*. Heidelberg.

– (1996): *Kittel-Knittel-Verse. Lyrische Scherze als Medizin*. Erlangen, Specht.

Kitzler, R. (1983): Die Gestaltgruppe. In: R. Ronall & B. Feder (Hg.), *Gestaltgruppen*. Stuttgart, Klett-Cotta, 45–58.

Klapp, O. (1950): The fool as a social type. *American Journal of Sociology*, 55, 157–162.

Klöppel, R. & Vliex, S.(1992): *Helfen durch Rhythmik*. Freiburg, Herder.

Knetemeyer, B. & Heinery, S.(1992): Storytelling as a therapeutic technique in a group of school-aged oncology patients. *Children's Health Care*, 21 (1), 14–20.

Knott, B. (1983): *Truly Tasteless Jokes*. New York, Ballantine Books.

Kobi, E. E. (1980): Heilpädagogik als Herausforderung. In: Leber, A. (Hg.), *Heilpädagogik*. Darmstadt, Wissenschaftliche Buchgesellschaft, 61–94.

Kocourek, K., Niebauer, E. & Polak, P. (1959): Ergebnisse der klinischen Anwendung der Logotherapie. In: v. Gebsattel, F., Schultz, J. H. & Frankl, V. E. (Hg.), *Handbuch der Neurosenlehre und Psychotherapie*, Band III, München, Urban & Schwarzenberg.

Koestler, A. (1966): *Der göttliche Funke*. Bern – München, Scherz.

– (1990): *Der Mensch – Irrläufer der Evolution*. Frankfurt am Main, Fischer Taschenbuch.

Kohut, H. (1973): *Narzißmus*. Frankfurt am Main, Suhrkamp.

König, K. (1995): Humor in der Gruppentherapie. *Gruppenpsychotherapie & Gruppendynamik*, 31, 16–22.

Korb, L. J. (1988): Humor: A tool for the psychoanalyst. *Ego Psychology*, 11, 45–54.

Kottwitz, G. (1981): Der Widerstand in der Transaktionsanalyse. In: Petzold, H. (Hg.), *Widerstand. Ein strittiges Konzept in der Psychotherapie*. Paderborn, Junfermann, 325–337.

Kraepelin, E. (1885): Zur Psychologie des Komischen. In: Wundt, W. (Hg.), *Philosophische Studien*, Band 2. Leipzig, W. Engelmann, 128–160, 327–361.

Kramarae, C. & Reichler, P. A. (1985): *A Feminist Dictionary*, Boston, Pandora Press.

Kramer, M. (1982): *Vom Hanswurst zum Fools Freak*. Wetzlar, Büchse der Pandora.

Krasnor, L. S. & Rubin, K. H. (1983): Preschool social problem solving: Attempts and outcomes in naturalistic interaction, *Child Development*, 54, 1545–1558.

Krech, D. & Crutchfield, R. S. (1968): *Grundlagen der Psychologie I*. Weinheim, Beltz.

Kubie, L. S. (1971): The destructive potential of humor in psychotherapy. *American Journal of Psychiatry*, 127, 861–866.

Kuhlman, T. L. (1988): Galows humor for a scaffold setting. *Hospital & Community Psychiatry*, 39, 1085–1090.

Kühn, R. (1995): *Sinn – Sein – Sollen*. Cuxhaven, Junghans.

Kühn, R., Raub, M. & Titze, M. (Hg.) (1997): *Scham – ein menschliches Gefühl*. Opladen, Westdeutscher Verlag.

Kunz, E. (1996): »Die Füße gehen mit uns, doch lieber wollten sie uns tragen …« In: Titze, M. (1996 b), *Die heilende Kraft des Lachens*. München, Kösel, 305–317.

La Fave, L. (1972): Humor judgments as a function of reference groups and identification classes. In: Goldstein, J. & McGhee, P. E. (Hg.), *The Psychology of Humor*. New York, Academic Press, 195–210.

Landau, T. (1995): *Von Angesicht zu Angesicht*. Reinbek, Rowohlt.

Landmann, S. (1964): *Jüdische Witze*. München, dtv.

– (1989): *Die klassischen Witze der Juden*. Frankfurt am Main, Ullstein.

Laplanche, J. & Pontalis, J.-B. (1973): Primärvorgang, Sekundärvorgang. In: *Das Vokabular der Psychoanalyse*. Frankfurt am Main, Suhrkamp, 396–399.

Lazarus, A. A. (1978): *Verhaltenstherapie im Übergang*. München, Reinhardt.

– (1980): *Innenbilder*. München, Pfeiffer.

Lee, B. S. (1950): Affects of delayed speech feedback. *Journal Acoust. Soc. Amer.*, 22, 824–841.

Leutz, G. A. (1974): *Das klassische Psyschodrama nach J. L. Moreno*. Berlin, Springer.

Levbarg, J. J. (1939): Hypnosis. A potent therapy for certain disorders of speech. *Arch. Otolaryng*, 30, 206–221.

Leveton, E. (1989): *Mut zum Psychodrama*. Hamburg, ISKO-Press.

Linden, M., Förster, R., Oel, N. & Schlötelborg, R. (1993): Verhaltenstherapie in der kassenärztlichen Versorgung: Eine versorgungsepidemiologische Untersuchung. *Verhaltenstherapie*, 3, 101–111.

Loeb, M. & Wood, V. (1986): A nascent idea for an Eriksonian model of humor. In: Nahemow, L., McCluskey-Fawcett, K. & McGhee, P. E., *Humor and Aging*. Orlando, Academic Press, 279–284.

Long, P. (1987): Laugh and be well. *Psychology Today*, 21 (10), 28 f.

Loomans, D. & Kolberg, K. (1993): *The Laughing Classroom*. Tiburon, CA, H J Kramer Inc.

Lorenz, K. (1963): *Das sogenannte Böse*. Wien, Borotha-Schoeler.

Ludovici, A. M. (1932): *The Secret of Laughter*. London, Constable Press.

Lukas, E. (1980/1991): *Auch dein Leben hat Sinn*. Freiburg, Herder.

Lutz, R., Bezold, G., Bloem, R. & Dietrich, M. (1992): Sehen und gesehen werden. In: Lieb, H. & Lutz, R. (Hg.), *Verhaltenstherapie. Ihre Entwicklung – ihr Menschenbild*. Göttingen, Verlag für Angewandte Psychologie.

Madanes, C. (1989): *Hinter dem Einwegspiegel. Fortschritte in der strategischen Therapie*. Hamburg, ISKO-Press.

Mahoney, M. (1977): Paradoxical intention, symptom prescription, and principles of therapeutic change. *Counseling Psychologist*, 17, 283–290.

Mahoney, N. J. (1977): *Kognitive Verhaltenstherapie*. München, Pfeiffer.

Mahrer, A. R. & Gervaize, P. A. (1984): An integrative review of strong laughter in psychotherapy: What it is and how it works. *Psychotherapy*, 21, 510–516.

Malone, C. A. (1966): Safety first: Comments on the influence of external danger in the lives of disorganized families. *American Journal of Orthopsychiatry*, 34, 3–12.

Manaster, G. & Corsini, R. (1982): *Individual Psychology: Theory and Practice*. Ithaca, Peacock.

Martin, R. A. (1989): Humor and the mastery of living: Using humor to cope with the daily stresses of growing up. In: McGhee, P. E. (Hg.), *Humor and Children's Development*. New York, The Haworth Press, 135–154.

– (1995): De-stressing with humor. *Humor & Health Letter*, 4 (2) 1–6.

Martineau, W. H. (1972): A model of the social functions of humor. In: Goldstein, J. H. & McGhee, P. E. (Hg.), *The Psychology of Humor*. New York, Academic Press, 101–125.

McDougall, W. (1903): The theory of laughter. *Nature, 67*, 318–319.
- (1922): A new theory of laughter. *Psyche, 2.*
- (1923): *An Outline of Psychology.* London, Methuen.
McGhee, P. E. (1971): Development of the humor response. *Psychological Bulletin,* 76, 328–348.
- (1979): *Humor. Its Origin and Development.* San Francisco, W. H. Freeman.
- (1989): The contribution of humor to children's social development. In: McGhee, P. E. (Hg.), *Humor and Children's Development.* New York, The Haworth Press, 119–134.
- (Hg.) (1989): *Humor and Children's Development.* New York – London, The Haworth Press.
- (1993): *PUNchline.* Dubuque, Iowa, Kendall / Hunt
- (1994): *How to develop your sense of humor.* Dubuque, Iowa, Kendall / Hunt.
- (1996): *Health, Healing, and the Amuse System.* Dubuque, Iowa, Kendall / Hunt.
Meichenbaum, D. (1979): *Kognitive Verhaltensmodifikation.* München, Urban & Schwarzenberg.
Metcalf, C. W. & Felible, R. (1992): *Lighten up. Survival Skills for People under Pressure.* Reading, MA, Addison-Wesley.
Michelson, L. & Ascher, L. M. (1984): Paradoxical intention in the treatment of agoraphobia and other anxiety disorders. *Journal of Behavior Therapy and Experimental Psychiatry,* 15, 215–220.
Moody, R. (1979): *Lachen und Leiden. Über die heilende Kraft des Humors.* Reinbek, Rowohlt.
Moore, S. H. & Updegraff, R. (1964): Sociometric status of pre-school children related to age, sex, nurturance-giving, and dependency. *Child Development,* 35, 519–524.
Moreno, J. L. (1924): *Das Stegreiftheater.* Potsdam, Gustav Kiepenheuer.
- (1989): *Psychodrama und Soziometrie.* Köln, Edition Humanistische Psychologie.
Moreno, J. L. & Borgatta, E. F. (1951 / 1989): Ein Experiment mit Soziodrama und Soziometrie in der Industrie. In: Moreno, J. L., *Psychodrama und Soziometrie.* Köln, Edition Humanistische Psychologie, 223–263.
Morgenstern, Chr. (1994): *Gedichte – Verse – Sprüche.* Genf, Lechner.
Mosak, H. & Maniacci, M. (1993): An »Alderian« approach to humor and psychotherapy. In: Fry, W. F. & Salameh, W. A. (Hg.), *Advances in Humor and Psychotherapy.* Sarasota, FL, Professional Resource Press, 1–18.
Mosak, H. H. (1987): *Ha Ha and Aha. The Role of Humor in Psychotherapy.* Muncie, Accelerated Development.
Mozdierz, G. J., Macchitelli, F. J. & Lisiecki, J. (1976): The paradox in psychotherapy: An Adlerian perspective. *Journal of Individual Psychology,* 32, 169–184.
Nahemow, L. (1986): Humor as a data base for the study of aging. In: Nahemow, L., McCluskey-Fawcett, K. A. & McGhee, P. E. (Hg.), *Humor and Aging.* Orlando, Academic Press, 3–26.
Nathanson, D. (1994): *Shame and Pride.* New York – London, W. W. Norton.

Nelson, S. E. & N. Hunter, M. Walter (1945): Stuttering in twin and types. *Journal of Speech Disorders*, 10, 335.

Nevo, O. & Shapira, J. (1989): The use of humor by pediatric dentists. In: McGhee, P. E. (Hg.), *Humor and Children's Development.* New York, The Haworth Press, 171–178.

Nietzsche, F. (1885/1980): *Also sprach Zarathustra.* Werke. Band III. München, Hanser, 276–561.

– (1894/1980): *Aus dem Nachlaß der Achtziger Jahre.* Werke. Band VI. München, Hanser.

Nikelly, A. G. (Hg.) (1978): *Neurose ist eine Fiktion.* München, Kindler.

O'Connell, W. (1981): Natural high therapy. In: Corsini, R. (Hg.), *Handbook of Innovative Psychotherapies.* New York, Wiley, 554- 568.

– (1987): Natural high theory and practice. In: Fry, W. F. & Salameh, W. A. (Hg.), *Handbook of Humor and Psychotherapy.* Sarasota, Professional Resource Exchange, 55–79.

Ohm, D. (1997) *Lachen, lieben – länger leben.* Trias, Stuttgart.

Olds, J. (1958): Self-stimulation of the brain. *Science,* 127, 315–324.

Omer, H. (1981): Paradoxical treatments: A unified concept. *Psychotherapy: Theory, Research & Practice,* 18, 320–324.

Oring, E. (1995): Appropriate incongruities: Genuine and spurious. *Humor, 8,* 229–236.

Palmer, J. (1994): *Taking Humour Seriously.* London – New York, Routledge.

Palmore, E. B. (1986): Attitudes toward aging shown in by humor. In: Nahemow, L., McCluskey-Fawcett, K. A. & Fry, W. F. (Hg.), *Humor and Aging.* Orlando, Academic Press, 101–120.

Pasquali, G. (1987): Some notes on humor in psychoanalysis. *International Review of Psycho-Analysis,* 14, 231–236.

Paul, J. (1819/1980): *Vorschule der Ästhetik.* Werke, Fünfter Band. München, C. Hanser, 102–165.

Paulos, J. A. (1991): *Ich lache, also bin ich.* Frankfurt am Main, Campus.

Perls, F. (1976): *Grundlagen der Gestalt-Therapie.* München, Pfeiffer.

– (1974): *Gestalt-Therapie in Aktion.* Stuttgart, Klett.

Perls, F. & Baumgardner, P. (1990): *Das Vermächtnis der Gestalttherapie.* Stuttgart, Klett-Cotta.

Peseschkian, N. (1977): *Positive Psychotherapie.* Frankfurt am Main, Fischer Taschenbuch.

Peter, L. J. & Dana, B. (1982): *The Laughter Prescription.* New York, Ballantine.

Petzold, H. (1975): Ich bin O. K., du bist so là là. *Psychologie heute*, 2 (8), 35–43.

– (1994): Editorial. *Integrative Therapie,* 20, 195–199.

Petzold H. G. (1984): Die Gestalttherapie von Fritz Perls, Lore Perls und Paul Goodman. *Integrative Therapie,* 10, 5–72.

Piaget, J. (1969): *Nachahmung, Spiel und Traum.* Stuttgart, Klett.

– (1976): *Psychologie der Intelligenz.* München, Kindler.

Plessner, H. (1950): *Lachen und Weinen.* München, Leo Lehnen.

Poland, W. S.(1971): The place of humor in psychotherapy. *American Journal of Psychiatry*, 128, 635–639, 861–866.

Poland, W. S.(1996): The gift of laughter: On the development of humor in clinical analysis. *Psychoanalytic Quarterly*, 59, 197- 225.

Polster, E. & Polster, N. (1985): *Gestalttherapie*. München, Kindler.

Preetorius, J. (1953): *Knaurs Spielbuch*. München, Droemersche Verlagsanstalt.

Preisendanz, W. (1974): Das Komische, das Lachen. In: Ritter, J. & Gründer, K. (Hg.), *Historisches Wörterbuch der Philosophie*, Band 4, Darmstadt, Wissenschaftliche Buchgesellschaft, 889–893.

Radcliffe-Brown, A. R. (1965): *Structure and Function in Primitive Society*. New York, Free Press.

Rapp, A. (1947): Towards an eclectic and multilateral theory of laughter and humor. *Journal of General Psychology*, 36, 207–219.

– (1949): A phylogenetic theory of wit and humor. *Journal of Social Psychology*, 30, 81–96.

– (1951): *The Origins of Wit and Humor*. New York, Dutton.

Ravella, N. F. (1988): The serious business of humor in therapy. *Journal of Strategic and Systemic Therapies*, 7, 35–40.

Reik, T. (1929): *Lust und Leid im Witz*. Wien, Internationaler Psychoanalytischer Verlag.

Reisner, A. D. (1990): The use of cognitive behavioral methods and neoanalytic conceptualization to treat a case of morbid fear of soiling. *Phobia Practice and Research Journal*, 3, 81–86.

Reynes, R. L. & Allen, A. (1987): Humor in psychotherapy: A view. *American Journal of Psychotherapy*, 41, 260–270.

Richman, J. (1996): Jokes as a projective technique: The humor of psychiatric patients. *American Journal of Psychotherapy*, 50, 336–346.

Ringel, E. (1973): *Selbstschädigung durch Neurose*. Wien, Herder.

Robinson, V. M. (1977): *Humor and Health Professions*. Thorofare, Slack.

– (1995): Humor in nursing: A hysterical perspective. In: Buxman, K. & LeMoine, A. (Hg.), *Nursing Perspectives on Humor*. Staten Island, Power Publications, 9–18.

Röhrich, C. (1980): *Der Witz*. München, dtv.

Ronall, R. (1983): Intensive Gestalt-Workshops: Erfahrungen in Gemeinschaft. In: Ronall, R. & Feder, B. (Hg.), *Gestaltgruppen*. Stuttgart, Klett-Cotta, 241–283.

Rose, G. (1972): Fusion states. In: Giovacchini, P. (Hg.), *Tactics and Techniques in Psychotherapy*. New York, Science House, 170–188.

Rosenberg, L. (1995): Sick, black and gallows humor among emergency care givers, or – are we having any fun yet? In: Buxman, K. & LeMoine, A. (Hg.), *A Nursing Perspective on Humor*. Staten Island, Power Publications, 39–49.

Rosenheim, E. (1976): Humor in psychotherapy. *Current Psychiatric Therapy*, 16, 59–66.

Roth, E. (1994): *Das Schönste von Eugen Roth,* Band 1–3. München, Weltbild Verlag.

Rubin, K. H. & Daniels-Beirness, T. (1983): Concurrent and predictive correlates of sociometric status in kindergarten and grade 1 children. *Merrill-Palmer Quarterly*, 29, 337–351.

Rubinstein, H. (1985*): Die Heilkraft Lachen*. Bern, Hallwag.

Ruch, W. (1990): *Die Emotion Erheiterung. Ausdrucksformen und Bedingungen.* Habilitationsschrift, Universität Düsseldorf.

– (1995): »Sinn für Humor« als Persönlichkeitsmerkmal: vergessen, fehlkonstruiert, neukonzipiert. In: Pawlik, K. (Hg.), *Bericht über den 39. Kongreß der Deutschen Gesellschaft für Psychologie in Hamburg 1994.* Göttingen, Hogrefe, 689–694.

– (1995): Exhilaration and humor. In: Lewis, M. & Haviland, J. M. (Hg.), *The Handbook of Emotions.* New York, Guilford, 605–616.

– (Hg.) (1998): *The »Sense of Humor«. Explorations of a personality characteristic.* Berlin–New York, Mouton De Gruyter.

Salameh, W. A. (1983): Humor in psychotherapy: Past outlooks, present status and future frontiers. In: McGhee, P. & Goldstein, J. (Hg.), *Handbook of Humor Research,* Vol. II. New York, Springer, 61–88.

– (1986 a): Humor as a form of indirect hypnotic communication. In: Yapko, M. (Hg.), *Hypnotic and Strategic Interventions.* New York, Irvington, 133–188.

– (1986 b): The effective use of humor in psychotherapy. In: Keller, P. & Ritt, L. (Hg.), *Innovations in Clinical Practice,* Vol. VII. Sarasota: Professional Resource Exchange, 157–175.

– (1987): Humor in Integrative Short-Term Psychotherapy (ISTP). In Fry, W. F. & Salameh, W. A. (Hg.): *Handbook of Humor and Psychotherapy.* Sarasota, Professional Resource Exchange, 195–240.

– (1995): Laughter and emotional liberation: The Zen of humor. *Humor & Health Letter,* 4 (1), 1–8.

– (1996): »Humor Immersion Training«. In: Titze, M., *Die heilende Kraft des Lachens. Mit Therapeutischem Humor frühe Beschämungen heilen,* München, Kösel, 327–353.

Salisch, M. v. (1988): Einleitung. In: Ekman, P., *Gesichtsausdruck und Gefühl*, Paderborn, Junfermann.

Schilling, A. (1965): Die Behandlung des Stotterns. *Folia Phoniatrica*, 17, 365–378.

Schlegel, L. (1993): *Handwörterbuch der Transaktionsanalyse.* Freiburg, Herder.

Schopenhauer, A. (1819 / 1980): *Die Welt als Wille und Vorstellung,* II, Kap. 8. Darmstadt, Wissenschaftliche Buchgesellschaft.

Schwarz, D. (1987): *Gefühle erkennen und positiv beeinflussen.* Landsberg am Lech, mvg.

Schweizer, R. (1977): *Ein Schweizerbuch.* Basel, René Schweizer Verlag.

Sellschopp-Rüppell, A. & v. Rad, M. (1977): Pinocchio – a psychosomatic syndrome. *Psychotherapy and Psychosomatics*, 11, 355–358.

Seltzer, L. F. (1986): *Paradoxical Strategies in Psychotherapy.* New York, Wiley.

Selvini-Palazzoli, M., Boscolo, L., Cecchin, G. & Prata, J. (1977): *Paradoxon und Gegenparadoxon.* Stuttgart, Klett-Cotta.

Selye, H. (1988): *Streß*. München, Piper.

Shah, I. (1991): *Die fabelhaften Heldentaten des vollendeten Narren und Meisters Mulla Nasrudin*. Freiburg, Herder.

Sherman, L. W. (1985): Humor and social distance. *Perceptual and Motor Skills*, 61, 1274.

Shulman, B. H. (1962): The use of dramatic confrontation in group psychotherapy. *Psychiatric Quarterly*, 36, 93–99.

– (1971): Confrontation techniques in psychotherapy. *Journal of Individual Psychology*, 27, 167–175.

Shultz, T. R. & Robillard, J. (1980): The development of linguistic humour in children: Incongruity through rule violation. In: McGhee, P. E. & Chapman, A. J. (Hg.), *Children's Humour*. Chichester, Wiley, 55–96.

Smith, D. P. (1986): Using humor to help children with pain. *Children's Health Care*, 14, 187 f.

Smith, R. E. (1973): The use of humor in counterconditioning of anger responses: A case study. *Behavior Therapy*, 4, 576–580.

Socha, T. J. & Kelly, B. (1994): Children making »fun«: Humorous communication, impression management, and moral development. *Child Study Journal*, 24, 237–252.

Spencer, H. (1860): The physiology of laughter. *Macmillan's Magazine*, 1, 395–402.

Staemmler, F. M. (1996): Zum 25. Todestag von Fritz Perls. *GestaltKritik*, Nr. 1, 41 ff.

Steiner, C. (1982): *Wie man Lebenspläne verändert*. Paderborn, Junfermann.

Steiner, G. (Hg.) (1978): *Piaget und die Folgen. Die Psychologie des 20. Jahrhunderts*. Band VII. München, Kindler.

Stern, D. N. (1993): *Die Lebenserfahrung des Säuglings*. Stuttgart, Klett-Cotta.

Stierle, K. (1976): Komik der Handlung, Komik der Sprachhandlung, Komik der Komödie. In: Preisendanz, W. & Warning, R. (Hg.), *Das Komische*. München, Fink, 237–268.

Stockvis, B. (1955): *Hypnose in der ärztlichen Praxis*. Basel – New York, Karger.

Strotzka, H. (1976): Witz und Humor. In: Eicke, D. (Hg.), *Die Psychologie des XX. Jahrhunderts, Bd. II: Freud und die Folgen* (1). Zürich, Kindler, 305–321.

Strufe, L. A. & Waters, E. (1976): The ontogenesis of smiling and laughter: A perspective on the organization of development in infancy. *Psychological Review*, 83, 173–183.

Thurston, C. M. & Lundberg, E. M. (1992): *If They're Laughing, They're not Killing Each Other*. Fort Collins, COL, Cottonwood Press.

Titze, M (1978): Die »konspirative Methode« der Teleoanalyse. *Partnerberatung*, 19, 145–149.

– (1979): *Lebensziel und Lebensstil*. München, Pfeiffer.

– (1985): *Heilkraft des Humors*. Freiburg, Herder.

– (1986): Affektlogische Bezugssysteme. *Zeitschrift für Individualpsychologie*, 11, 103–107.

195

- (1987): The »conspirative method«: Applying humoristic inversion in psychotherapy. In: Fry, W. F. & Salameh, W. A. (Hg.), *Handbook of Humor in Psychotherapy*. Sarasota, Professional Resource Exchange, 287–306.
- (1988): Humor und Lachen: Spekulationen, Theorien und Ergebnisse der Lachforschung. *Praxis Spiel + Gruppe*, 1, 3–12.
- (1989): Beziehung und Deutung in der Individualpsychologie – oder: Reziprokes Verstehen und dialogischer Perspektivenwandel. In: Reinelt, T. & Datler, W. (Hg.), *Beziehung und Deutung im psychotherapeutischen Prozeß*. Berlin, Springer, 39–56.
- (1993a): Die Bedeutung therapeutischen Humors in der Arbeit mit behinderten Kindern. *Zeitschrift für Individualpsychologie*, 18, 307–318.
- (1993b): Laughter groups. *Humor & Health Letter*, 2 (2), 1–7.
- (1995a): Aktive Steuerung von Übertragung und Gegenübertragung bei tiefenpsychologisch fundierter Kurzpsychotherapie. *Psychotherapie Forum*, 3, 61–68.
- (1995b): Apperzeptionsschema. In: Brunner, R. & Titze, M. (Hg.), *Wörterbuch der Individualpsychologie*. München, Reinhardt.
- (1996a): *Die heilende Kraft des Lachens. Frühe Beschämungen mit Therapeutischem Humor heilen*. München, Kösel.
- (1996b): The Pinocchio Complex: Overcoming the fear of laughter. *Humor & Health Journal*, 5 (1), 1–11.
- (1997a): Das Komische als schamauslösende Bedingung. In: Kühn, R., Raub, M. & Titze, M. (Hg), *Scham – ein menschliches Gefühl*. Opladen, Westdeutscher Verlag, 169–178.
- (1997b): Dem Dressurgewissen ins Gesicht lachen. *Intra*, 8 (31), 18–23.
Titze, M. & Gröner, H. (1989): *Was bin ich für ein Mensch?* Freiburg, Herder.
Titze, M., Eschenröder, C. T. & Salameh, W. A. (1994): Therapeutischer Humor – ein Überblick. *Integrative Therapie*, 20 (3), 200–234.
Tomkins, S. S. (1962): *Affect, Imagery, Consciousness* (Vol. 1, The Positive Affects). New York, Springer.
Trenkle, B. (1994): *Das HaHandbuch der Psychotherapie. Witze – ganz im Ernst*. Heidelberg, Carl Auer.
Ventis, W. L. (1973): Case history: The use of laughter as an alternative response in systematic desensitization. *Behavior Therapy*, 4, 120ff.
- (1987): Humor and laughter in behavior therapy. In: Fry, W. F. & Salameh, W. A. (Hg.). *Handbook of Humor and Psychotherapy*. Sarasota, Professional Resource Exchange, S. 149-169.
Vischer, F. Th. (1837): *Über das Erhabene und das Komische*. Stuttgart, Imle & Krauss.
Walsh, J. J. (1928): *Laughter and Health*. New York, Appleton.
Watzlawick, P. (Hg.) (1985): *Die erfundene Wirklichkeit*. München, Piper.
Watzlawick, P., Weakland, J. H. & Fisch, R. (1974): *Lösungen. Zur Theorie und Praxis menschlichen Wandels*. Bern, Huber.
Weber, T. & Cameron, P. (1978): Humor and aging – a response. *Gerontologist*, 18, 73–76.

Weeks, G. R. (Hg.) (1985): *Promoting Change through Paradoxical Therapy.* Homewood, Jones-Irwing.

Weeks, G. R. & L'Abate, L. (1985): *Paradoxe Psychotherapie.* Stuttgart, Enke.

Weinstein, M. (1996): *Lachen ist gesund – Auch für Unternehmen.* Wien, Carl Ueberreuter.

Weiss, T. & Haertel-Weiss, G. (1991): *Familientherapie ohne Familie. Kurztherapie mit Einzelpatienten.* München, Piper.

Whitehead, A. A. & Russell, B. (1910): *Principia Mathematica.* Cambridge, Cambridge University Press.

Willman, J. M. (1940): An analysis of humor and laughter. *American Journal of Psychology,* 53, 70–85.

Wippich, J. & Derra-Wippich, I. (1996): *Lachen lernen. Einführung in die Provokative Therapie Frank Farrellys.* Paderborn, Junfermann.

Wittmann, L. (1983): Lachen in der Psychotherapie. In: Lutz, R. (Hg.), *Genuß und Genießen.* Weinheim, Beltz.

Wolf, N. (1986): *Die Bedeutung des Humors für das ästhetisch-sittliche Bewußtsein des Erziehers.* Weinheim, Beltz.

Wolfenstein, M. (1954): *Children's Humor.* Glencoe, Free Press.

Wolpe, J. (1972): *Praxis der Verhaltenstherapie.* Bern, Huber.

Wurmser, L. (1993): *Die Maske der Scham.* Berlin – Heidelberg, Springer.

Yorukoglu, A. (1993): Favorite jokes and their use in therapy with children and parents. In: Fry, W. F. & Salameh, W. A. (Hg.), *Advances in Humor and Psychotherapy.* Sarasota, Professional Resource Press, 57–83.

Young, F. D. (1988): Three kinds of strategic humor: How to use and cultivate them. *Journal of Strategic and Systemic Therapies,* 7, 21–34.

Zajonc, R. A. (1985): Emotional and facial efference: A theory reclaimed. *Science,* 228.

Ziv, A. (1984): *Personality and Sense of Humor.* New York, Springer.

Zwerling, I. (1955): The favorite joke in diagnostic and therapeutic interviewing. *Psychoanalytic Quarterly,* 24, 104–114.

Adressen

Arbeitsgemeinschaft Therapeutischer Humor. Koordination: Erika Kunz, Buchenacker 71, D-79629 Sallneck. (Informiert über Fortbildungsmöglichkeiten in der Schweiz.)

American Association for Therapeutic Humor. Executive Director: Sue Wells, 222 S. Meramec, Ste. 303, St. Louis, MO 63103, USA. (Diese Organisation wurde ursprünglich von Angehörigen pflegerischer Berufe ins Leben gerufen. Inzwischen steht sie allen offen, die an der »Heilkraft des Humors« im klinischen Bereich interessiert sind.)

Carolina Health and Humor Association. c/o Ruth Hamilton, 5223 Revere Rd., Durham, NC 27713, USA. (Steht besonders Angehörigen aus pflegerischen Berufen offen. Wichtig besonders im Hinblick auf Informationen über »Gelächterwagen« im Krankenhaus! Die Gesellschaft bietet Workshops an und gibt ein Newsletter heraus.)

The Centre in Favour of Laughter. c/o Dr. Dhyan Sutorius, Jupiter 1007, NL-1115 TX Duivendrecht.

Clown Care Unit. Big Apple Circus, New York, NY, USA. (Zentrum der Ausbildung von Clowns, die in Kinderkrankenhäusern eingesetzt werden. S. Fußnote S. 154.)

Deutsches Institut für Provokative Therapie. Zentrale: Dr. Eleonore Höfner und Hans-Ulrich Schachtner, Bastian-Schmid-Platz 11 a, D-81477 München. (Seminare/Workshops/Weiterbildungskurse in der von Frank Farrelly begründeten humorzentrierten »Provokativen Therapie.«)

Gesundheit Institute. c/o Patch Adams, MD, Wahingtom Blvd., Arlington, VA 22213, USA. (Dr. Adams ist gelernter Arzt und praktizierender Clown. Er bietet Workshops über Humor und Lachmeditation an. Gegenwärtig ist er dabei, ein humorzentriertes Krankenhaus aufzubauen.)

The Laughter Clinic. Director: Robert W. Holden, 34 Denewood Avenue, Handsworth Wood, Birmingham B20 2AB. (Der Sozialarbeiter Robert Holden wurde 1991 von den Gesundheitsbehörden Birminghams autorisiert, eine »Lachklinik« zu eröffnen. Über diese wurde seither in den Medien viel berichtet. Holden hat die dort angewandte Lachtherapie in seinem kürzlich erschienenen Buch *Laughter – The Best Medicine* beschrieben (Thorsons/Harper-Collins Publishers, Hammersmith, London.)

The Laughter Remedy. Director: Dr. Paul E. McGhee, 56 Beaver Dam Rd., Randolph, NJ 07869, USA. (Der Psychologieprofessor Paul McGhee zählt zu den bedeutendsten Humorforschern der Welt. Er hat eine Vielzahl herausragender Bücher zum Thema klinische Anwendbarkeit des Humors verfaßt bzw. herausgegeben. Mit seiner *Laughter Remedy* bietet McGhee Interessierten aus aller Welt die Möglichkeit an, sich über Therapeutischen Humor sowohl in theoretischer als auch praktischer Hinsicht zu informieren. Die *Laughter Remedy* vertreibt auch verschiedene Materialien, die im Bereich des Therapeutischen Humors Anwendung finden.)

The Humor Project. Director: Dr. Joel Goodman, 110 Pring St., Saratoga Springs, NY 12866, USA. (Die größte und aktivste Organisation, die sich mit den positiven Auswirkungen des Humors im klinischen Bereich und vor allem auch im Berufsleben befaßt. Das Humor Project veranstaltet regelmäßige Workshops und Kongresse nicht nur in den USA, sondern auch in Asien und Europa. Es publiziert eine eigene Zeitschrift [*Laughing Matters*] und unterhält ein *HUMOResources mail-order bookstore*, in dem alle Materialien des Therapeutischen Humors vertrieben werden [Bücher, Magazine, Tonbänder, Videos, spezielle Software].

International Laughter Society. President: L. Katherine Ferrari, 1600 Glen Una Drive, Los Gatos, CAL 95030. (Besitzt viele Regionalkreise in den Vereinigten Staaten, die ihrerseits monatliche Treffen organisieren, die nur dem einen Zweck dienen: Spaß zu vermitteln und Gelächter anzuregen. Die *Laughter Society* entspricht in ihrer Struktur entsprechenden Selbsthilfeorganisationen.)

International Society for Humor Studies. Executive Secretary: Dr. Don L. Nilsen, English Department, Arizona State University, Tempe AZ 85287–0302, USA. (Interdisziplinäre Dachorganisation von Wissenschaftlern, die sich mit dem Humor nicht allein in theoretischer Hinsicht befassen. Jährlich werden internationale Kongresse mit einem reichhaltigen Programm veranstaltet. Die Gesellschaft gibt eine vierteljährlich erscheinende Zeitschrift [*Humor*] heraus und informiert über die neuesten Ergebnisse im Bereich der Humorforschung.)

Order of Fun Nuns. Head: Sr. Mary Christelle Macaluso, College of St. Mary, 1901 South 72nd Street, Omaha, NEB 68124–2377, USA. (Ursprünglich von Ordensschwestern gegründet, umfaßt dieser *Orden des Spaßes* heute 25 000 Mitglieder. Sie alle verfolgen nur den einen Zweck: Freude zu vermitteln …)

International Humor Studies Seminar. Director: Prof. Dr. Amy Carrell, Dptm. of English, University of Central Oklahoma, 100 North University Drive, Edmond, OK 73034–0184 USA. (Findet regelmäßig im Juli statt. In 14tägigen Kursen werden neueste Ergebnisse der Humorforschung und -anwendung vermittelt.)

Humor in der Therapie. Kongresszentrum Messe Basel, Messeplatz 21, CH–4021 Basel. (Findet jährlich im Oktober als Wochenendkongreß statt. Angeboten werden Vorträge und Workshops von internationalen Fachleuten.)

Heilkraft Humor. Humor-Kongress, Arosa Tourismus, CH–7050 Arosa. (Seminarkongreß, der als Ergänzung zum Basler Kongreß jährlich im März unter Beteiligung internationaler Fachleute veranstaltet wird.)

Zeitschriften

Humor – International Journal of Humor Research. Verlegt bei Walter de Gruyter, Postfach 30 34 21, D-10728 Berlin. (Organ der »International Society for Humor Studies«. Dient der Publikation wissenschaftlicher Beiträge über sämtliche Bereiche der Humorforschung. Damit wird der Leser über die aktuellsten Forschungsergebnisse informiert.)

Humor & Health Journal. Publisher and Editor: Joseph R. Dunn, Ph. D., 6055 Ridgewood Rd., Post Office Box 16814. Jackson, MIS 39236–6814, USA. (Dieser Newsletter bringt in leichtverständlicher Form ausschließlich Informationen aus dem Bereich des Therapeutischen Humors und der Gelotologie. Regelmäßig werden Interviews mit führenden Repräsentanten dieses Bereichs abgedruckt. Dieses Nachrichtenblatt ist, nicht zuletzt auch wegen seines sehr günstigen Preises, jedem zu empfehlen, der sich über die neueste Entwicklung auf dem Gebiet der Humor- und Lachtherapie informieren möchte.)

Laugh Lovers News. c/o Virginia Torper, Post Office Box 1495, Pleasanton CA 94566, USA.

The Joyful Newsletter. c/o Cal Samra, Post Office Box 668, Kalamazoo, MI 49005, USA. (Plattform christlicher Humoristen. Informiert regelmäßig über die neuesten Ergebnisse der Humortherapie.)

Journal of Nursing Jocularity. Post Office Box 40416, Mesa, AZ 85274, USA. (Informiert über Themen aus dem klinischen Bereich. Es ist insbesondere für Angehörige pflegerischer Berufe interessant.)

Laughing Matters. Fachzeitschrift des *Humor Project* (s. o.).

Humor Magazin. Baseline GmbH. (Begleitmagazin zum Internationalen Kongreß »Humor in der Therapie«, Basel.)

Jacques Berna

Liebe zu Kindern

Aus der Praxis eines Analytikers

Band 12670

Die Psychoanalyse von Kindern ist nicht ohne weiteres mit der von Erwachsenen zu vergleichen. Kinder sind beispielsweise mit der bei Erwachsenen üblichen analytischen »Abstinenz« nicht zu erreichen. Kinder verlangen Empathie und emotionale Zuwendung. Freie Assoziation ist nicht ihre Sache, allenfalls freies Spiel. Die Analyse von Kindern ist schwieriger, aber auch erfolgreicher, wenn sie gelingt. Ihre Störungen, noch nicht so chronifiziert wie bei Erwachsenen, sind häufig schneller und dauerhafter zu beheben als die von älteren Menschen. Berna beschäftigt sich in diesem Buch mit zentralen Themen und Fragestellungen der Kinderanalyse und veranschaulicht Theorie und Praxis nicht nur auf verständliche und eingängige Weise, sondern auch mit vielen Falldarstellungen aus seiner Jahrzehnte umfassenden Praxis. Er behandelt Fragen der Indikation und Methodik, geht auf einzelne Störungsbilder ein und schildert exemplarische Behandlungsverläufe.

Fischer Taschenbuch Verlag

fi 3307 / 2

Marga Kreckel

Macht der Väter – Krankheit der Söhne

Band 13305

Psychisch kranke Söhne sind nicht nur Söhne ihrer Mütter. Sie sind
vor allem auch als Söhne ihrer Väter zu verstehen. Dennoch wissen
wir wenig über die Väter. Wenn über sie nachgedacht wird, ist dies
meist mit der Klage um ihre Abwesenheit verbunden. Es ist – nach
Ansicht der Autorin – eine beachtliche »Kulturleistung«, die Väter
durch wissenschaftliche Nichtbeachtung und den Hinweis auf ihre
häufige Abwesenheit fast vollkommen zu ignorieren, sobald es um
die Klärung pathogener Entwicklungen bei ihren Söhnen geht. Aber
in der Kultur des Vaterrechts scheint der Vater ein Tabu zu sein.
In zahlreichen Fallbeispielen wird der tiefgreifende Einfluß der Väter
auf ihre Söhne sichtbar gemacht. Neben diesem Schwerpunkt wird
zudem auf die konfliktträchtige Phase der Adoleszenz eingegangen.

Fischer Taschenbuch Verlag

fi 801 / 9

Ernest Borneman

Die Zukunft der Liebe

Band 13232

Ernest Borneman, der umstrittene Sexualwissenschaftler, 1995 freiwillig aus dem Leben geschieden, war sowohl Kenner und bis zuletzt Genießer menschlicher Liebe, aber auch ein fulminanter Kritiker heutigen Sexualverhaltens, der Vermarktung von Sexualität, der zunehmenden Vermengung von Sexual- und Warenverkehr. Borneman gab sich zwar in der Öffentlichkeit als Libertin und fand Vergnügen daran, der Gesellschaft durch provokante Äußerungen Empörung abzulocken, doch im Grunde war er ein höchst moralischer Mensch und ein sozialpolitischer Aufklärer aus Tradition und Passion. In seinem letzten Buch beschäftigt er sich noch einmal, aus der Sicht des universell Gebildeten, der sein Ende nahen fühlte, mit seinem Lebensthema, der Liebe, ihrem Ursprung und ihren Zukunftsaussichten.

Fischer Taschenbuch Verlag

fi 797 / 8

Sándor Ferenczi
Ohne Sympathie keine Heilung
Das klinische Tagebuch von 1932
Herausgegeben von Judith Dupont
Band 14269

Der Psychoanalytiker Sándor Ferenczi, einer der bedeutendsten Schüler Sigmund Freuds, hat ein Jahr vor seinem Tod ein klinisches Tagebuch niedergeschrieben, das Überlegungen zu wichtigen Aspekten der Behandlungstechnik, Ansichten über seine Beziehung zu Freud und zahllose Notizen und Gedankensplitter über seine therapeutische Praxis enthält.

Ferenczis »Tagebuch«, ein streckenweise intimes und zugleich historisch bedeutsames Dokument, geschrieben ein Jahr vor der »Machtergreifung« der Nazis, hat ein bewegtes Schicksal hinter sich, so bewegt wie die Geschichte der Psychoanalyse im europäischen Raum. So erschien der Text 1985 zuerst in französischer Sprache, mehr als 50 Jahre nach seiner Niederschrift. Die deutsche Ausgabe wurde erstmals 1988 veröffentlicht.

Dieses Buch ist ein wichtiges, noch wenig erschlossenes Dokument der Geschichte der Psychoanalyse.

Fischer Taschenbuch Verlag

fi 3011 / 3

Erwin Ringel

Selbstschädigung durch Neurose

Psychotherapeutische Wege zur Selbstverwirklichung

Band 13499

Erwin Ringel zählt zu den bedeutendsten Psychotherapeuten der Nachkriegszeit in Österreich. Bereits 1953 wurde er durch die Entdeckung und Beschreibung des Präsuizidalen Syndroms in Fachkreisen bekannt. Er gründete 1960 die »Internationale Gesellschaft für Selbstmordverhütung«, der heute 58 Länder angehören. Den gesamten Menschen in seiner Leib-Seele-Gestalt erfassend, wandte er sich als Arzt wie Psychiater besonders der Psychosomatik und der Neurosenlehre zu, und als langjähriger Präsident der von Adler gegründeten »Individualpsychologischen Schule« war es sein besonderer Verdienst, die Lehren der beiden großen Gegenspieler Freud und Adler miteinander zu verbinden, was nicht ohne Widerspruch blieb.

Dieses Buch stellt, die Erkenntnisse von Freud und Adler integrierend, die Neurosenlehre Erwin Ringels dar.

Fischer Taschenbuch Verlag

fi 794 / 6

Israel Rosenfield

Das Fremde, das Vertraute und das Vergessene

Anatomie des Bewußtseins

Aus dem Amerikanischen von Sebastian Vogel

Band 14270

»Israel Rosenfield ist ein eindrucksvoller und origineller Denker. Nach seiner Meinung hat die klassische mechanistische Neurologie unbeschadet all ihrer großen Errungenschaften abgewirtschaftet. Neurologische Krankheit oder Gesundheit sei ohne Bezug zum ständig wechselnden Körperbild, zum Bewußtsein, zum Sein des Organismus nicht zu verstehen.

In diesem bedeutenden Buch zeigt der Autor anhand einer Vielzahl klassischer Krankheitsfälle, wie grundlegend anders sie erklärt werden können, bezieht man alle Begleitumstände auf das Zentrum des Individuums, auf sein Selbstsein. Bei der Lektüre hat der Leser das Gefühl, er sähe die Patienten tatsächlich vor sich und verstünde sie zum erstenmal.

Das Buch dürfte jeden ansprechen, der sich fragt, was es heißt, ein bewußter Mensch zu sein, und der wissen möchte, wie Identität in sich organisiert ist und wie sie selbst Gesundheit und Krankheit organisiert.« *Oliver Sacks*

Fischer Taschenbuch Verlag

fi 3037 / 2